HEINZ G. KONSALIK

DAS MÄDCHEN UND DER ZAUBERER

Roman

WILHELM HEYNE VERLAG
MÜNCHEN

HEYNE ALLGEMEINE REIHE
Nr. 01/9082

Der Titel erschien bereits
in der Allgemeinen Reihe
mit der Band-Nr. 01/6426.

Der Titel erschien bereits
in der Allgemeinen Reihe
mit der Band-Nr. 01/6426.

10. Auflage
1. Auflage dieser Ausgabe

Copyright © 1984 by Autor und AVA
Autoren- und Verlagsagentur GmbH, München-Breitbrunn
Wilhelm Heyne Verlag GmbH & Co. KG, München
Printed in Germany 1994
Umschlagillustration: ZEFA/Damm, Düsseldorf
Umschlaggestaltung: Atelier Ingrid Schütz, München
Gesamtherstellung: Presse-Druck Augsburg

ISBN: 3-453-07533-1

DIE PERSONEN

René Birot	Konservenfabrikant auf Martinique
Petra Herwarth	Angestellte in einem Reisebüro
Josephine Cadette	Kreolin, Geliebte von René und technische Leiterin der Fabrik
Jules Tsologou Totagan	Naturheiler und Houngan (Priester) des Voodoo, Onkel von Josephine, Kreole
Mamissi Wata Danielle Paquier	Drogistin auf Martinique, Voodo-Priesterin, Kreolin
Alice Anamera	Kreolin, Blumenverkäuferin am Hafen, Enkelin von Mamissi
Henri Comte de Massenais	Reeder auf Martinique
Robert Coulbet	Kriminalkommissar
Jean Aubin	ein merkwürdiger Kunstmaler
Pierre Murat	Farmer auf Martinique
André Casarette	Geologe
Jeanette Dufour	ein Mädchen aus Lyon, trampt durch die Welt
Roger Bataille	ein dunkler Ehrenmann
Marie Lupuse	Rogers Geliebte

Der Roman spielt in Deutschland, auf der Karibik-Insel Martinique und in Togo

1

Sie freute sich auf ihr neues Leben.

Wenn sie *neues Leben* dachte, war sie in Gedanken bei den wenigen Sekunden, in denen es begonnen hatte, als René im Fischrestaurant am Hafen, beim Zerteilen einer Seezunge, Müllerin Art, also herrlich braun in Butter gebacken, mit großem Ernst zu ihr sagte: »Willst du mich heiraten?« Und sie antwortete ebenso ernst, in der Glasschüssel mit Gurken- und Tomatensalat rührend: »Ja!«

Eine völlig verrückte Situation, die auch dadurch nicht normaler wurde, daß René daraufhin eine Flasche Champagner bestellte, sie sich zuprosteten, mit strahlenden Augen beteuerten: »Ich liebe dich, Petra!« – »Ich liebe dich, René!« Dann aßen sie ihre Seezunge weiter. »Bei uns schmeckt sie besser!« sagte René auch noch und tippte mit der Gabel auf den filierten Fisch. »Liegt's an der Butter oder an den kreolischen Gewürzen, oder ist es eine andere Seezunge? Ma chérie – bei uns gibt es die köstlichste Küche der Welt.«

Bei uns ... das war nun das Wort, das für sie das *neue Leben* bedeutete. Es lag weit weg, zwischen Nord- und Südamerika, im großen Bogen der Inselkette, die man Karibische Inseln nennt, im Traumparadies für Europäer, mit weißsandigen Stränden, im warmen Wind wogenden Palmenwäldern, Kalypsomusik und Steel-Bands, unendlich blauem Himmel und ebenso unendlich blauem Meer, Korallen und Vulkaninseln, undurchdringlichen Regenwäldern und Zuckerrohr und Ananas, so weit man sehen konnte. Das alles stand in den Prospekten, die sie ausgab, sah man auf den bunten Plakaten, die an den Wänden hingen, schilderten die Reiseinformationen, und das alles erzählte sie deshalb auch den Kunden, die sich dafür interessierten. Daß all dieser Zauber nun ihr neues Leben sein sollte, kam ihr erst voll zum Bewußtsein, als sie auf Renés Frage sofort mit JA geantwortet hatte.

Schon der Beginn der totalen Veränderung ihres Lebens war – vorsichtig ausgedrückt – recht ungewöhnlich. Sie hatte wie jeden Tag hinter ihrem weißen Kunststoffschreibtisch gesessen und die Post bearbeitet, Anfragen und Bestellungen. Morgens um 9 Uhr war noch kein starker Publikumsverkehr, vor allem nicht in der Abteilung Fernreisen, es blieb also Zeit genug, die Briefe zu lesen und zu ordnen. Sie waren in der Poststelle vorsortiert worden, jede Abteilung bekam den Korb mit ihrer Post und war so auch für die Kundenwünsche voll verantwortlich.

Das Reisebüro *Erdkreis-Tours* war trotz seines Namens ein kleines Unternehmen mit vier angestellten Damen, für den Schalterdienst, einer Stenotypistin und einem Chef, der Willibald Rangel hieß und vielleicht wegen dieses Namens kaum in Erscheinung trat. Er saß in einem hinteren Zimmer und kam nur heraus, wenn eine der Damen meldete: »Hier ist ein Kunde, der möchte nach Mexiko, aber er hat Angst vorm Fliegen, und auf dem Schiff wird er seekrank. Was soll ich ihm sagen?« Dann war Rangel da mit dem uralten Witz: »Das letzte Fahrrad nach Mexiko ist schon unterwegs.«

Petra Herwarth arbeitete seit fünf Jahren bei *Erdkreis-Tours*. Sie hatte bei Bahnreisen *Zwischen Nordsee und Alpen* angefangen und sich bis zu den Fernreisen emporgearbeitet, und wenn Willibald Rangel auf Touristikkongressen oder auf Inspektionsreisen war, um neue Hotels, Strände oder Bergwiesen unter Vertrag zu nehmen, leitete sie sogar den Betrieb.

In Hamburg war das gar nicht so einfach, vor allem, wenn man wie Petra Herwarth ein wirklich hübsches Mädchen war, mit langen blonden Haaren, großen blauen

Augen und einer Figur wie man sie in Romanen beschreibt. Mindestens einmal am Tag geschah es, daß ein Mann sich zu ihr hinüberbeugte, sie anblinzelte und sagte: »Kann man bei Ihnen auch einen Bummel zu zweit buchen? Heute Abend, na, wie wär's?« Oder es saßen ihr Männer gegenüber, blätterten in den bunten Prospekten und bemerkten dann lässig: »Das wäre es. Acapulco. Hotel Juarez. Eine Suite. Vierzehn Tage für zwei Personen... Sie haben doch vierzehn Tage Zeit, nicht wahr?« Es waren Anträge, über die sich Petra Herwarth schon nicht mehr aufregte.

An diesem frühen Morgen betrat ein Mann das Lokal der *Erdkreis-Tours*, fragte am ersten Tisch und wurde zu Petra Herwarth verwiesen. Mit einem Akzent, der ihn als Franzosen auswies, sagte er mit einer höflichen kleinen Verbeugung: »Guten Morgen, man schickt mich zu Ihnen. Sie sind zuständig für Karibik?« und setzte sich auf den Stuhl. Petra schob den Postkorb zur Seite und nickte.

»Haben Sie eine feste Vorstellung, oder soll ich Sie beraten? Es gibt so viele schöne Inseln in der Karibik...«

»Da gebe ich Ihnen recht«, sagte der Franzose.

»An welche Insel hatten Sie gedacht?«

»Martinique.«

»Eine der schönsten! Madinina, haben die Indianer sie genannt. ›Insel der Blumen‹ heißt das.«

»Grandios! Das habe nicht mal ich gewußt! Sie kennen Martinique?«

»Nein. Aber ich habe für Sie ein umfangreiches Informationsmaterial.«

»Kein Foto, kein Wort kann die Insel so beschreiben, wie sie wirklich ist. Sie sollten Martinique erleben...«

Schon wieder so einer, dachte Petra und wurde sehr förmlich. Vorgestern sollte sie mit nach Hawaii. »Ich weiß nicht, was sich die Männer so denken« – hatte sie zu einer ihrer Kolleginnen gesagt. »Sehen wir denn so aus, als seien wir eine Beilage zur Fahrkarte?!« Sie sah den Kun-

9

den abweisend an und zog eine Schublade aus dem großen Wandschrank. Buchstabe L und M. Mustergültig geordnet lagen hier alle Prospekte über Martinique. »Sie haben sich für Martinique entschieden?«

»Es gab gar keine andere Wahl. Seit achtunddreißig Jahren...«

»Wie bitte?« Petra schob die Lade mit einem Ruck zu. »Ich verstehe nicht –«

»René Birot. Ich heiße René Birot.« Der merkwürdige Kunde machte wieder eine kleine Verneigung und hob sich ein wenig aus dem Stuhl. Dann saß er wieder und lächelte Petra sonnig an. »Mein schönes Schicksal war es, auf Martinique geboren zu werden. Es heißt, die schönsten Mädchen der Karibischen Inseln gedeihen auf Martinique. Mit mir ist der Beweis angetreten, daß es dort auch schöne Männer gibt.«

»Sie finden das witzig, was?« sagte Petra etwas schnippisch.

»Nein, nur ausgesprochen ehrlich.« René Birot lehnte sich etwas zurück. Er sieht wirklich gut aus, dachte Petra Herwarth widerwillig. Er weiß das genau und badet sich in seiner Eitelkeit. So etwas habe ich gern wie Rollmöpse! Petra mochte von Kindheit an keine Rollmöpse. Warum, das konnte sie nicht erklären. Es mußte mit ihrem Onkel Franz zusammenhängen, der sie großgezogen hatte, nachdem ihre Eltern bei einem Autounfall auf der Autobahn bei Köln ums Leben gekommen waren. Onkel Franz trank jeden Abend Bier, und wenn er einen Rollmops dazu aß, rülpste er jedesmal mit großer Hingabe. Das setzte sich bei ihr fest, und deshalb haßte sie Rollmöpse. Aber, dieser René Birot sah wirklich gut aus!

»Was möchten Sie nun von uns?« fragte Petra steif. »Eine Flugkarte zurück nach Martinique?«

»Habe ich.«

»Eine Umbuchung?«

»Aber nein. Ich fliege in vierunddreißig Tagen. Das ist

10

sicher. Ich habe auf Martinique eine kleine, aber gutge-
hende Konservenfabrik. Ananas und Tomaten, rosa Krabben und eine Spezialität: Chatroux. Das ist ein Ragout von
kleinen Tintenfischen mit großen roten Bohnen. Eine karibische Köstlichkeit.«

»Eine Ferkelei!« sagte Petra ehrlich.

»Ich bin in Deutschland, um mit einigen Importeuren
zu sprechen. Ich will meine Konserven hier einführen.«

»Wer soll hier kleine Tintenfische mit großen roten Bohnen essen?«

»Ich rechne mir Chancen aus.« René Birot lächelte ent-
waffnend. »Ich habe gelesen, die Feinschmecker in
Deutschland essen sogar frittierte Ameisen. Wenn man
sie aus der Fritteuse holt, sehen sie aus wie Kaviar, nur
knacken sie beim Draufbeißen. Da habe ich mir gedacht:
René, da kann dein Chatroux auch große Chancen haben.
Karibischer Zauber auf den Tisch... ist das kein guter
Werbeslogan?«

»Und was wollen Sie damit hier in einem Reisebüro?«
fragte Petra abweisend. René Birot begann, ihr unangenehm zu werden. Er sah nicht nur gut aus, er hatte auch
einen umwerfenden Charme, eine schöne, tiefe Stimme
und ein Lächeln, das unter die Haut ging. Es war unbedingt notwendig, ihn schnell loszuwerden. »Wir verkaufen Reisen, keine Büchsen.«

»Das ist eine ganz verrückte Sache.« René Birot zeigte
mit dem Daumen über seine Schulter. »Ich wohne da drüben im Hotel *Atlantic*. Bevor die Verhandlungen beginnen, nimm noch ein paar Atemzüge Alsterluft, habe ich
mir gesagt. Ich gehe also à la Promenade, komme an einem Schaufenster vorbei, blicke hinein, sehe dort hinter
dem Glas ein Mädchen mit langen blonden Haaren sitzen,
ausgerechnet vor einem Plakat, das mein schönes Martinique zeigt – wenn das kein Wink des Schicksals ist! – und
es treibt mich in das Geschäft. Geh hinein, sage ich mir,
und frage sie mal, was sie von Martinique weiß, wenn sie

Reisen nach Martinique verkauft. Was erzählt sie ihren Kunden von der Insel? Wie macht sie ihnen meine Heimat schmackhaft? – Und nun sitze ich hier und sehe, daß Sie von Martinique gar nichts kennen.«

»Von Grönland auch nicht. Trotzdem können Sie Grönland bei uns buchen. Wir können doch nicht die ganze Welt kennen.«

»Aber Martinique sollten Sie kennenlernen. Alles, was Sie Ihren Kunden erzählen, ist nicht so herrlich wie die Wahrheit? Schon wenn Sie von See her in Fort de France einlaufen... die weite Bucht mit dem ansteigenden grünen Hochland, die wie Perlen an einer Schnur aufgereihten bunten Dörfer an der Küste mit ihren leuchtenden Stränden, und über allem, beherrschend, drohend, aber vom Urwald umwuchert, der Vulkan Mont Pelée mit seinen wild zerklüfteten Schluchten, Lavafelsen, die im Norden steil ins Meer hineinfallen. Schon diese Einfahrt in den Hafen, hindurch zwischen Hunderten von Segelschiffen, ist paradiesisch. Und die Menschen von Martinique! Sehen Sie nur mich an!«

Es war Petra unmöglich, darauf zu antworten. Sie zog den Briefkorb wieder zu sich heran und blätterte in den Papieren. »Entschuldigen Sie, Herr Birot, aber ich habe noch Post zu bearbeiten. Da Sie keine Buchung vornehmen wollen...«

»Die meisten Touristen kommen per Flugzeug nach Martinique. Das geht schnell, aber es ist auch eine nüchterne Landung im Paradies. Ergreifend ist, wie ich schon sagte, das Anschwimmen an die Insel. Freunden rate ich immer: Fliegt bis Puerto Rico und steigt dort, in San Juan, auf ein Schiff und fahrt hinein in das Land der Seligen. In den Inselbogen der Kleinen Antillen, wo die Eilande im tiefblauen Meer liegen wie Tränen, die Gott aus Ergriffenheit vor soviel Schönheit weinte.«

»Sie sollten Reiseprospekte schreiben, Monsieur Birot«, sagte Petra steif. Hinter dieser Steifheit verkroch sie sich;

widerwillig mußte sie zugeben, daß René Birot eine unwiderstehliche Art hatte, Interesse für sich zu erwecken. »Aber dabei können wir Ihnen nicht helfen. Da sind Sie hier am falschen Platz.«

Fünf Tage dauerte es, bis René Birot systematisch den Widerstand von Petra Herwarth gebrochen hatte. Jeden Tag erschien er im Reisebüro *Erdkreis-Tours*, wartete geduldig bei der Beratung Fernreisen, bis er an die Reihe kam, setzte sich dann Petra gegenüber und sagte: »Ich interessiere mich für einen Trip nach Khujirt. Das liegt in der Mongolei, in der Wüste Gobi...«

»Ernsthaft?« fragte Petra hart.

»Wäre ich sonst hier? Oder verkaufen Sie Witze?«

Am zweiten Tag ließ er sich über Shibam im Wadi Hadramaut informieren, am dritten Tag war es das Savannenland von Mongalla am Weißen Nil, der vierte Tag stand ganz unter dem Eindruck einer Expedition nach Longnawan im Inneren Borneos, und am fünften Tag sagte René Birot: »Ich schäme mich fast, es auszusprechen: Haben Sie Material über den Titicaca-See?!«

»Wann?!« fragte Petra knapp.

»Heute abend um 20 Uhr. Im Restaurant ›Austernkeller‹? Sie machen mich glücklich!«

»Irrtum! Ich will nur, daß Ihre dummen Besuche im Büro aufhören!«

So verrückt lernten sie sich kennen. Sie gingen dann noch viermal aus, und sehr zu Petras Verwunderung benahm sich René wie ein Ehrenmann. Wann küßt er mich endlich, dachte sie verwirrt, wenn er sich mit einem gehauchten Handkuß verabschiedete. Warum gibt er mir nicht die Gelegenheit, ihm eine Ohrfeige zu geben?

Nach zehn Tagen fragte René Birot: »Petra, eine wichtige Frage: Haben Sie einen Freund?«

»Ja. Immerhin bin ich schon vierundzwanzig.«

»Hat er noch nichts gemerkt?«

»Er fängt an, sich Gedanken zu machen. Schlecht für

Sie. Eberhard ist Amateurboxer. Halbschwergewicht.« Das war zwar alles gelogen, es gab einen Freund, aber der war Post-Inspektor und boxte nicht, sondern spielte Doppelkopf und stand seit zwei Jahren jedes Vierteljahr in einem dunkelblauen Anzug und mit einem Blumenstrauß in Petras Zweizimmerwohnung und sagte: »Ich bitte um deine Hand, Mädchen...« Sie hatte immer das Gefühl, daß Eberhard nicht der richtige für ›Bis der Tod euch scheidet‹ sei, nahm ihm die Blumen ab, spendierte Whisky on the rocks und vertröstete ihn wieder.

René Birot nahm sich den Amateurboxer sehr zu Herzen. Beim nächsten Treffen schleppte er eine dicke Aktentasche mit sich herum, ging mit Petra in den Bismarckpark, holte aus der Tasche zwei Ziegelsteine und ein dickes Brett, legte das Brett auf die Ziegelsteine, machte die Augen zu, hob die rechte Hand, schrie dumpf: »Hach...!«, ließ die Handkante auf das Brett krachen... und das Brett brach mittendurch, gespalten von diesem Schlag.

Petra starrte ihn mit großen Augen an. »Toll!« sagte sie. »Da widersteht Ihnen niemand! Das ist chinesisch, nicht wahr?«

»Shaolin!« René Birot nickte. Er war selber verblüfft und erschrocken darüber, daß ihm das gelungen war. Er hatte es zum erstenmal gemacht, seine Hand tat höllisch weh, aber das Brett war gespalten. Er gab den Ziegelsteinen einen Tritt, faßte Petra um die Taille und ging mit ihr in einem chinesischen Restaurant an der Reeperbahn essen.

In dieser Nacht küßte er Petra endlich. Es wurde auch Zeit, denn Petra war sich schon darüber im klaren, daß dieser René aus Martinique zu ihrem Schicksal werden würde. Mit diesem ersten Kuß war nun alles geklärt, öffnete sich die Weite des Landes der Liebe, wie es in einer Operette heißt. Und man nehme es Petra nicht übel, daß René in dieser Nacht nicht im Hotel *Atlantic* schlief.

Wie schnell vergehen vierunddreißig Tage. Sie fliegen wie der Schall, wenn man kaum noch anderes denken kann als ›Ich liebe ihn! Ich liebe ihn!‹ Und dann kam der Heiratsantrag im Fischrestaurant am Hafen bei Seezunge Müllerin und das JA, mit dem ihr neues Leben begann.

Nun saß sie in San Juan in einem Café am Hafen, vor ihr an der Pier lag das schlanke weiße Schiff, das sie hinüber nach Martinique bringen sollte, sie hatte noch fünf Stunden Zeit und überlegte, ob sie mit einem Taxi zur Seeseite fahren sollte, zu den Stränden und zu den verlockenden Ladenpassagen der großen Hotels. Die Fahrt in ihr neues Leben hatte sie so begonnen, wie René ihr immer vorgeschwärmt hatte: Von Frankfurt mit dem Flugzeug nach San Juan auf Puerto Rico, von dort wollte sie jetzt mit dem Schiff nach Martinique.

Sie blickte über die Bay zur Halbinsel La Puntilla und dem mächtigen Arsenal, trank einen ungeheuer starken Kaffee und aß dazu ein riesiges Stück Sahnetorte mit viel Früchten, dreistöckig, mit Rum durchtränkt. Ihr Gepäck war schon an Bord des Schiffes gebracht worden... vier große Koffer. »Laß alles da!« hatte René am Telefon gesagt, als sie begonnen hatte, ihre Zweizimmerwohnung aufzulösen. »Komm rüber mit einer Handtasche, das genügt.« Es waren aber doch vier Koffer geworden... lauter Kleinigkeiten, Erinnerungen, angefangen von den Fotoalben mit den alten Bildern bis zu ihren Puppen, die sie aufbewahrt hatte und die nun mitkamen in die neue Welt.

Gleich nach ihrer Ankunft in San Juan hatte sie in Martinique angerufen. »Ich bin da René!« hatte sie gejubelt. »Soeben gelandet! Wie wunderbar ist das alles!«

»Hier wird alles für deinen Empfang geschmückt!« sagte René. Man hörte das Glück in seiner Stimme. »Das Haus ist gestrichen worden, Baptist, der Chauffeur, putzt seit zwei Tagen den Wagen, ich glaube, er poliert jede Schraube, und die Nachbarn sind ganz aufgeregt vor Neugier. Im Hause Birot wird es eine Hausfrau geben! Der ewige Junggeselle René kommt unter die Haube.«

»Und wie nehmen es deine Geliebten auf?« fragte sie lustig.

»Man munkelt, sie wollen in einem Fackelzug und wehklagend durch Fort de France ziehen.«

Sie lachten schallend, gaben sich per Telefon einen Kuß und hatten eine unbändige Sehnsucht nacheinander.

Noch fünf Stunden. Dann legte das Schiff ab und glitt hinaus in das blaue Meer, hinein in die Sonne, hinüber in das neue Leben.

Die Konservenfabrik von René Birot lag von der Straße Le Prêcheur nach Anse Couleuvre etwas entfernt an den fruchtbaren Hängen des Massives des Montagne Pelée. Von dieser noch sanften Höhe aus hatte man einen zauberhaften Blick über den Palmenstrand von Anse Bellevilla und nördlich bis zu Anse Céron mit der Ilet da Perle. Die kleine Straße, die zum Montagne Cocos hinaufführte, teilte sich hier, führte durch ein Paradies von Hibiskus-Büschen, riesigen Baumfarnen, Gummibäumen und Mahagonibäumen, überwuchert von Lianen und Orchideen, die wie Trauben in den Bäumen hängen, in der Schönheit wetteifernd mit den großen roten Blüten des indischen Blumenrohrs. Dann weitet sich der Weg, man spürt die Hand des Kolonisators, Flamboyants mit ihren grellroten Blüten leuchten gegen den unendlich blauen Himmel, über den wie Federn weiße Wölkchen treiben, Kinder des Passatwindes, in Reihen stehen stolz die Gujavebäume, die Mangobäume, die Papayas und die Avocados, und plötzlich in all der Blütenpracht, leuchtet das langgestreckte, zweistöckige, weißgestrichene Haus auf, im Kolonialstil gebaut, mit Veranda und Balkons, gestützt von geschnitzten Holzsäulen und einer breiten Treppe hinunter in den Garten.

Die Fabrik liegt etwas abseits, inmitten eines Ananasfeldes, das sich in der Hügelweite verliert. Um die Fabrikhallen herum hat man die Wohnungen der Arbeiter gebaut, Holzhäuser mit flach geneigten Dächern, bunt bemalt in Rosa, Blau, Grün und Violett. Hier wohnen die älteren Fabrikarbeiter, Neger oder Kreolen, die schon bei Renés Vater an den Konservenmaschinen standen, die jungen Arbeiter kommen mit ihren Motorrädern jeden Morgen von Le Prêcheur hinauf oder gar von St. Pierre und donnern am Abend wieder die Waldstraße abwärts. Eine gute Arbeit ist es, sagen sie überall. Monsieur Birot ist ein gerechter Mann! Wer arbeitet, dem zahlt er gute Francs. Und Ostern und Weihnachten gibt es einen Sonderlohn. O nein, er ist kein kapitalistischer Ausbeuter, wie die Männer von der Gewerkschaft in Fort des France schreien. Nein, nicht Monsieur Birot! Wir sind gern bei ihm.

Aber wie sieht die Zukunft aus? Eine Madame soll ins Haus kommen. Eine Fremde. Nicht mal eine Französin! Aus Deutschland hat der Patron sie geholt. Warum muß es gerade eine Deutsche sein? Ja, und da ist noch Josephine Cadette, die Betriebsleiterin. Blinzelt nur ein bißchen, Freunde, man darf es... jeder weiß doch, daß Josephines Arbeit nicht aufhört, wenn die vier Glöckchen läuten und Feierabend verkünden. Seit drei Jahren ist sie bei Monsieur Birot, kommt aus Macouba an der Atlantikküste von Martinique. Ein Mädchen so schön wie eine Flamboyant-Blüte! Natürlich eine Kreolin, gibt es schönere Frauen?

Schon vier Wochen vor Petras Ankunft auf Martinique begannen die Verschönerungsarbeiten am Hause Renés. Der bisher etwas verwilderte Park wurde gerodet und mit Bougainvilleas, Anthurien und Rosen bepflanzt, die Balkongitter wurden erneuert, die Treppenstufen ausgeflickt, das ganze Haus in strahlendem Weiß gestrichen. Aus Fort de France und Rivière Salée kamen Wagen mit neuen Möbeln, vor allem das Schlafzimmer verwandelte sich in einen großen Raum aus Rosa, Weiß, Gold und Lindgrün, in dem man zum Träumen geradezu gezwungen wurde.

»Was hat das alles zu bedeuten, Chérie?« fragte Josephine Cadette eines Abends. Sie kam vom Schwimmen im Pool hinter dem Haus zurück und ging wie immer nackt über die Veranda. Die Schönheit und das Ebenmaß ihres braunen Körpers verleiteten einen Betrachter zu stummem Entzücken. Die gebändigte Wildheit des leicht negroiden Kreolenkopfes mit den langen, schwarzen Haaren, die hochangesetzten, festen, vollen Brüste, der glänzende, flache Leib, der sich in der Taille atemberaubend verjüngt, die Schwünge der Hüften und Oberschenkel und dann die langen, schlanken Beine... das war ein so vollkommener menschlicher Körper, daß bei seinem Anblick jeder begriff, warum die Bilder, die Gauguin auf Martinique malte, wie im Rausch entstanden sind. Man brauchte Josephine nicht zu sagen, daß sie ein Wunder der Natur sei... sie genoß diesen Triumph, wenn sie wie jetzt nackt herumlief und sich dann René gegenüber in einen der weißlackierten Korbsessel fallen ließ. Eine braune, glänzende, wollüstige Katze.

»Ich werde heiraten«, antwortete René ruhig.

Josephines Kopf schnellte vor wie der einer angreifenden Schlange. Ihre großen schwarzen Augen starrten René ungläubig und doch voller Wildheit an. »Was willst du?« fragte sie leise.

»Ich habe in Europa, genau gesagt in Deutschland, eine Frau kennengelernt, die ich heiraten werde. In drei Wochen wird sie auf Martinique sein.«

»Und das sagst du so dahin, als ob du feststellst: Bei den neuen Etiketten für die Tomaten stimmt die Farbe nicht?! René«, ihr nackter Körper zuckte aus dem Sessel und schoß auf ihn zu. »Das ist doch ein ganz schrecklicher Witz, nicht wahr?«

»Sie heißt Petra Herwarth und kommt aus Hamburg.«

»Und ich? Und ich?!« Sie stürzte sich auf ihn, hockte sich mit einem Schwung auf seinen Schoß und schlang die Arme um seinen Hals. Ihre glatte, duftende, üppige Nacktheit nahm ihm fast die Luft. Früher hätte er sich jetzt emporgestemmt, hätte sie auf seine Arme genommen und ins Schlafzimmer getragen. Sie schien darauf zu warten, zu sicher ihrer Schönheit, küßte seine Augen und rieb ihre Brüste an seiner Schulter. »Ich bin doch da.«

»Es war zwischen uns immer klar, daß es keine Heirat gibt.«

»Natürlich nicht! Der hohe weiße Herr und die niedrige Farbige...«

»Red keinen Blödsinn, Josephine.«

»Man darf mit ihnen alles machen, mit diesen billigen Nachkommen der Sklaven... sie dürfen arbeiten, sie müssen dankbar sein, sie haben die Ehre, mit dem großen weißen Mann im Bett zu liegen, man bekommt ja zu essen dafür, gute Francs, einen Posten in der Fabrik, schöne moderne Kleider, sogar ein eigenes Auto, man ist ja das Eigentum des hohen Herrn, auch wenn die Sklaverei 1848 abgeschafft wurde, sie heißt heute nur anders, und dann hat man genug von diesem Körper, man kennt ja jeden Winkel, jedes Grübchen, jedes Fältchen, und dann renoviert man, das Haus, den Garten, die Möbel, und wie man die Möbel wegwirft, weil sie ausgesessen sind, so wirft man auch das kreolische Weibchen weg, weil es ausgelegen ist! Ist ja nichts wert, die farbige Hure! Hat genug Gutes erfahren für die Stunden im Bett! Weg mit ihr, wir renovieren!«

Sie beugte sich ein wenig zurück, noch immer auf seinem Schoß hockend, holte weit aus und schlug ihm ins Gesicht.

Bevor René, von dem Schlag völlig überrascht, an eine Gegenwehr denken konnte, sprang sie von ihm weg, warf sich mit dem Rücken gegen die Verandawand und ballte die Fäuste. Ihr herrlicher Körper flatterte.

»Du jagst mich einfach weg?« keuchte sie. Ihre Augen brannten. »Ein Tritt für eine räudige Hündin...«

»Ich habe dir gesagt, als wir die erste Nacht zusammenblieben: ›Josephine, es wird wunderbar mit uns werden, aber eines Tages ist es vorbei. Das darfst du nie vergessen.‹ Und du hast geantwortet: ›Wir wollen nicht daran denken.‹ Nun ist der Tag da.«

»Ich habe es nie geglaubt, nie!« schrie sie. »Ich liebe dich mehr als mein Leben, weißt du das? Ich würde mich opfern für dich, wenn man es verlangt!« Sie stieß sich von der Wand ab, kam einen Schritt wieder vor und warf ihr langes, schwarzes Haar mit einem Ruck in den Nacken. »Sie ist blond...«

»Ja.«

»Und schlank und zierlich und sanft...«

»Sanft möchte ich nicht gerade sagen.« Er dachte an die vielen Auseinandersetzungen in der ersten Zeit ihrer Bekanntschaft und an ihre Beharrlichkeit, ihn abzuschütteln.

»Ein Tröpfchen Sonne...«

»So ist es. So ein Vergleich ist mir noch nicht eingefallen. Ein Tröpfchen Sonne... fabelhaft.«

»Ich möchte dich töten«, sagte Josephine dumpf. »Ja, das möchte ich! Dir die Kehle durchbeißen wie ein Voodoo-Priester dem Opferhahn! Du... du kannst mich doch nicht wegjagen...«

»Du bleibst die Leiterin der Fabrik. Ich wüßte nichts Besseres. Nur hier im Haus wird es endlich eine Madame Birot geben.«

»Und ich muß den Kopf senken und zu allem, was sie befiehlt, sagen: ›Ja, Madame. Wie Sie wünschen, Madame. Es wird so geschehen, Madame...‹ Nie, René, nie!« Sie stürzte plötzlich wieder vor, baute sich in ihrer umwerfenden Nacktheit vor ihm auf, und fiel plötzlich zusammen und begann zu weinen. »Laß sie nicht kommen, Chérie...« stammelte sie. »Schick ein Telegramm:

Es war ein Irrtum. Vergiß alles... Bitte, schick das Telegramm.«

»Ich liebe Petra«, sagte René und stemmte sich aus dem Korbsessel hoch. »Eine solche Frau habe ich lange genug gesucht...«

Er ging an Josephine vorbei ins Haus, aber bevor er die Veranda verließ, hielt ihn ihre jetzt wieder mit Haß erfüllte Stimme zurück. »Weiß sie, das zarte Blondchen, daß die erste Frau, die du heiraten wolltest, im Bois Jourdan gefunden wurde... mit aufgeschlitztem Bauch?!«

René Birot senkte den Kopf und drückte das Kinn an. »Was weißt du davon?« fragte er heiser. »Das ist neun Jahre her! Da gab es dich hier noch nicht... da warst du noch in Macouba in der Schule...«

»Man erzählt soviel!« Ihre Stimme wurde gehässig. »Frag die alten Leute aus der Siedlung, was sie wissen. Claudette hieß sie, nicht wahr! Kam herüber von Guadeloupe. Schön wie eine Palme im Mondschein. Es war wie heute, nicht wahr? Ein anderes Mädchen lag vorher schon im Bett. Hieß sie nicht Elise? Eine Stickerin aus St. Pierre? Und plötzlich war Elise nicht mehr da, man sah sie einmal in Fort de France, und Claudette fand man im Wald, aufgeschlitzt... aber auch Elise blieb von da an verschwunden.« Sie kam mit wiegendem Körper auf ihn zu. »Hast du ihr das alles erzählt, Chérie...?«

»Ja!« sagte René grob. »Sie weiß alles!«

Das war eine Lüge, aber Josephine glaubte sie ihm. »Wie mutig sie ist!« sagte sie hämisch. »Will sie mit einem Panzerhemd herumlaufen?«

Sie lachte hysterisch, bog sich in den Hüften, stieß René zur Seite und rannte vor ihm ins Haus. Im Schlafzimmer riß sie die Tülldekorationen herunter, stampfte auf ihnen herum und warf sich dann aufheulend wie ein Tier auf das Bett.

René schlief in dieser Nacht auf dem Sofa in seiner Bibliothek und schloß sogar die Tür ab. Die beiden Fenster

21

sicherte er durch Jalousien. Aber nichts geschah. Kein Klopfen an der Tür, keine bettelnde Stimme, kein Toben. Im Haus war es geisterhaft still, nur der Wind, der vom Meer kam, sang leise unter dem Dach der Veranda.

Da Josephine ihr Auto in der Garage neben der Fabrik stehen hatte, hörte René nicht, daß sie es herausholte und wegfuhr.

Jules Tsologou Totagan war einer der geachtetsten Männer in der ganzen Region. Ein weißhaariger Greis von imponierendem Äußeren, nicht übermäßig groß, aber kräftig in den Schultern, stark in den Armen und auf Säulenbeinen stehend. Das Faszinierendste an ihm aber war sein Gesicht. Ein dunkelhäutiger Kreole, der nie verleugnet hatte, Nachfolge eines Negersklaven zu sein und der auch seinen Namen behalten hatte im Gegensatz zu fast allen, die sich britische oder französische Namen zugelegt hatten. Nur Jules war eine Konzession seines Vaters an die Franzosen gewesen, weil dieser ein großer Verehrer von Clémanceau gewesen war, dem französischen Ministerpräsidenten, den man den *Tiger von Frankreich* genannt hatte. »Tsologou Totagan... das ist ein Name aus Togo!« sagte Jules, wenn man ihn nach dem merkwürdigen Namen fragte. »Daher kommen meine Ahnen! Mit einem Sklavenschiff kamen sie herüber. Darauf bin ich stolz.«

Jules hatte in jungen Jahren in Fort de France als Gehilfe bei einem Arzt gearbeitet und viel gesehen und viel gelernt. Und während die anderen jungen Burschen abends in den kreolischen Lokalen den Merengué oder die Biguine tanzten, lernte Jules weiter. Nicht bei den Weißen, sondern bei einem Priester des Voodoo, den man Houngan nennt, und dessen Leben mit den Geistern und Göttern, den Dämonen und den Kräften der Natur den jungen Jules nicht mehr losließ. Jahrelang war er der Gehilfe des Houngan, assistierte bei den Beschwörungen, präparierte die Fetische, schnitzte die Legbas, die bizarren Figuren, die das Eindringen von bösen Geistern in das Haus verhindern sollen, schärfte die Opferbeile und Messer, pflegte den Dreizack, das Symbol der Wassergöttin Mami, fütterte die Totenpuppen – aus Holz geschnitzte Körper, mit bunten Kleidern, die für jeden Verstorbenen bei dem Houngan abgegeben wurden – täglich mit Bohnen, Hühnerfleisch und rotem Palmöl und lernte vor allem, daß Fetischzauber und Trance, unbedingter, sich opfernder Glaube an die Götter und die Kraft der eigenen Ausstrahlung des Priesters in der Lage waren, Krankheiten zu heilen, Lügen zu entlarven, Wahrheiten zu finden und Gottesgerichte einzuberufen.

Als Jules zwanzig Jahre alt war, spürte er in sich eine unheimliche Kraft. Mit einem selbstgeschnitzten Fetisch, den er vorher dem Gott der Dämonen geweiht hatte, durfte er unter Aufsicht seines Hougan eine kranke Frau behandeln, die unter seltsamen Krämpfen litt. Sie war auch schon bei dem weißen Arzt gewesen, bei dem Jules die Handreichungen machte, er hatte ihr Spritzen gegeben, aber sie halfen nichts. Nun zeigte Jules, was er gelernt hatte: Er biß einem Hahn die Kehle durch, träufelte das Blut über den Fetisch, schlug drei Eier darauf, vermischte Blut und Ei, gab einen Sud aus Blättern und Wurzeln dazu und strich mit dem so getränkten Fetisch dann der kranken Frau über den entblößten Körper. Dabei sangen sie alle in einem monotonen Rhythmus und wiegten sich hin und her. Nach zehn Minuten fiel die Frau in Zukkungen, stürzte zu Boden, Schaum trat ihr vor den Mund, ihr Körper schnellte immer wieder vom Boden hoch wie der einer geköpften Schlange..., und dann lag sie völlig leblos da und mußte hinausgetragen werden.

Von dieser Stunde an war sie von allen Krämpfen befreit.

Mit knapp dreißig Jahren, nun selbst ein Houngan, zog Jules Tsologou Totagan zuerst nach Macouba im Norden der Insel, dann weiter ins Innere, in das wilde Land um den Mont Pelée. Hoch oben im Regenwald, am Grande Rivière, zwischen den Bergen Pain de Sucre und Montagne Ste. Croix baute er seine flache, rosa bemalte kreolische Holzhütte, Mittelpunkt des Voodoo-Zaubers und Pilgerort für alle Kranken, die an die Wunder glaubten. Er nannte sich jetzt offiziell *Naturheiler*, bekam von der französischen Administration eine Lizenz und bei der Polizei ein eigenes Aktenfach. »Geben wir ihm die Lizenz –« hatte der verantwortliche Beamte im Gouvernement gesagt. »Besser so, als wenn er das heimlich tut. So haben wir ihn unter Kontrolle.«

In unregelmäßigen Abständen erschien nun bei Jules ein Jeep der Polizei, besichtigte das Haus, nahm an einer Sprechstunde teil, wo Jules wirklich nur Pflanzensäfte und Wurzelcremes ausgab, und befriedigt zog die Polizei wieder ab. Eh bien – wer daran glaubt, soll das Zeug auch saufen!

An einem Voodoo-Zauber aber hatte noch kein Weißer teilgenommen. Dann saßen Späher im weiten Umkreis des Hauses und beobachteten die Straßen.

So lebte Jules jetzt schon dreißig Jahre in der Bergeinsamkeit, eingeschlossen von undurchdringlichem Urwald, geschützt hinter wogenden grünen Wänden aus Riesenfarnen. Seit sieben Jahren war er befreundet mit Robert Coulbet, dem Kriminalkommissar in Fort de France; sie hatten sich kennengelernt, als Coulbet einen widerlichen Fall lösen mußte, die Suche nach einem Kindermörder, der drei kleine Mädchen erwürgt hatte. Jules erfuhr davon, suchte Kommissar Coulbet privat auf, setzte einen bunt bemalten Fetisch auf Coulbets Buffet und versank in Trance. »Er versteckt sich in Le Robert. In den Sümpfen bei Pointe Melon. In einem Zelt wohnt er. Ein kleiner, dürrer, häßlicher Mann.«

Coulbet war sofort, ohne lange Fragen, losgefahren. Und wirklich..., im Mangrovensumpf von Pointe Melon fanden sie ein winziges Zelt und darin einen kleinen, dürren, häßlichen Mann. Er gestand sofort die Morde. Seitdem waren Jules und Kommissar Coulbet Freunde, aber auch Coulbet hatte noch nie einen Voodoo-Zauber bei Jules erlebt.

Tsologou Totagan hatte nie geheiratet. Die Frauen, die er besessen hatte, waren für seinen Trieb notwendig gewesen. Geliebt hatte er sie nicht, und ein paarmal gehörte auch der simple Sex zu seiner Therapie und heilte Krankheiten bei Frauen, die mit hysterischen Beschwerden zu ihm kamen. Wenn sie einen Tag bei Jules geblieben waren, kehrten sie fröhlich und von allen Beschwerden befreit in ihre Behausungen zurück und sangen laut das Lob von Papa Jules, dem großen Houngan im Regenwald. Nein, Liebe war das nicht, geliebt hatte Jules nur ein Mädchen, das damals Danielle Paquier hieß und bei einem Drogisten in der Lehre war. Eine wunderschöne Kreolin, der die Männer nachliefen wie Kater. Jules war einer von denen, die bei Danielle abblitzten, er nahm sich das sehr zu Herzen, auch wenn er heute allen Göttern dankte, daß es damals mit ihm und Danielle nichts geworden war. Die schöne Drogistin war jetzt auch schon vierundfünfzig Jahre alt, hatte eine Drogerie im Süden von Martinique, im *Hôtel du Diamant*, an einem der schönsten Strände der Insel, feiner, weißgoldener Sand, nicht so kieselig wie an den nördlichen Stränden, aber sie war in den Jahren in die Breite gegangen, war fett geworden, wog 230 Pfund und schleppte ein Paar Brüste herum, gegen die ein Riesenflaschenkürbis geradezu zierlich war. Auch Danielle war eine Voodoo-Priesterin geworden, eine Mamissi Vata, Verkünderin der Nixen-Göttin Mami und des Schlangengottes. Sie war stolz, wurde geachtet und gefürchtet, und ihre Götterbeschwörungen an der Küste waren berühmt. Einmal nur begegneten sich Jules und Danielle Paquier wieder, als Jules zu einem Kranken nach Montravail gerufen wurde und dort auch Mamissi anwesend war. Doppelt ist immer besser als einfach, hatte sich der Kranke gedacht, doch da irrte er sich. Jules und Danielle gingen vor die Tür, und Danielle sagte: »Fahr nach Hause, Jules. Benässe die Bäume, aber laß die Menschen in Ruhe.« Und Jules antwortete: »Jetzt weiß ich, wann die Sturmfluten sind: Wenn Mamissi ins Meer geht!«

Sie gingen nach verschiedenen Richtungen davon, und der Kranke starb zwei Tage später mehr aus Angst, die Götter hätten ihn verlassen.

Jules schlief schon lange auf seinem einfachen Eisenbett mit der dicken Schaumgummimatratze – das Geschenk eines dankbaren Geheilten aus St. Pierre –, als ihn ein heftiges Klopfen aufschreckte. Er sah auf den großen Wecker neben sich, erhob sich, griff nach einem mit abgekniffenen Nägeln beschlagenen Knüppel – eine höllische Waffe, wenn sie traf – und tappte zur Tür. »Ja?« rief er. »Was ist denn los?«

»Mach auf!« sagte eine helle Frauenstimme. »Onkel Jules, bitte, mach auf.«

Jules entriegelte die Tür, stieß sie auf, und Josephine schlüpfte in das Haus. Sie fing sofort zu weinen an, warf sich auf das alte Sofa und lag da wie ein zerrissenes Bündel Stoff. Jules schüttelte den Kopf, verriegelte wieder die Tür und steckte die Petroleumlampe an. Hier gab es noch keine Elektroleitungen. Sein Haus war ja das einzige in dieser grandiosen Wildnis.

»Er hat ein anderes Mädchen«, sagte Jules und stellte einen Fetisch auf den Tisch. Eine weiß bemalte, aus Ton gebrannte, mit Brokatstoff bekleidete Puppe, die er dem Gott der Fruchtbarkeit geweiht hatte im Namen Josephines.

»Ja!« Sie warf den Kopf zurück und stieß kleine, spitze Schreie aus.

»Einmal mußte es so kommen, Josephine.«

»Warum? Warum, Onkel Jules? Ich liebe ihn doch! Wer

26

kann ihn so lieben wie ich? Wer ist so schön wie ich?« Sie ballte die Fäuste und hob sie hoch in die Luft. »Er will sie heiraten! Eine blonde Frau! Aus Deutschland! Hilf mir, Onkel Jules.«

»Wie kann ich dir da helfen?«

»Vernichte sie! Schütte deinen Zauber über sie aus! Mach einen Fetisch und zerstöre sie!« Sie legte die Hände aneinander, rutschte vom Sofa auf die Knie und kroch auf ihn zu. »Hilf mir, Onkel, hilf mir! Vernichte sie! Du kannst es doch! Wenn du nicht sie zerstörst, werde ich sterben! Von den Felsen am Pointe du Souffleur werde ich mich ins Meer stürzen! Ich kann nicht mehr weiterleben.«

Beim Morgengrauen fuhr Josephine zurück. Sie kam rechtzeitig zur Öffnung der Fabrik und war sehr fröhlich. Jules, ihr Onkel, der Bruder ihrer Mutter, der große Houngan, hatte ihr versprochen, zu helfen. »Gib Nachricht, wenn sie ankommt«, hatte er gesagt. Dann hatte er ihr einen Saft zu trinken gegeben. Der machte sie frei und unbeschwert, nahm allen Kummer aus ihr weg und ließ sie sogar fröhlich werden.

Eine Woche später gab sie Onkel Jules Nachricht: Sie kommt mit dem Flugzeug nach San Juan, und von dort fährt sie mit dem Schiff nach Fort de France. René will es so. Drei Tage später schickte sie Jules ein Foto der fremden blonden Frau. Sie hatte es bei René auf dem Schreibtisch gefunden und mit einer Polaroidkamera abfotografiert.

Mit gefurchter Stirn betrachtete Jules das Bild der schönen, fremden Frau. Dann setzte er sich in seinen Fetischraum, holte ein Stück Wurzelholz und begann, das Foto Petra Herwarths vor sich an die Wand gelehnt, eine Puppe zu schnitzen, die aussah wie Josephines Rivalin. Als der Fetisch fertig war, strich er ihn mit weißer Farbe an und malte ein rotes Herz auf den zwei Hände großen Körper. Sinnend saß er später vor dem fertigen Werk und überlegte. Noch war es nur eine Holzpuppe, erst, wenn über sie das Opfer ausgeschüttet worden war, wirkte der Zauber der Götter, fuhr der Fluch in den Körper.

Vorsichtig trug Jules die Puppe weg und schloß sie in einen Fetischschrank ein. Er opferte ihr noch nicht – er wollte das Opfer erst sehen. Am nächsten Tag, als Josephine ihm mitteilen konnte, wann Petra Herwarth in San Juan ankäme und wann sie weiterführe mit dem Schiff, ließ Jules sich von einem seiner Anhänger nach Fort de France fahren und kaufte im Reisebüro eine Flugkarte nach San Juan. Sie kostete 720 Francs, eine Menge Geld, aber das Leben seiner Nichte Josephine war wertvoller.

Drei Stunden vor Petra Herwarth landete Jules Tsologou Totagan in San Juan und stand an der Sperre, als die Maschine aus Frankfurt eintraf und die Reisenden durch die Paßkontrolle drängten.

Jules erkannte sie sofort. Sie trug die Haare offen, sie wehten im Wind, etwas müde sah sie aus nach diesem über zehnstündigen Flug, aber Jules verstand vollkommen Josephines Panik und Renés Entscheidung, diese Frau zu heiraten.

Er stellte sich etwas abseits an eine Säule, wartete, bis Petra zum Kofferband ging, folgte dann ihr und dem Gepäckträger zum Taxi und hörte, wie sie »Au port, s'il vous plaît!« sagte. Zum Hafen also.

Jules nahm aus Sparsamkeitsgründen einen Bus, zeigte an der Gangway des Schiffes sein in Fort de France gekauftes Ticket vor und ging an Bord. Dort lehnte er sich an die Reling, blickte über die Hafenanlagen und wartete auf Petra Herwarth.

Sie kam eine Stunde vor dem Ablegen mit einer Taxe, fröhlich, beschwingt, eine große Einkaufstüte des Hotels Caribe Hilton schwingend. Ein Offizier begrüßte sie am Eingang, ein Steward nahm ihr das Handgepäck ab und führte sie zu ihrer Kabine. Ein weiterer Schritt in ihr neues Leben.

Jules Tsologou Totagan löste sich von der Reling, ging

ein Deck höher in die Pacific-Bar des Schiffes, bestellte sich einen Martinique-Rum mit Zitronensaft und schlürfte langsam und mit halb geschlossenen Lidern das Getränk. Er konzentrierte sich.

Jetzt war sie in der Kabine. Das Gepäck stand schon im Zimmer. Der Steward verließ die Kabine, ein paar Geldscheine in der Hand. Sie ging herum, blickte aus dem Fenster, stellte das Radio neben dem Bett an, setzte sich auf das Bett, hatte Herzklopfen vor Glück und Freude.

Jules trank sein Glas aus, stellte es auf die Theke und ging hinaus auf Deck.

Jetzt, dachte er, jetzt...

In der Kabine hatte sich Petra mit einem tiefen Seufzer aufs Bett gesetzt. Aber sie fuhr wieder hoch, etwas Hartes lag unter der Decke, sie schlug die Decke zurück und starrte ratlos auf eine weiß bemalte, hölzerne Puppe.

Eine Überraschung der Reederei? Ein Gastgeschenk für die neuen Passagiere? Eine Eingeborenenschnitzerei – welch eine schöne Geste.

Sie nahm die Puppe hoch, trug sie zum Fenster und sah sie genauer an. Dann stutzte sie, legte die Puppe auf die Fensterablage und wich einen Schritt zurück.

Dort, wo auf dem Körper das rote Herz gemalt war, stak im Brustkorb eine kleine naturgetreue, aus Eisen gefertigte Axt.

2

Mit dem täglichen Flug der Air France Paris–Martinique
landete auf dem Flugplatz Le Lamentin, gegenüber der
weiten Bucht von Fort de France, ein Reisender, der ein
nicht alltägliches Handgepäck mitbrachte.

Während man daran gewöhnt ist, prall gefüllte Golf-
säcke aufzunehmen und fanatischen Golfspielern, die
rund um die Welt reisen, nicht um Land und Leute ken-
nenzulernen, sondern nur, um zu sagen: Ich habe auf Barbados Golf gespielt, in Thailand, in Hongkong und auf
Borneo, und ja, der Golfplatz bei Lahaina ist fantastisch,
und kennen Sie den Golfplatz von Aruba, Klasse sage ich,
Klasse... also, während man an Fanatiker des kleinen
weißen Balles gewöhnt ist, gab dieser Reisende ein flaches
hölzernes Gerät ab und sagte: »Das ist eine Staffelei. Ich
bin Maler. Kunstmaler. Ist es möglich, die Staffelei irgendwo in der Maschine abzustellen? Oder muß ich sie
auf den Schoß nehmen? Ich fliege nämlich zum erstenmal,
müssen Sie wissen. Ich habe ein Stipendium gewonnen.
In Marseille. Acht Wochen Martinique. Mein Bild ›Früh-
nebel über Marseille nach einem Regen‹ hat den ersten
Preis bekommen...«

»Gratuliere, Monsieur –« antwortete die hübsche und
hilfsbereite Stewardeß der Air France und lächelte süß –
»geben Sie die Staffelei her. Ich bringe sie bei uns hinter
dem Cockpit unter.«

Der Maler bedankte sich etwas linkisch, saß dann den
ganzen Flug über brav auf seinem Platz, aß und trank alles, was man ihm anbot, sicherlich in der Annahme, er
müsse das und dürfe keinen beleidigen, und da er zweimal Rotwein und zweimal Cognac bekam, hatte er glän-

zende Bäckchen und strahlende Augen, als sie in Martinique landeten.

Am Flugplatz mietete er sich eine Taxe, verstaute einen zerbeulten Leichtmetallkoffer im Kofferraum, klemmte die Staffelei zwischen seine Knie und sagte: »Bitte zum Hotel Le Victoria. Route de Didier.«

Der Taxifahrer, ein fetter Neger, nickte, haute krachend den Gang hinein und fuhr in einem irren Tempo davon. Den Reisenden schien das nicht aufzuregen. Wer aus Marseille kommt, ist verrücktes Autofahren gewöhnt. Voll Interesse blickte er hinaus, aber was er sah, begeisterte ihn nicht. Industrie mit qualmenden Schloten, eine weite Bay, die Cohé du Lamentin, eingerahmt von Öl-Raffinerien, riesigen, silbern blitzenden Öltanks und einigen ins Meer hinausgebauten Zapfbrücken, aber als sie dann in Fort de France einbogen, vorbei an dem alten, wehrhaften Fort St. Louis und dem herrlichen Park, als sie die Hafenstraße entlangfuhren, mit dem Blick über die weite Bucht und die vielen Segelschiffe, und die Mündung des Flusses überquerten, dessen Name nur ein Franzose erfinden kann: ›Rivière Madame‹, lehnte sich der Maler zurück und stieß einen Seufzer aus. »Wieviel Schönheit!« sagte er.

»Jawohl, Monsieur.« Der Fahrer schielte zu ihm hin. »Für die Fremden. Arbeiten Sie mal hier.«

»Das will ich ja. Denken Sie nicht, ich wäre ein reicher Mann. Ich lebe gerade so dahin.«

»Und da wohnen Sie im Le Victoria?«

»Ein feiner Kasten, was?«

»Mittelfein, aber immer noch zu teuer, wenn Sie arm sind! Zwei Sterne hat das Hotel.«

»Donnerwetter! So habe ich noch nie gewohnt.«

Der dicke Neger verlangsamte die Fahrt und blickte seinen Gast mit einem hilfreichen Grinsen an. »Soll ich umkehren, Monsieur? Soll ich Ihnen ein anderes Hotel empfehlen? Es gibt genug billigere bei uns. Am billigsten, aber sehr gut wohnen Sie in den kreolischen Herbergen. Und essen kann man da! Essen!« Der Neger verdrehte die Augen. »Und Mädchen gibt es da! Feurig wie Pfeffer! Aber auch billiger als in Fort de France!«

»Danke für die Information. Aber ich muß im Le Victoria wohnen...«

»Sie müssen, Monsieur?«

»Ich habe einen Preis gewonnen. Da ist das Hotel inbegriffen.«

»Da kann man nichts machen, Monsieur.« Der Neger trat wieder aufs Gas. Der Maler nickte mehrmals. Sie bogen jetzt um das Lycée Schoelcher herum in die Avenue Martin-Luther-King ein. »Nein, da kann man gar nichts machen.« Er blickte wieder hinaus. Die Straße ging etwas bergauf, von Meter zu Meter wurde die Aussicht schöner, ein Blick über die ganze Stadt, über die weite Bucht, über grüne Hügel und hinüber, in der Ferne, zum Mont Pelée. Rechts von ihnen tauchte jetzt in weiten Parkanlagen ein großer Gebäudekomplex auf, links von ihnen, ebenfalls von Anlagen umgeben, ein anderer imponierender Bau. »Wirklich, das sind tolle Hotels!« sagte der Maler.

»Sie irren, Monsieur.« Der Neger zeigte nach links und nach rechts. »Das ist die Clinique St.-Paul, und das ist das Hôpital Civil. Ihr Hotel liegt praktisch zwischen beiden. Sie sehen es gleich.«

»Sicherer geht es nicht.« Der Fahrgast lachte kurz auf. »Wenn mich ein Kunstkenner erschlägt, sind zwei Krankenhäuser gleich nebenan.«

»Und hinter dem Hôpital Civil gleich der Friedhof du Trabaud...«

»Was will man mehr?! Die Leute in Marseille wissen schon, wo sie mich hinschicken.«

Das Hotel *Le Victoria*, erbaut im Kolonialstil, umgeben von einem 5000 Quadratmeter großen Park mit Schwimmbecken und Solarium, eine Pracht an Blüten und Lilien und chinesischen Astern, Frangipani und Poincianas, mußte jedes Malerauge reizen. Der Neger hielt vor dem Hoteleingang und wartete. Da der Gast keine Anstalten machte, auszusteigen, fragte er wieder mit einem breiten Grinsen: »Jetzt doch umkehren, Monsieur?«

»Junge, ich habe gewonnen!« Der Maler stieß die Wagentür auf. »So was gewinnt man in seinem Leben nur einmal!«

In der Halle, an der Reception, erwartete ihn ein Mädchen, wie man es nur in Träumen sehen kann. Ihr Lächeln drang mitten ins Herz und heizte die Temperatur noch mehr auf.

»Ich bin Jean Aubin!« sagte der Maler und stellte seine Staffelei an die Theke. »Der Maler Aubin, der den Ersten Preis von Marseille gewonnen hat. Mein Zimmer ist bestellt?«

»Es ist alles in Ordnung, Monsieur Aubin!« Die schwarzgelockte Fee mit dem betörenden Lächeln griff nach hinten an das Schlüsselbrett. »Nummer 14, Monsieur.« Plötzlich war auch ein Hausdiener da und suchte das Gepäck. Der einzelne zerbeulte Metallkoffer schien ihn anzuekeln. Wer hier absteigt, hat Büffellederkoffer oder wenigstens Schweinsleder.

»Es ist wirklich alles«, sagte Aubin, der den Blick richtig verstand. »Wenn ich einmal ein zweiter Picasso sein werde, komme ich mit zwanzig Koffern. Das verspreche ich Ihnen.«

Das Zimmer 14 war groß, lichtdurchflutet, durch eine Klimaanlage köstlich kühl, gab den Blick frei über den Park und hinüber zu den grünen Hügeln und das Massiv des Mont Pelée, auf den Strand von Schoelcher und Case-Pilote. Wenn man am Fenster stand, war man versucht, die Arme weit auszubreiten und vor Wonne zu jubeln.

Für jeden Maler wäre das ein Paradies gewesen, und das erste, was er getan hätte, wäre der Aufbau seiner Staffelei gewesen. Bei Jean Aubin war das anders. Er zog sein verschwitztes Hemd aus, drehte die Dusche an, hielt seinen blondmähnigen Kopf und den Oberkörper unter den kalten Wasserstrahl – er hatte übrigens einen gut durchtrainierten, muskulösen Körper und hätte beim ersten Blick eher ein Sportler sein können als ein Maler – rubbelte dann die Nässe von seiner Haut und ging zum Telefon.

Er wählte den Teilnehmer, als sei er hier in Martinique zu Hause und sagte, als sich der andere meldete: »Ich bin da. Nein, es ist alles glattgegangen. Sagt mal, habt ihr zuviel Geld?! Wo habt ihr mich denn untergebracht? Bin ich ein Maharadscha?!« Der Angerufene sagte etwas, Aubin lachte kurz und fuhr dann fort: »Morgen nehme ich mir einen Leihwagen und beginne mit einem Hafenbild. Nein, ihr schickt mir keinen Wagen herüber. Ich will einen kleinen Renault, einen, der zu mir paßt. Salut, mes amis.«

Eine Stunde später klopfte es an der Tür. Ein Boy brachte ein Päckchen. »Es wurde für Sie abgegeben, Monsieur . . .«, sagte er und wartete, bis Aubin ihm zwei Francs gegeben hatte.

»Wer hat das abgegeben?« fragte Aubin und trug das Päckchen zum Fensterbrett.

»Ein schwarzer Bote.« Er betonte das schwarz, denn er war selbst ein Kreole. Das ist ein großer Unterschied und darauf war er stolz. »Auf einem Moped.«

Aubin nickte, wartete, bis der Boy die Tür hinter sich zugezogen hatte und schnitt dann mit einem Taschenmesser die Verschnürung auf. Er wickelte einen Kasten aus, öffnete den Deckel und sah eine 9-mm-Pistole und einen Karton mit hundert Patronen. Stahlmantelmunition, mit abgeflachter Spitze. Das gab Löcher, die kaum einer überlebte.

Aubin zerknüllte das Einwickelpapier, warf es in den Papierkorb und steckte die Pistole in die rechte Hosentasche. Es sah so aus, als sei er diese Bewegung gewöhnt.

Die Fahrt mit dem weißen Luxusschiff von San Juan nach Martinique war für Petra Herwarth ein einziger Rausch. Das Schiff sprang gewissermaßen von Insel zu Insel, zuerst nach St. Croix, dann nach St. Kitts, Antigua, Guadeloupe und Dominica. Als dann im Sonnendunst am Horizont Martinique auftauchte, stand Petra an der Reling, bis sie in die weite Bucht von Fort de France einliefen. Die ganze karibische Küste Martiniques zog an ihr vorbei, das Urwald- und Felsmassiv des Mont Pelée, die Strände und Dörfer, die Ruinenfelder der Stadt St. Pierre, die am 8. Mai 1902 von einem gewaltigen Ausbruch des Vulkans Pelées verschüttet und zerstört worden war, 30000 Menschen kamen dabei ums Leben, von morgens 7.50 Uhr bis 7.52 Uhr, in genau zwei Minuten, in denen der Berg geköpft wurde und eine Wolke aus glühender Materie sich in das Tal und über die Stadt ergoß. Nur einer von 30000 überlebte, ein kleiner Verbrecher, der in Einzelhaft in einer unterirdischen Zelle des Gefängnisses von St. Pierre hockte. Er hieß Siparis, war ein Trunkenbold und wurde nach seiner Rettung im Zirkus Barnum in der Manege herumgeführt als der *Mann, der aus der Hölle entronnen ist* und als Beweis von Gottes Güte, so hirnverbrannt das in diesem Fall auch war. Denn der vernichtende Feuerregen fiel auch über die Kathedrale von St. Pierre, in der an diesem Morgen Hunderte von Gläubigen zu Gott flehten, der seit Wochen unruhige Mont Pelée möge sie verschonen. Nicht einer überlebte in der Kirche.

Die Küste glitt an Petra vorbei, und sie sah nun alles mit eigenen Augen, wovon sie so oft den Kunden in Hamburg erzählt hatte, die sich nach Martinique erkundigten. René hatte recht: Prospekte sind trotz der schönen bunten Bilder nur ein Schatten der Wirklichkeit.

Das hier, die ganze Schönheit der Welt, muß man gesehen haben, muß man mit den Augen trinken und in der Seele speichern, muß man wie einen Schauer auf der Haut spüren und gleichzeitig die Angst, daß die Zeit viel zu schnell vorbeirast, um nur einen Teil dieses Paradieses zu erfassen.

Mein neues Leben, dachte Petra Herwarth. Da liegt es vor mir. Das da muß Le Carbet sein... und jetzt kommt Bellefontaine... Case-Pilote... Schoelcher... und da sind die Türme von Fort de France... da öffnet sich die grandiose Bucht, da leuchten die Segel... da sind die hohen, dicken Mauern des Fort St.-Louis mit ihrem schlanken, weißgekalkten Leuchtturm... und auf der anderen Seite der Bucht die herrliche Halbinsel Trois-Ilets mit der Pointe du Bout, seinen schneeweißen Stränden und den Luxushotels, dem Yachthafen und dem Geburtshaus der Kaiserin Josephine, die Domaine de la Pagerie.

Welch eine Insel! Welch eine neue Heimat! Und das, was sie jetzt sah, war nur ein kleiner Teil... im Süden mußte die Küste ein einziger leuchtender Badestrand sein, die Atlantik-Seite sollte einen ergreifen mit seinen Hunderten Buchten und einer vom Meer zerrissenen wildherrlichen Küste und da, wie eine Feder in die rauschende See geworfen, auch die bizarre Halbinsel von Tartane, an deren Ende, an der Pointe du Diable – wie der Name schon sagt – des Nachts der Teufel heult.

Martinique... als am 15. Juni 1502 Christoph Kolumbus bei Le Carbet, in der Bucht von Anse Turin, landete, rief er aus: »Das ist das Allerschönste!«

Was kann man mehr sagen?

Mit brennenden Augen sah Petra hinüber zu dem näher kommenden Fort de France. Dort drüben wartet jetzt René, dachte sie glücklich. Er wird ein Fernglas haben und unser Schiff schon lange sehen. Wie lange wird es dauern, bis wir an der Pier von Carénage sind? Noch eine halbe Stunde? Noch eine lange, lange halbe Stunde. O René... René... du siehst es jetzt nicht, aber ich habe doch ein bißchen Angst vor diesem neuen, fremden Leben... auch wenn es in einem Paradies sein soll.

Ein paar Meter weiter von ihr lehnte Jules Tsologou Totagan an der Reling. Er trug eine runde, bestickte Mütze, einen korrekten naturfarbenen Leinenanzug und stützte sich auf einen knochigen, geschnitzten Stock. Niemand auf dem Schiff wußte es: Es war der Stab des oberen Voodoo-Priesters, des Houngan, der mit den Göttern und Seelen sprechen kann. Ein Stab, der töten konnte, wenn er damit einen Verfluchten berührte.

Die Fahrt von San Juan bis Martinique war ohne Zwischenfälle verlaufen. Der Kapitän des Schiffes, Raoul Fratelli, der Typ eines Abenteurers, den man in eine Marineuniform gesteckt hatte, gab der Deutschen die Ehre, an seinem Kapitänstisch zu sitzen und ließ sich von Hamburg berichten. Das war *sein* großer Traum. Einmal über den Atlantik nach Europa, hinauf in den Norden, ja, bis zur Packeisgrenze, in die Fjorde, durch die Ostsee nach Finnland und Leningrad, nach Holland, wo man geschnitzte Holzschuhe tragen soll, und nach Hamburg, wo die Kräne im Hafen so dicht stehen sollen wie hier die Bäume im Urwald. Er war aus der Karibik nie weggekommen, immer die Route von Insel zu Insel, eine Traumfahrt, gewiß, aber wenn man sie fünfzehn Jahre lang macht, sieht man keine Paradiese mehr.

Petra tanzte mit Monsieur Fratelli auf dem Bordball, sonnte sich auf dem Schwimmbad-Deck, spielte Tischtennis und beteiligte sich an einem Malwettbewerb, wo sie den dritten Preis bekam. Jules war immer in ihrer Nähe. Er lag im Liegestuhl eine Reihe hinter ihr, er las in einem Journal, wenn sie Tischtennis spielte, er stand an der Reling und beobachtete sie durch das Fenster des Salons, während sie malte.

Der Fetisch hatte keinerlei Panik in ihr erzeugt, wenigstens bemerkte Jules nichts. Er war ja auch nur eine Warnung, aber auch die schien sie nicht verstanden zu haben. Hätte ein Neger oder ein Kreole diese Fetischpuppe in seinem Bett gefunden, er wäre wie von Teufeln gehetzt wieder vom Schiff gelaufen und hätte sich an Land versteckt.

Das Beil im roten Herzen war eine deutliche Sprache, warum diese Frau sie nicht verstand, beschäftigte Jules die ganze Zeit.

Nun ja, sie ist eine Fremde, dachte er. Aus Europa auch noch. Eine Deutsche. Ihre Seelen sind anders als unsere; sie haben nur den einen Gott, ich bin ja auch getauft, war mit Vierzehn Meßdiener bei Abbé Mouriac in Basse-Pointe und schuftete sonst auf der Ananasplantage von Gradis, ich kenne das, das mit dem einen Gott, aber das wird sie nicht schützen.

Dreimal setzte Jules seinen Voodoo-Priesterstab ein. Er hatte sich auf einen Liegestuhl hinter Petra plaziert, und während sie mit geschlossenen Augen in der Sonne lag, streckte er den mit geheimnisvollen Symbolen verzierten Stock aus und berührte damit ihren Körper. Einmal die Hüfte – die Wirkung blieb aus: Sie hinkte nicht am nächsten Tag oder hatte keine Schmerzen in den Beinen. Das zweite Mal berührte er, leise Verschwörungen dabei murmelnd, ihre Schultern, aber auch hier zeigte es sich am nächsten Tag, daß sie nicht verkrümmt ging und daß sie so frei atmen konnte wie bisher. Der dritte Versuch, durch Voodoo Josephines Rivalin unschädlich zu machen, wurde von Jules nach altem Ritus vorbereitet. In seiner Kabine biß er einem Hahn, den er in Antigua auf dem Markt gekauft und an Bord geschmuggelt hatte, die Kehle durch, ließ das Blut über seinen Priesterstab laufen, tränkte darauf den Knüppel mit einem Zauberöl, das er mitgenommen hatte, und tanzte, den Stab an sein Herz gedrückt, so lange im Kreis, bis er verzückt und in Trance zusammenbrach. Als er wieder erwachte, legte er andächtig den Stab neben sich auf das Bett, breitete den geopferten Hahn darüber aus und steckte den abgebissenen Kopf auf die Spitze des Stockes.

Wer konnte diesem Zauber widerstehen?

Nun, beim dritten Mal, wieder hinter Petra sitzend, zielte Jules auf ihre linke Schulter, genau dorthin, wo ihr

Herz schlagen mußte. Niemand der um sie Herumliegenden begriff, was vor ihren Augen geschah. Sie sahen nur einen alten, weißhaarigen Mann, der mit seinem geschnitzten Spazierstock herumfuchtete, als wüßte er nicht, wo er ihn hinlegen sollte.

Der leichte Stoß mit der verzauberten Spitze traf Petra, als sie sich etwas nach vorn beugte, um die Flasche mit dem Sonnenöl von den Planken zu nehmen. Er traf genau von hinten ihr Herz, sie zuckte zusammen, Jules ließ sich in seinen Liegestuhl zurücksinken und schob den Stab hinter sich weg, aber sie drehte sich nicht um, sie griff nur nach hinten an den Rücken, als habe sie dort ein Insekt gestochen, und kratzte sich.

Nach fünf Minuten erhob sich Jules, stützte sich auf seinen Stab und ging langsam hinüber an die Bar. Er bestellte einen Rum mit Maracujasaft, trank das Glas in aller Ruhe leer und war mit sich zufrieden. Morgen früh würde die blonde Fremde in ihrem Bett liegen, und keiner würde wissen, wie sie gestorben ist. Das Herz hatte einfach stillgestanden.

Aber am nächsten Morgen sah Jules sie wieder im Schwimmbecken planschen. Betroffen blickte er auf sie hinunter, lief dann zurück in seine Kabine und riß seinen Voodoo-Stock hoch empor. Mit dumpfen, klagenden Lauten hüpfte er herum, bis er erschöpft aufs Bett sank und der Stab aus seiner Hand fiel.

Sie muß erst an Land sein, dachte er sich beruhigend. Sie muß die Erde und die Luft berühren, durch das Wasser gehen und das Feuer sehen, die vier Wohnungen der Götter. Hier kann sie nicht mehr entrinnen.

Geduld, meine kleine arme Josephine, Geduld. Wir vernichten sie. Jetzt ist es auch für mich der Beweis meiner Priesterkraft. Die Fremde hat mich zum Duell gefordert.

Langsam glitt das Schiff an die Pier. Eine Menge Menschen winkte, eine Steel-Band hämmerte wilde Rhythmen zur Begrüßung. Die bunten Kleider der Mädchen leuchteten in allen Farben. Unter geflochtenen Strohhüten und bunten Kopftüchern lachten die schönsten Gesichter, glänzten die verheißungsvollsten Augen.

In einem weißen Anzug stand René Birot ganz vorn an der Pier und winkte mit beiden Armen. Im Schatten der Hafenschuppen wartete sein Wagen, ein schneeweißer Citroën. Der schwarze Fahrer, in einer weißen Uniform, lehnte an der Motorhaube und grinste breit.

Madame kommt. Madame wird sich wundern.

»René!« schrie Petra Herwarth und schwenkte ihren Schal. »René! René!«

Er erkannte sie, machte einen jungenhaften Luftsprung, wedelte wieder mit den Armen durch die Luft und warf ihr Kußhände zu.

Sie lachte glücklich, winkte zurück, rannte unter Deck zum Ausgang, wo schon ihr Gepäck stand, und wartete zitternd, wie ein Mädchen bei seinem ersten Abenteuer, auf den Augenblick, wo sie in Renés Arme stürzen konnte.

Jules blieb in seiner Kabine und blickte durch das Fenster. Er wollte als letzter von Bord gehen. Natürlich kannte René ihn, den Onkel von Josephine Cadette. Man mußte deshalb unsichtbar bleiben.

Der weiße Citroën hatte die Pier verlassen.

Zum Empfang hatte René noch eine besondere Überraschung bereitgehalten: Als Petra die Gangway herunterkam und sich suchend umblickte, kam ihr zunächst nur ein riesiger Strauß aus Anthurien, Orchideenrispen und Frangipanizweigen entgegen. Dahinter glänzte ein wunderschönes, braunes Mädchengesicht, in einem grellbunten, bodenlangen Kleid bewegte sich ein schlanker, und doch wohlgeformter Körper, eines jener Traumgeschöpfe der Karibik, die im Schmelztiegel der Rassen entstanden ist. Erst dahinter entdeckte Petra den sich etwas duckenden René, der versuchte, sich hinter dem riesigen Blumenstrauß zu verstecken.

»Willkommen, Madame Birot!« rief er, kam um den Blumenstrauß herum, breitete die Arme aus und riß Petra an sich. »Willkommen zu Hause!« Er küßte sie, wirbelte sie dann herum und machte eine alles umfassende Handbewegung. »Das alles lege ich dir zu Füßen. Den schönsten Fleck Erde.«

»Es ist fast nicht wahr . . .« sagte sie leise. »Man muß sich immer wieder sagen: Nein, du träumst nicht! Was du siehst, ist wirklich da. O René.«

Sie lehnte den Kopf an seine Brust und begann vor Glück zu weinen.

An dem weißen Citroën stand der Fahrer stramm wie beim Militär und ließ die rechte Hand an die Mütze hochzucken. Sein breites, fast schwarzes, gutmütiges Negergesicht glänzte. Madame gefiel ihm vom ersten Blick an, nicht nur, weil sie so lange, blonde Haare hatte. Sie hatte auch gute Augen. Das war wichtig. Man muß nur in die Augen sehen, um zu wissen: Ist es ein guter Mensch oder ein schlechter?! Alles kann man verstecken unter Kleidern, Schminke und Puder, die Augen bleiben, wie sie sind und wie die Seele ist. Madame war ein guter Mensch.

»Willkommen, Madame«, sagte der Neger in seinem singenden Tonfall, wenn er französisch sprach. »Es ist uns eine große Freude.«

»Das ist der wichtigste Mann im Haus!« René lachte herzhaft. »Ohne ihn läuft nichts! Er hört alles, sieht alles, riecht alles, weiß alles. Er weiß vor dir, wann du Hunger hast oder Durst oder wann du im Pool schwimmen willst. Er hat nicht den sechsten, er hat den siebten Sinn! Und den achten dazu! Nicht wahr?«

»Monsieur sind sehr lustig . . .« sagte der Neger und grinste.

»Wie heißen Sie?« fragte Petra und lächelte ihn an. Eine gute Madame, dachte der Neger, eine sehr gute.

»Sagen Sie Babou zu mir, Madame.« Er grüßte wieder, Hand an der Mütze. »Sagen Sie: Babou, komm her, ich bin immer da.«

»Babou?« Petras Interesse war geweckt. »Das ist doch ein afrikanischer Name, kein karibischer. Du bist doch ein Mulatte...«

»O non!« Babou zog stolz das Kinn an. »Mulat'ka oublié qui neg'ess c'est maman-li«, sagte er. Tout neg'riche c'est mulât, tout mulât pauv' c'est nèg... Je suis un nèg...«

»Was sagt er da?« Sie drehte sich zu René herum. »Ich verstehe kein Wort.«

»Das ist Kreolisch. Französisches Kreolisch. Es heißt: ›Der Mulatte hat vergessen, daß seine Mutter eine Negerin war. Ein reicher Neger ist ein Mulatte, ein armer Mulatte ist ein Neger. Ich bin ein Neger.‹«

»Das klingt nicht sehr nach Paradies...«

»Es ist so etwas wie ein Sprichwort der Schwarzen geworden. Babou ist zufrieden. Auf seine Treue kannst du jede Zukunft bauen.« Er klopfte Babou gegen die breite Brust und nickte: »Fahren wir los, du armer Mulatte!«

»Und der herrliche Blumenstrauß, René?!«

»Er war zu deinem Empfang, er hat seinen Dienst getan. Zu Hause erstickst du in Blumen.«

»Aber du hast ihn doch bezahlt!« sagte sie. Ihr ganzes Leben hatte sie gelernt, praktisch und wirtschaftlich zu denken. Was man gekauft hat, gehört einem. Man wirft nichts weg, was noch gut ist. Jede Mark ist hart verdient. Was man erwirbt, muß man auch achten.

»Die Kleine wird den Strauß zurücktragen und den Touristen nochmals verkaufen, aufgeteilt in einzelne Sträuße. So kommt sie auf den vierfachen Verdienst. Die Kleine freut sich, als sei Weihnachten.« Er wartete, bis

Petra in den Citroën gestiegen war, sagte dann leise zu Babou: »Fahr nicht wie ein wilder Affe! Madame kennt unsere Fahrweise noch nicht!« und ließ sich neben ihr in die weichen Polster fallen. Babou setzte sich mit würdevoller Haltung hinter das Steuer, startete und fuhr – für seine Begriffe schlich er schneckengleich – ziemlich forsch aus den Hafenanlagen hinaus.

René und Petra saßen Hand in Hand im Fond und küßten sich.

Babou sah es im Rückspiegel, spitzte die Lippen und schmatzte leise. Das Motorengeräusch übertönte diesen unbotmäßigen Scherz.

Bis zu diesem Augenblick hatte Jules Tsologou Totagan gewartet. Erst jetzt ging er die Gangway hinunter, in der Linken sein Köfferchen, in der Rechten seinen Voodoo-Stab, blieb auf der Pier stehen und war froh, wieder auf seiner Insel zu sein. Seine Niederlage auf dem Schiff hatte er verschmerzt. Jetzt wurde es anders, jetzt lebte sie im Griff der Götter, jetzt konnte man die Dämonen rufen und ihnen opfern und die Fetische von ihnen durchdringen lassen. Jetzt gab es kein Entkommen mehr.

Jules stellte seinen Koffer ab, wischte sich über das schwitzende Gesicht und hob die dichten weißen Augenbrauen, als die schöne Blumenverkäuferin auf ihn zukam. Den Riesenstrauß hatte sie am Quai abgestellt.

»Du kommst von einer Reise?« fragte sie. »Wo warst du? Komm, erzähl. Ich bin neugierig.«

Jules räusperte sich. Er hatte nicht gewußt, daß sie hier am Hafen Blumen verkaufte. Alice Anamera war ein liebes, ein hübsches, ein braves Mädchen, das ehrlich ihr Geld verdiente und nicht, wie so viele Kreolinnen, ihren Körper an die Weißen verkaufte, an Seeleute und Touristen, die ein gutes und schnelles Geschäft waren. Nur einen Fehler hatte Alice, allerdings nur für Jules: Sie war die Enkelin von Mamissi Wata Danielle Paquier, der fetten Widersacherin im Voodoo, ein Abkömmling der Schlangenpriesterin, die es gewagt hatte, zu Jules zu sagen: »Man sollte für dich einen Fetisch machen und ihm dann den Schwanz abschneiden! Ha, was wärst du dann noch?!« Und wenn er damals von Danielle erhört worden wäre – vor fast vierzig Jahren – könnte Alice jetzt auch seine Enkelin sein. Aber sie war es nun mal nicht, sie gehörte zur Familie der dicken Mamissi. Wie sagten die Kinder auf kreolisch, wenn sie Danielle sahen: »An maman la baleine!« – Da kommt Mama Walfisch. Als Jules das zum erstenmal hörte, hatte er vor Wonne getanzt.

Da er wußte, daß Alice alles ihrer Großmutter Danielle wiedererzählen würde, sagte Jules feierlich: »Ich war auf einer fernen Insel, um ein neues, ungeheuer wirksames Zauberkraut zu holen. Wenn man es kocht und seinen Sud trinkt, hört man die Tiere sprechen. Ich hab's erlebt, ein Schluck, und der Hund, der vor mir saß, sagte zu mir: ›Ich bin Alain Séquier, Steuermann der Sainte Jeanette. Bei der Schlacht bei Les Saintes gegen die Engländer bin ich mit meinem Schiff versenkt worden. Am 12. April 1792, um elf Uhr vormittags.‹ – Ja, das hat der Hund zu mir gesagt. Ein wirklicher Zaubersaft ist es, Alice.«

Er ließ die sprachlose Schöne stehen, nahm seinen kleinen Koffer und ging zu Fuß aus dem Hafen, am Park La Savane entlang, und hielt erst an, als er auf der herrlichen Promenade der Baie des Flamands stand und die Quais erreicht hatte, von denen die Ausflugsboote und die Pendelschiffe zur Halbinsel Trois-Ilets abfuhren. An einem runden Tischchen vor einem Café am Boulevard Alfassa saß Josephine Cadette und sah ihrem Onkel wütend entgegen. Daß sie vor Wut fast zersprang, sah er an dem aufgeregten Wippen ihrer Beine. Josephine hatte sich außerdem verkleidet... sie trug einen grellgrünen kreolischen Turban, enge weiße Jeans, eine knappe rote Bluse, und ihr Gesicht wurde fast völlig von einer großen, dunklen Sonnenbrille verdeckt.

»Sie lebt noch!« sagte sie ohne Begrüßung, als sich Jules

neben ihr auf den Stuhl niederließ. »Ich habe sie von Bord gehen sehen.«

»Es wird nicht mehr lange sein, Josephine.«

»Warum lebt sie noch? Wo ist dein Zauber? Ist dein Voodoo-Stock nur ein dürres, altes, dummes Holz?«

»Er hat nicht gewirkt. Ich weiß nicht, warum.«

»Die blonden Haare! Sicherlich sind es ihre blonden Haare, die den Zauber vertreiben.« Sie trank ihren Kaffee, in den sie ein wenig leichten, weißen Rum geschüttet hatte, und blickte über den Boulevard und auf die beiden Landungsbrücken für den Ausflugsverkehr. Das Pendelboot von Trois-Ilets hatte angelegt, die Menschen drängten über den kleinen Steg auf die überdachte Brücke. Unter ihnen war auch ein blonder Mann in Jeans und einem roten Ringelhemd, der eine zusammengeklappte Staffelei mit sich schleppte und einen länglichen flachen Holzkoffer mit Palette, Pinseln und Farben. Er schlenderte hinter den eilig laufenden Menschen her; für ihn war Zeit kein Problem.

»Du mußt einen Fetisch mit blonden Haaren machen, Onkel Jules. Und sie mit dem Blut des Opferhahns rot färben. Ob das hilft?«

»Ich fürchte, das reicht nicht aus.« Jules stützte sich auf seinen Voodoo-Stock und atmete ein paarmal tief auf. »Der Geist, der sie vernichten soll, muß ein größeres Opfer haben.«

»Einen... einen Hammel?«

»Nein.«

»Einen Menschen...?«

»Vielleicht.« Jules schloß die Augen. »Ich werde die Götter fragen, was ihnen gefällt. Die Zeit treibt uns nicht, Josephine. Sie ist auf der Insel, sie kann nicht weglaufen. Sie ist eine Gefangene. Wir können sie in Ruhe und mit Hilfe der Geister vernichten.« Er öffnete die Augen wieder und sah Josephine an. »René auch?«

»Nein! Ihn nicht, Onkel Jules.« Sie legte die langen,

schmalen, schönen Hände mit den grellrot lackierten Nägeln zusammen. »Laß ihn leben. Er gehört mir. Ich liebe ihn doch.«

Jean Aubin hatte sie schon den ganzen Tag beobachtet. Sie war mit dem Boot hinüber zum Pointe du Bout gekommen, hatte am Yachthafen auf ihrem dicken roten Rucksack gesessen und die herrlichen Segel- und Motorboote angeblickt, war dann, den Rucksack mit dem leichtmetallenen Tragegestell auf dem Rücken, die Straße hinabgewandert, hatte die Geschäfte in dem Einkaufszentrum Patio de la Marina angesehen und dann den Weg zur Bucht von Mitan eingeschlagen, um am gelbweißen, blendenden Sand des Strandes, unterhalb des Luxus-Hotels Bakoua, ihr Gepäck wieder abzuwerfen. Sie zog sich aus, völlig ungeniert, war einen Moment völlig nackt, schlüpfte dann in einen Bikini und ging in das tiefblaue Meer.

Aubin, der unter einem Kasuarine-Baum Platz genommen hatte, pfiff leise durch die Zähne, als das Mädchen so ungeniert herumlief, sah ihr dann zu, wie sie mühelos und elegant durch das Meer schwamm, nach ungefähr zwanzig Minuten wieder an Land kam, sich mit einem Frotteetuch aus dem Rucksack abtrocknete, das Bikini-Oberteil ablegte und sich zum Sonnenbad hinlegte.

Jeder Maler hätte jetzt zum Skizzenblock gegriffen. Aubin tat es auch, zeichnete die schönen Körperformen ab, dazu die Küste, das Meer, die Palmen und die flachen Dünen von Anse Mitan. Es sah etwas ungelenk aus, sehr naiv, um es höflich auszudrücken, so daß man sich wundern konnte, wieso man dem Maler Aubin in Marseille den Ersten Preis zuerkannt hatte. Aber es war sicherlich der eigene Aubin-Stil, eine Verbindung von naiv und kindlich. In der modernen Kunst ist ja alles möglich. Da kann man für mit Fett beschmierte Kinderbadewannen rund

100000 Mark verlangen. So gesehen, war Aubins Skizze des liegenden Mädchen von Mitan ein Meisterwerk.

Als die schöne Badende später nach Fort de France mit dem Pendelboot zurückfuhr, war auch Aubin an Bord. Nach dem Anlegen bummelte er über die Landungsbrücke zum Boulevard Alfassa. Das Mädchen saß wieder auf seinem roten Rucksack am befestigten Meerufer und blickte über die schöne Bucht.

Aubin kam näher, blieb neben ihr stehen und tippte an seine Leinenmütze, auf der in den Farben des Regenbogens *Martinique* gestickt war. Eine typische Touristenmütze. Kein Einheimischer trüge so etwas. Das Mädchen beachtete ihn nicht, sondern blickte weiter ungerührt über das Meer.

»O Wandersfrau, o Wandersfrau, wie weht das Lüftchen heute flau...« sagte Aubin forsch. Er fand es gut. Dichten war leichter als Malen.

»Hau ab!« sagte das Mädchen grob.

Aubin blickte auf sie hinunter. Ihr rötlich-braunes, kurzgeschnittenes Haar glitzerte in der Sonne wie Kupfer. Im Nacken hatte sie einen kleinen Leberfleck.

»Ich will Ihnen etwas zeigen...« fing Aubin wieder an.

»Mach 'ne Fliege!« war die harte Antwort.

»Etwas ganz Schnuckeliges...«

»Wenn du Ferkel nicht sofort abhaust, bekommst du 'nen Tritt!« sagte sie gefährlich ruhig. »So Säue wie du laufen genug rum!«

»Wir reden da von völlig verschiedenen Dingen, Mademoiselle.« Aubin schlug seinen Skizzenblock auf. »Ich hatte das Glück, vor zwei Stunden einen der schönsten Körper zu zeichnen, die ich bisher gesehen habe. Nur das wollte ich Ihnen zeigen.«

Er hielt ihr die Skizze unter die Augen, sie nahm den Block, betrachtete das Bild und blickte jetzt erst zu Aubin hinauf. Er war, wie gesagt, mit seinen blonden Haaren und seiner sportlichen Figur ein Mann, den man ansehen konnte. »Ein Foto wäre besser gewesen«, sagte sie kritisch.

»Foto! Das kann jeder. Ich bin Kunstmaler, das kann nicht jeder.«

»Möglich, aber hier sehe ich aus wie eine Mißgeburt. Vielleicht ist das moderne Kunst, aber ich mag sie nicht. Meine Brüste sind in Wirklichkeit viel schöner.«

»Das stimmt!«

»Wollen Sie mir die Skizze schenken?«

»Wenn Sie Ihnen gefällt, bitte.«

»Danke.« Sie riß das Blatt aus dem Block und zerknüllte es dann. »Sie gefällt mir eben nicht.« Sie blitzte Aubin mit ihren graugrünen Augen an. »Böse, was? Ein Jahrhundertwerk ist vernichtet worden.«

»Ich kann es wieder nachzeichnen. Ihr Körper brennt mir im Gedächtnis.«

»Was wollen Sie eigentlich?« fragte sie aggressiv.

»Ich habe Sie lange genug beobachtet. Sie haben keine Unterkunft, nicht wahr?«

»Nein! Na und?«

»Wollen Sie im Urwald schlafen?«

»Warum nicht. Hier soll es keine giftigen Tiere geben, außer den Menschen.«

»Sehen Sie, und da steckt die Gefahr.«

»Man kann überall schlafen. Ich habe einen Schlafsack bei mir. Im Zuckerrohrfeld, bei den Ananas, in den Farnen, irgendwo in den Bergen. Ich habe schon ganz anders geschlafen.« Sie blitzte Aubin wieder an. »Ich nehme an, Sie wollen mir Ihr Bett anbieten!«

»Nein, das geht ganz und gar nicht. Ich wohne in einem feudalen, anständigen Hotel.«

»Unbegreiflich, wie man mit solchen Kritzeleien soviel Geld verdienen kann!«

»Sie trampen durch die Welt?«

»Sie merken wirklich auch alles!« sagte sie schnippisch.

»Ja, ich sehe mir den Globus an, solange ich noch jung bin. Wenn ich später einen immer müden Mann und sechs Kinder habe...«

»Bei sechs Kindern muß man das verstehen.«

»Was?«

»Daß er dauernd müde ist.«

»Sie sind ja ein Witzbold!«

»Und Sie rechnen wirklich mit sechs Kindern? Muß das ein Erlebnis sein: Mama, Papa und sechs Kleine mit roten Rucksäcken quer durch die Welt.«

»Sie fangen an, reichlich blöd zu werden, Monsieur.«

»Jean Aubin.«

»Von mir aus. Ich heiße Jeanette Dufour. Heimathafen Lyon. Von Beruf medizinisch-technische Assistentin. Ohne Bindungen, nicht vorbestraft, geistig normal, körperlich gesund, Männer sind mir egal...«

»Sechs Kinder!« rief Aubin warnend.

»...von unbändigem Freiheitsdrang, ohne Angst, in Judo ausgebildet – was wollen Sie noch mehr wissen?«

»Seit wann sind Sie auf Martinique, Jeanette?«

»Seit gestern, Jean.« Sie lachte plötzlich. »Ist das nicht blöd? Jean und Jeanette!«

»Eine tolle Regie des Schicksals.«

»Jetzt reden Sie wieder Blech, Monsieur.«

»Wo haben Sie gestern nacht geschlafen?«

»In einer Hütte bei fabelhaften, netten Kreolen. Er ist Zuckerrohrarbeiter, sie hat auf dem Markt einen Gemüsestand. – Noch etwas?«

»Ich grübele die ganze Zeit darüber nach«, sagte Aubin, »wie ich Ihnen beibringe, daß wir zusammenbleiben...«

»Also doch, wie alle Männer.« Sie verzog ihren schönen Mund. »Sagen Sie doch auch: Na, wie ist's, Pupette? Machen wir's miteinander?«

»Sehe ich so aus?«

»Ja!«

»Das erschüttert mich.« Aubin grinste breit. »Ich bin sonst ein schüchterner Mensch. Ich dachte an eine harmlose, gemeinsame schöne Inselzeit. Ich schwöre: Kein Versuch für das erste der sechs geplanten Kinder.«

»Sie sind von einer umwerfenden Blödheit, Jean!« Jeanette lachte hell, erhob sich von ihrem dicken Rucksack und baute sich vor Aubin auf. »Was haben Sie für Vorschläge?«

»Zunächst gehen wir in die Bar de la Liberté und trinken einen Planters Punch, essen dann im Restaurant Le d'Esnambuc wie die Fürsten – ha, da gibt es ein Dessert, da schmelzen eiserne Jungfrauen wie Sie dahin! – und wenn wir satt und zufrieden sind, sehen wir weiter. Einverstanden, Jeanette?«

»Einverstanden, Jean.« Sie lachte wieder und wuchtete ihren Rucksack mit dem Gestell auf den Rücken. »Sie sind von einer teuflischen Rafinesse.«

Aubin fand das auch und gratulierte sich dazu.

Der Empfang in Birots Haus war einer Königin würdig.

Das gesamte Personal stand aufgereiht vor der großen Freitreppe des Herrenhauses, in Sonntagskleidung, die Männer in schwarzen Anzügen, die Frauen in ihren wundervollen bunten, kreolischen Kleidern und leuchtenden Kopftüchern, mit Ketten und Ringen geschmückt, Armreifen und Blüten. Als der weiße Citroën auf der Privatstraße zwischen den Blütenbüschen und Bäumen sichtbar wurde, blies ein schwarzer Gärtner auf dem Clairon das Willkommenssignal. Die Frauen schwenkten die Blumensträuße, die Männer klatschten in die Hände.

René legte den Arm um Petras Schulter. »Das ist jetzt dein Reich, mein Liebling. Sie werden dich alle lieben, das weiß ich. Um es gleich zu sagen: Sie sind freiwillig gekommen. Hier wird keinem befohlen, keiner wird gezwungen. Bei mir gibt es das überholte Kolonialdenken nicht.

Jeder Mensch ist hier frei! Ob schwarz oder weiß, Kreole oder Mulatte... wir sind alles Franzosen. Das ist ein Teil des Paradieses von Martinique. Sehen wir von einigen Fanatikern ab.«

Sie stiegen aus, Babou riß die Wagentüren auf und grüßte militärisch. Ohne Zögern ging Petra auf die Frauen und Männer zu und gab jedem die Hand. Die Frauen knicksten, die Männer neigten den Kopf. Neugierige, forschende Blicke tasteten sie ab. Das also ist sie! Die blonde Madame aus Allemagne. Für sie hat Monsieur Josephine weggeschickt. Sie wird jetzt hier regieren. Abwarten, mes amis... daß sie uns allen die Hand gibt, will noch nichts sagen. Abwarten! Es gibt ja noch Josephine, und sie ist nicht weit weg.

Arm in Arm betraten Petra und René das Haus. Es war, wie sie es sich in ihren Träumen vorgestellt hatte, eine Kolonialvilla voll bezauberndem Charme. Meine neue Welt, dachte sie wieder. Hier wird mein Leben sein. René, die Kinder, die Zukunft. Ich könnte weinen vor Glück.

Draußen hatte sich Babou vor das Personal gestellt und sah es böse an. Sein mächtiger Körper sprengte fast die prächtige weiße Uniform. Wenn er wie jetzt mit den Augen rollte, gab es keinen, der Babou nicht voll Respekt ansah.

»Das war also Madame!« sagte Babou mit tiefer, grollender Stimme. Sein schwarzes, dickes Gesicht schien sich noch mehr aufzublasen. »Eine gute Madame. Wer sie von euch nicht liebt und ihr nicht mit Ehrfurcht entgegenkommt, dem breche ich alle Knochen, ist das klar?!«

Die Frauen und Männer nickten und gingen wieder zu ihrer Arbeit.

Im Salon hatte Petra ihre große Reisetasche geöffnet und holte, während René ihnen an der Hausbar einen Cocktail mixte, die merkwürdige Figur heraus, die sie auf dem Schiff in ihrem Bett gefunden hatte. Sie legte sie auf

den Tisch und betrachtete sie, wie so oft, mit einem Kopf-
schütteln.

»Sieh mal, René, was ich hier habe«, sagte sie.

Birot kam herüber, die Gläser in der Hand, warf einen
Blick auf die Holzpuppe und setzte sofort die Gläser ab.
Sie klirrten, so hart stellte er sie auf den Tisch.

»Wo, wo hast du das denn her?« fragte er. Er nahm alle
Kraft zusammen, seine Stimme gleichgültig klingen zu
lassen. »Wo hast du das gekauft?!«

»Ich habe es gefunden.«

»Gefunden? Wo?«

»Auf dem Schiff. In meinem Bett.«

»In deinem Bett!« Er starrte sie erschrocken, ja entsetzt
an. »Wem hast du die Figur gezeigt?«

»Keinem! Nicht mal dem netten Kapitän Fratelli. Die Figur muß ein Gast, der vor mir die Kabine bewohnt hatte,
vergessen haben. Nimm sie mit, dachte ich mir. Sie sieht
so lustig aus.«

»Ja, sie sieht lustig aus.« Birot starrte noch einmal auf
den Fetisch, auf das Beil im roten Herzen, und entschuldigte sich bei Petra für einen Augenblick.

Er ging hinüber in seine Bibliothek, riß das Telefon an
sich und wählte eine Nummer.

»Ja, hier René Birot«, sagte er hastig und leise. »Bitte
Kommissar Coulbet.«

Er wartete ungeduldig, schnippte mit den Fingern und
atmete auf, als sich Coulbet meldete.

»Was ist los, René? Wo brennt's? Wollen deine Arbeiter
auch demonstrieren wie die in der Ananasplantage von
Pierre Laturne?«

»Komm her, Robert, komm sofort her«, sagte Birot heiser vor Erregung. »Jemand hat Petra einen Todesfetisch
ins Bett gelegt.«

»Ich komme sofort.« Coulbet war sehr ernst geworden.
»Beruhige Madame... ich bin gleich da.«

»Sie weiß gar nicht, was es bedeutet, Robert!«

»Um so besser. Halt bloß den Mund, René! Wir kriegen das schon hin.«

Birot legte auf. Wir kriegen das schon hin, dachte er. Mein lieber Robert... wir haben den Voodoo noch nie besiegt.

3

In knapp einer halben Stunde war Kommissar Coulbet bei René Birot.

Petra bemerkte seine Ankunft nicht. Sie schwamm im Pool, und das neue, ganz für sie allein zuständige Hausmädchen, die Kreolin Rosette, wartete am Rande des Beckens mit einem Badetuch, daß Madame aus dem Wasser kam. Ein schwarzer Butler hatte auf der Terrasse zum hinteren Park hin einen Tisch mit herrlichen Früchten, Fruchtsäften und weißem Rum gedeckt.

Rum gehörte hier zum täglichen Leben, zum Bestehen überhaupt. Ohne Rum kein Leben, das war eine Wahrheit von Martinique.

Kommissar Robert Coulbet, auf Martinique in Marigot an der Atlantikküste geboren und mit seinen 48 Jahren schon ergraut, umarmte René bei der Begrüßung, eilte dann in die Bibliothek und starrte auf die Holzpuppe auf dem Schreibtisch von Birot.

»Das ist ja ein dicker Hund!« sagte er gepreßt. »Das hat man ihr ins Bett gelegt?«

»Ja, auf dem Schiff.«

»Das ist eine eindeutige Todesdrohung!«

»Darüber gibt es gar keinen Zweifel. Robert, wir sind doch hier geboren. Wir wissen doch, was Voodoo ist! Mein Gott, wer kann Petra so hassen, daß er ihr den Tod herbeizaubert? Niemand kennt doch Petra!«

»Josephine«, sagte Coulbet sofort.

»Das glaube ich nicht, Robert.«

»Aber ich! Josephines Onkel, Jules Tsologou Totagan ist ein Voodoo-Houngan! Wir kennen uns fast zwei Jahrzehnte. Er hat mir einmal mit seinem Voodoo-Zauber sehr geholfen. Mit seinen Hinweisen konnte ich einen dreifachen Kindermörder überführen.«

»Onkel Jules? Unmöglich.« René schüttelte den Kopf. »Wie sollte er denn auf das Schiff von San Juan kommen?«

»Das haben wir schnell festgestellt.« Coulbet betrachtete den Fetisch von allen Seiten. Das Beil im Herzen gab keine Rätsel auf. »Auf jedem Schiff gibt es eine Passagierliste! Außerdem wird man wissen, ob Onkel Jules eine längere Zeit nicht in seinem Haus war. Ich werde den Alten morgen besuchen und mich in der Nachbarschaft bei den Leuten umhören. In den Bergen wird man mehr wissen, als wir ahnen.« Er trat vom Tisch zurück und steckte sich eine der höllisch starken, schwarzen Zigarren an. »Wo ist Josephine jetzt?«

»Sie hat das Haus verlassen.«

»Wann?«

»Schon vor einer Woche.« René ging zu einem Wandschrank und klappte ihn auf. Eine kleine Bar fuhr heraus. Mit unruhigen Händen mixte er sich aus weißem Rum und Limonensaft und etwas Wodka einen Drink. »Du auch einen?«

»Ein halbes Glas. Ich kenne deine Cocktails!«

»Josephine wohnt jetzt wieder in ihrem Häuschen hinter der Fabrik.« René gab Coulbet das Glas. »Da wo sie offiziell immer wohnte.«

»Es war ein Fehler, sich Josephine auf die Matratze zu holen.« Coulbet trank einen Schluck, verdrehte die Augen und hüstelte. »Die Leber jubelt! – Josephine – so ein Mädchen verabschiedet man nicht mit einem Händedruck. Auch nicht mit 100 000 Francs Abfindung. Das hättest du wissen müssen, René. Du bist ja kein Fremder, du bist hier geboren, du kennst die Menschen von Martinique, du kennst die Frauen. Es gibt auf Martinique zwei Naturereignisse: Der Vulkan Pelée und die Mädchen! Das haben sie gemeinsam: Ihr Ausbruch reißt alles mit!« Coulbet trank sein Glas leer. »Ich gehe mal zu Josephine und mache ein Schwätzchen mit ihr.«

»Sie ist sicher nicht in ihrem Haus. Petras Ankunft wollte sie bestimmt nicht miterleben.«

»Und du hast keinerlei Angst, daß Josephine deiner Petra an die Gurgel geht?«

»Nein. Angst habe ich erst jetzt, wo Petra vom Schiff den Fetisch mitgebracht hat. Das ist mir unbegreiflich. Bis vor einer Stunde kannte hier niemand Petra Herwarth. Stell dir den Wahnsinn vor: Sie fliegt von Frankfurt nach San Juan, steigt dort auf ein Schiff und findet in ihrem Bett diese Todespuppe! Das ist doch wirklich unbegreiflich.«

»Hast du von ihr ein Bild herumstehen?«

»Ja. Dort. Auf meinem Schreibtisch.« René zeigte auf den großen Tisch vor der Bücherwand.

»Aha.«

»Was heißt Aha?!«

»Das kann Josephine auch gesehen haben.«

»Natürlich.«

»Für mich ist jetzt unbegreiflich, daß das Bild noch existiert. Ich hätte Josephine zugetraut, daß sie es in kleinste Stücke reißt.« Coulbet ging zu dem Schreibtisch, nahm Petras Foto in dem Silberrahmen in Augenhöhe und betrachtete es. »Wann stellst du mich der wunderschönen Dame vor?«

»Nachher. Sie schwimmt gerade.«

»Das ist die beste Gelegenheit, sie von allen guten Seiten zu betrachten.« Coulbet stellte das Foto zurück. »Wenn sie hier so frei bei dir herumsteht, ist sie keine absolut Unbekannte mehr.«

»Dann müßte jemand in San Juan gewesen sein und ihr den Fetisch ins Bett gelegt haben, der sie kennt – wenn auch nur vom Foto!«

»Das sag ich ja! Von daher rolle ich die Sache auf! Die Drohung kann nur von jemandem aus deinem engsten

Umkreis kommen. Und es wird doch wohl festzustellen sein, wer längere Zeit verreist war.« Coulbet lächelte und steckte sich noch eine Zigarette an. »Die Hauptaufgabe der Kriminalpolizei ist das Sammeln von Mosaiksteinchen, ist mühselige Kleinarbeit. Aber wenn wir dann das Bild zusammensetzen, beginnt das große Staunen und Zähneklappern. – Ich seh' mich mal in deinem Sündenbabel um. Bis gleich, René. Bereite deine Petra darauf vor, daß sie in Kürze den schönsten Mann von Martinique kennenlernt. Ich möchte nicht, daß sie bei meinem Anblick Herzschmerzen bekommt.«

Lachend verließ Kommissar Coulbet das Haus und ging hinüber zur Fabrik. Er kannte den ganzen Birot-Komplex wie sein eigenes Haus. Mit Renés Vater hatte er als junger Beamter auf der Veranda Schach gespielt und im Park Boule. Der alte Birot war eine Wucht gewesen, wie man so sagt. Bärenstark, mit buschigen Augenbrauen, kurzgeschnittenen Haaren, einem Schädel wie aus Granit, der Mustertyp des Kolonisators. Er war einer der ersten auf der Insel, der seine Arbeiter organisierte, einen Arbeiterrat einsetzte und so über alle Sorgen informiert war, die er sonst nie erfahren hätte. Die anderen französischen Patrons nannten ihn bald den *Kommunisten*, weil er nicht wie ein Herr auftrat, sondern am Abend manchmal bei seinen Arbeitern auf dem Platz unter dem riesigen Wollbaum saß, mit ihnen sang und soff und beim Karneval, der auf Martinique fast so gefeiert wurde wie in Rio de Janeiro, den ganzen Betrieb zu einem rauschenden Fest einlud. Birots Frau, Madame Claudine, Renés Mutter, war gestorben, als René erst neun Jahre alt war. Aus Kummer wäre sie gestorben, munkelte man unter den Weißen der Insel, weil der alte Eisenschädel Birot ein solch verteufelter Kommunist gewesen sei. Claudine, aus einem Adelshaus stammend, hatte es nie verwinden können, daß die anderen Weißen die Birots schnitten. Die stinken nach Neger, hieß es. Als der alte Birot das erfuhr, lud er das, was man in Martinique die zwanzig ersten Familien nannte, zu einer Feier in ein bekanntes Restaurant, ließ eine Negerpfeffersuppe, ein nach Negerart in einer Erdgrube auf heißen Steinen gebackenes Schwein und zum Nachtisch Mohrenköpfe servieren, und zwei seiner schwarzen Diener verspritzten über den Tisch ein Parfüm, das ungeheuerlich nach Moschus stank. »So und jetzt stinkt ihr, die Weißen!« brüllte Birot über die entsetzte Gesellschaft. »Leute, ich muß gleich kotzen!«

Als Birot starb, hinterließ er neunzehn nicht angetraute Witwen! An noch keinem Sarg hatten so viele wehklagende Weiber gestanden wie an seinem Sarg. Aber alle hatten sich untereinander vertragen, es hatte nie Streit oder Skandale gegeben, und das Grab des alten Birot wurde immer mit frischen Blumen geschmückt.

Von ihm hätte René lernen können, dachte Coulbet, als er zu Josephines Häuschen ging. Es war wie alle anderen Häuser aus Holz gebaut, rosa gestrichen, mit grün umrandeten Fenstern und einer blauen Tür. Je bunter, um so schöner ... die Lebensfreude der Martiniquaner war überall zu spüren. Von seinem Vater hätte René lernen können, dachte er, andererseits hatte der Alte auch nie ein Mädchen wie Josephine gehabt, und die Zeiten hatten sich auch grundlegend geändert. Die Farbigen waren selbstbewußter geworden, stolzer und freier. Nicht weiß zu sein, war nicht mehr das Schicksal, bedeutete nicht mehr, sich minderwertig zu fühlen. Im Gegenteil! Man war gleichberechtigt unter der französischen Trikolore.

Coulbet klopfte an Josephines Haustür. Er ahnte, daß er von vielen Augen aus dem Hinterhalt beobachtet wurde. Als er an die Türklinke faßte, schwang die Tür auf. Sie war nicht verschlossen. Coulbet zögerte, aber dann betrat er doch das Haus. Es war sauber, mit modernen, einfachen Möbeln ausgestattet. Blumenvasen mit Blütensträußen verrieten die Hand der Frau.

Coulbet ging im Haus herum, die Hände auf dem Rükken, und bemerkte nichts Auffälliges. Nur in Josephines Schlafzimmer, das früher recht selten benutzt worden war, blieb er vor einem großen, eingerahmten Farbfoto stehen. Ein blickloser Kopf. Josephine hatte René die Augen ausgestochen.

Coulbet trat näher, untersuchte die Zerstörung, ohne das Bild zu berühren, und verließ dann das Haus. Welch ein Haß und welche Verzweiflung, dachte er. Es mußte Josephine das Herz zerrissen haben, als sie René die Augen ausstach. Ihre Seele mußte weggebrannt sein.

Er schlenderte hinüber zur Villa, ging über die rund um das Haus führende Veranda und kam in den hinteren Teil des Parks. Petra war aus dem Pool gekommen, saß, in einen bunten Frotteemantel eingehüllt, in einem Korbsessel und ließ sich von dem schwarzen Butler eine dicke Orange schälen. René war nicht zu sehen. Er mußte noch in der Bibliothek sein.

»Bevor Sie bewundernd ›Oh!‹ rufen: Ich bin Robert Coulbet. Ein alter Freund des Hauses!« sagte er und lachte. Petra lächelte verhalten zurück.

»Warum sollte ich ›Oh!‹ rufen?«

»Aus Begeisterung vor so viel männlicher Schönheit!«

»Ich werde René bitten, Ihnen einen Spiegel zu schenken«, sagte Petra lässig. »Sie haben sicherlich lange in keinen hineingeschaut.«

»Prachtvoll! Die Runde geht an Sie!« Coulbet nickte dem schwarzen Domestique zu und klemmte sich auf einen Stuhl Petra gegenüber. Der Diener reichte ihm ein Glas Rum mit Fruchtsaft. »Ehe der schwarze Satan da es Ihnen zuflüstert: Madame, ich bin Kriminalkommissar. Im Augenblick nicht im Dienst.«

»Sie sind zufällig hier?«

»Nein! Die Neugier trieb mich! Ich wollte Sie kennenlernen. René hat schon viel von Ihnen erzählt. Auch, daß Sie heute per Schiff von San Juan ankommen.« Coulbet nippte an seinem Frucht-Rum. »War's eine schöne Über-fahrt?«

»Traumhaft schön.«

»Das denke ich mir. Ein Bekannter von mir war auch auf Ihrem Schiff. Ein älterer, stämmiger Mann mit weißen Haaren. Ein Kreole. Haben Sie ihn zufällig gesehen oder sogar gesprochen?«

»Es waren viele stämmige, weißhaarige Männer an Bord, Monsieur Coulbet.«

»Mein Bekannter fällt sofort auf mit seinem Kopf!«

»Mir ist niemand besonders aufgefallen. Tut mir leid.«

»Na, dann warten wir mal ab, was er mir erzählt.« Coulbet prostete Petra zu. »Sie sind ihm sofort aufgefallen, wetten?! Welcher Mann könnte an Ihnen vorbeisehen?«

»Danke.«

Sie lachte hell. Aus dem Haus trat in diesem Augenblick René, blieb stehen und kam dann schnell näher. Er hieb Coulbet auf die Schulter und beugte sich zu Petra hinunter, um ihr einen Kuß zu geben.

»Glaub von dem, was er sagt, nur die Hälfte!« rief er. »Und diese Hälfte ist auch noch gelogen!«

»Ist das ein Kavalier, was?« Coulbet tat entrüstet. »Ich sage: Sie sind eine der faszinierendsten Frauen, und er haut sofort dazwischen: Das ist gelogen! Wie können Sie einen so ungehobelten Klotz bloß lieben, Madame?!«

Nach einer Stunde, die wie im Fluge verging, verabschiedete sich Coulbet und fuhr zurück nach Fort de France. »Ein netter Kerl«, sagte Petra, als sich das Autogeräusch entfernte. »Ist er verheiratet?«

»Er war es.«

»Witwer?«

»Nein. Seine Frau Louise lief ihm vor vier Jahren weg. Brannte durch mit einem indischen Seidenfabrikanten, der hier Urlaub gemacht hatte. Damals war Coulbet völlig verstört. Er hatte seine Frau lieb, tat alles für sie, soweit es sein Gehalt als Beamter zuließ, war ihr treu... und sie brennt ihm durch! Vier Monate später ist der Inder gestorben, im fernen Kalkutta. Ein ganz dummer Insektenstich, das Bein schwillt an, man amputiert es ihm, weil es schwarz wird, aber zu spät. Er stirbt an dem Gift. Louise ist in Kalkutta geblieben. Sie hat jetzt genug Geld. Coulbet erwähnt nie mehr ihren Namen. Er hat sich vorgenommen, diese Zeit zu vergessen.«

»Wir sollten ihn öfter zu uns einladen, René«, sagte Petra und beugte den Kopf in den Nacken, damit er sie besser küssen konnte. »Was meinst du?«

»Aber ja! Sofort einverstanden!« René war froh über diese Entwicklung. Wenn Robert jetzt öfter kam, fiele es nicht weiter auf. Petra aber hatte, ohne es zu wissen, eine Art Polizeischutz.

»Hast du ihm von der Puppe erzählt oder sie ihm gezeigt?« fragte sie plötzlich. René zuckte unwillkürlich zusammen.

»Nein! Sollte ich das?«

»Wo hast du die Puppe?«

»Durchgebrochen und weggeworfen.«

»Schade.« Sie zeigte sich ein wenig enttäuscht. »Warum denn? Es war eine so lustige Puppe.«

»Sie war häßlich, Petra.« Seine Stimme klang belegt. »Wenn dir diese Schnitzereien so gut gefallen, kaufen wir in Fort de France so viele, wie du haben willst.«

Auf halbem Wege nach Le Prêcheur kam Coulbet der Wagen von Josephine entgegen. Coulbet blinkte sie an, sie reagierte wider Erwarten, fuhr rechts an den Straßenrand und stieg aus. An ihren Wagen gelehnt, wartete sie, bis Coulbet bei ihr war.

»Ist sie da?« fragte sie ohne Einleitung, obwohl sie genau wußte, daß es so war.

»Das war die dümmste Frage, die je gestellt wurde!«

sagte Coulbet denn auch. »Wo willst du denn hin, Josephine?«

»Wohin wohl? In mein Haus.«

»Jetzt immer noch?«

»Ich habe meine Arbeit, ich muß Geld verdienen, ich liebe mein Haus... Warum soll eine fremde Frau mir die Freude an meinem Haus nehmen?!«

Coulbet nickte mehrmals. »Du hast wirklich ein schönes Haus«, sagte er plötzlich.

Josephine sah ihn lauernd an. Wie immer, wenn er sie sah, war Coulbet von ihrer wilden Schönheit fasziniert. Vor allem dann, wenn ihre schwarzen Augen funkelten wie jetzt. »Woher kennen Sie es, Monsieur?!«

»Ich war vorhin drin.« Coulbet sagte es lässig und lächelte dabei. »Ich hatte geklopft, nichts. Ich greife an die Klinke, da geht die Tür auf. Unverschlossen...«

»Ich schließe nie die Tür ab.«

»Das ist es! Ich nahm das als Einladung und bin ins Haus gegangen. ›Hallo, Josephine!‹ habe ich gerufen. Aber da war keine Josephine.« Coulbet kratzte sich den Nasenrücken. »Wirklich ein interessantes Haus. Eine Frage nur: Warum zerstörst du alte Fotos und läßt sie an der Wand hängen, anstatt sie wegzuwerfen?«

Sie wußte sofort, was Coulbet meinte und zeigte ihre weißen Zähne wie ein gereiztes Raubtier. »Ich will sein Gesicht immer sehen...«

»Ein Gesicht ohne Augen?!«

»Ja! Sie sollen nicht mehr *mich* ansehen! Aber ich sehe ihn, den blinden Verräter.«

»Wo kommst du jetzt her?«

»Aus Fort de France. Im Café habe ich gesessen. Der Betrieb hat heute frei, alle sollen feiern und die neue Madame empfangen. Das kann man nun wirklich nicht von mir verlangen. Aber jetzt ist ja oben alles vorbei, nicht wahr? Die Speichellecker haben Saison!«

»Und wie soll das weitergehen, Josephine?«

»Ich bin Leiterin der Fabrik. Ich habe meine Arbeit.«

»Madame Birot wird dich auch sehen und sprechen wollen.«

»Noch ist sie nicht Madame Birot!«

»In sechs Wochen soll die Hochzeit sein.«

»Soll, Monsieur Coulbet, soll!«

»Du hast die Hoffnung, daß sie nicht stattfindet?«

Hatte Coulbet gehofft, Josephine laufe in diese Fangfrage hinein, hatte er sich getäuscht. Sie war ein kluges Mädchen, da gab es keinen Zweifel.

»Wer kann ohne Hoffnung leben, Monsieur? Was wären wir ohne Wünsche?«

»Das stimmt.« Coulbet klopfte Josephine wie einem Kumpel auf die Schulter. »Man soll mit seinen Wünschen aber immer im Erfüllbaren bleiben, meine Schöne. Wir werden noch oft darüber sprechen. Ich werde jetzt viel oben im Haus sein.«

Das war eine Warnung. Josephine glaubte, sie zu verstehen und lächelte gefährlich. »Haben Sie Angst, Monsieur, ich bringe den blonden Engel um?«

»Das wäre zu simpel, Josephine. Wenn ich an so etwas dächte, würde ich dich jetzt mitnehmen und einsperren.«

»Sie hätten keinen Grund dazu!«

»Gründe gibt es immer. Unterschätze nicht meine kriminelle Fantasie. Nein, du wirst der neuen Madame gar nichts tun! Da gibt es andere Möglichkeiten. Man muß nur warten können. Geduld haben! Nur, ob es noch bis zur Hochzeit gelingt...«

»Was soll gelingen, Monsieur?«

»Ja, was? Wenn ich das wüßte, würde ich zu dir sagen: Josephine, jetzt steckst du den Kopf in die Schlinge! Für nichts!«

Josephine warf den herrlichen Kopf in den Nacken und riß die Autotür auf. »Sie riechen nach Rum, Monsieur!« sagte sie kalt. »Sie vertragen nicht viel. Adieu, Monsieur.«

»Auf Wiedersehen, Josephine.« Coulbet drehte sich weg, aber plötzlich wirbelte er herum. »Wo ist Jules?« rief er scharf.

Die Überrumpelung mißlang. Josephine sah ihn ohne Erschrecken erstaunt an.

»Onkel Jules? Wo soll er sein? In seinem Haus. Ich weiß es nicht.«

»Du hast ihn heute nicht gesehen?«

»Nein.«

»Seit acht Tagen nicht.«

»Irrtum, Monsieur.« Sie lachte nach innen. Coulbet sah es an ihren vibrierenden Mundwinkeln. »Gestern noch. Onkel Jules war oben, brachte eine Salbe für Lusitane, sie hat ein Geschwür im Nacken. Onkel Jules haben bestimmt zehn Personen gesehen.«

Sie lachte, stieg in ihren Wagen und brauste davon. Coulbet sah ihr nach, sehr nachdenklich und wirklich irritiert. Jules war noch gestern oben bei den Arbeitern, man hatte ihn gesehen. Das warf alle schönen Theorien um, wenn es stimmte!

Sie halten zusammen, dachte Coulbet. Natürlich halten sie alle zusammen gegen uns Weiße. Da laufen wir gegen Gummiwände. Wenn man sie verhört: Ganz klar, daß mindestens zehn Leute Onkel Jules gesehen haben, und Lusitane wird mir ein Mordsgeschwür im Nacken präsentieren und einen Topf voll von Jules' geheimnisvollen, schrecklich stinkenden, aber helfenden Salben. Da braucht man gar nicht zu fragen. Da muß man sich anders anschleichen.

Er ging zu seinem Wagen zurück, beugte sich über den Hintersitz und schob eine dort liegende Decke zur Seite.

Auf dem Polster lag der Fetisch. Die Holzpuppe mit dem Beil im Herzen. Die Puppe, die wirklich ein wenig Ähnlichkeit mit Petra Herwarth hatte. Die Haare waren aus hellen, in der Sonne gebleichten Baumrindenfasern, fast sahen sie blond aus.

Der Fluch des Voodoo.

Wer kannte sich da auf Martinique besser aus als Jules Tsologou Totagan? Er hatte den Weg zu dem dreifachen Kindermörder angegeben. Er hatte einem Hahn das linke Bein aus dem Körper gerissen, ein linkes Bein, an dem auch der indische Liebhaber von Louise gestorben war.

Coulbet deckte den Fetisch wieder zu und fuhr langsam die Küste entlang nach Fort de France.

Das Wohnproblem von Jeanette Dufour war gelöst worden. Sie brauchte nicht in ihrem Schlafsack in der freien Natur übernachten, wo ›Lüstlinge über Sie herfallen werden‹, wie Aubin ihr erklärt hatte, was sie mit einem Tippen des Zeigefingers an die Stirn abtat, sondern man fand ein Bett in einer kleinen, aber sauberen Pension, deren Besitzerin, Madame Laplasse, erschüttert war, als Aubin ihr erzählte, Mademoiselle sei nach Martinique gekommen, um das Grab ihres Urgroßvaters zu suchen, der im Jahre 1802 bei einem Sklavenaufstand auf Martinique getötet worden sei. Mit einem Speer, dessen Spitze aus dem Dolchschnabel des Riesenfisches Marlin bestand. Madame war so gerührt, daß sie für das Zimmer pro Nacht nur 45 Francs haben wollte. Aubin mietete es sofort.

»Sind Sie verrückt?!« zischte Jeanette, als Madame Laplasse gegangen war. »Bin ich eine Millionärin?! 45 Francs pro Nacht... Woher soll ich die nehmen?!«

»Sie könnten zum Beispiel arbeiten.«

»Wo denn? Was denn? Im Hospital natürlich. Da hätte ich auch in Lyon bleiben können! Ich will frei sein. Arbeiten! Wie denn?«

»Wenn man so umwerfend aussieht sie Sie...«

Weiter kam Aubin nicht. Es knallte, seine Wange brannte, sein Kopf zuckte, und Jeanette sagte kühl: »Ich habe mich getäuscht. Sie *sind* ein Ferkel!«

Aubin schüttelte sich wie ein Hund, der aus dem Wasser kommt. »Donnerwetter, haben Sie einen Schlag!« sagte er anerkennend.

»Sie haben es vergessen: Ich bin Judo-Kämpferin!«

»Und verstehen mich völlig falsch! Die Ohrfeige müssen Sie abbüßen! Ich habe Ihnen einen intimen Vorschlag zu machen.«

»Es knallt gleich noch mal!«

»Ich biete Ihnen an, sich Ihr Geld bei mir zu verdienen!« Aubin ging vorsichtshalber zwei Schritte zurück zum Fenster. »Als Modell!«

»Sie geiler Bock!«

»Pardon, Jeanette. Als Maler bin ich geschlechtslos. Mich beeindruckt nur die Ästhetik des Körpers, nicht dessen nahe Wärme. Wir Maler...«

»Seien Sie still, Jean!« Sie winkte ab. »Wir Maler! Toulouse hat mit seinen Modellen geschlafen, Goya, Picasso, Gauguin, Monet, Rembrandt hat es sogar geheiratet...«

»Soweit möchte ich es nicht kommen lassen!« Aubin hob abwehrend beide Hände. »Wie können Sie mich in einem Atemzug mit diesen Genies nennen! Und wer denkt an Akt?! Ich will Sie nur als Vordergrund benutzen!«

»Als was?!«

»Hinten die Landschaften von Martinique, vorn ein Mädchen, mal liegend, mal sitzend, mal stehend...«

»...mal von hinten, mal von vorn.«

»Jetzt werden *Sie* frivol!«

»Kommen Sie näher, Sie Feigling, damit ich Ihnen eine kleben kann!« schrie Jeanette. »Was zahlen Sie pro Stunde?!«

»Dreißig Francs.«

»Geizkragen! Und wie lange wollen Sie am Tag malen?«

»Sie vor meinen Augen, da gibt es keine Zeit mehr!«

»Bleibt mir eine andere Wahl?« Jeanette hob die schönen Schultern. »Aber ich stelle Bedingungen!«

»Ich höre.«

»Erstens: Ich will die Insel ansehen. Gründlich. Ich brauche also Zeit genug, mich umzusehen. Zweitens: Über mich verfüge ich selbst. Mit Ihren dämlichen 30 Francs pro Stunde kaufen Sie mich nicht. Und das geht über in Drittens: Hoffen Sie nicht, daß zwischen uns etwas sein wird! Ich will noch viel von der Welt sehen und nicht an einem Mann hängenblieben.«

»Das ist nett!« sagte Aubin zufrieden. Sie starrte ihn fragend an.

»Was ist da nett?!«

»Daß Sie immerhin damit rechnen, Sie könnten an mir hängenbleiben. Das beweist, daß ich kein Scheusal bin!«

Aubin ließ Jeanette an diesem Abend allein bei Frau Laplasse zurück, nachdem er für eine Woche im voraus bezahlt hatte. Mit seinem gemieteten kleinen Renault fuhr er in die Stadt zurück, suchte eine Telefonzelle, wählte.

»Eine Frage –« sagte er »ist euch eine Jeanette Dufour bekannt? Aus Lyon. Sie gibt an, medizinisch-technische Assistentin zu sein, trampt aber jetzt durch die Welt. Nein, ich glaube ihr, daß sie so heißt. Warum sollte sie mir einen falschen Namen nennen? Ich habe sie als Modell angestellt. Als Modell! Was gibt's da zu lachen, ihr Affen? Sie kann uns sehr nützlich sein. Wie? Mit hirnlosen Wesen unterhalte ich mich nicht!«

Aubin hängte ein und verließ die Telefonzelle. Er hatte Hunger, dachte an das vortreffliche Essen in seinem Hotel *Le Victoria* und fuhr schnell die Anhöhe hinauf zur Route de Didier. In der Reception übereichte ihm das hinreißende Mädchen eine Nachricht.

Bitte sofort anrufen. Weiter nichts.

Aubin ging auf sein Zimmer, wählte wieder die gleiche Nummer wie vorhin und sagte:

»Um allem aus dem Weg zu gehen: Nein, ich stelle euch nicht meinem Modell vor. In Martinique wimmelt es von traumhaften Wesen, da braucht ihr meines nicht! – Was ist los?«

»Du warst gerade weg vom Apparat, da bekamen wir die Nachricht«, sagte eine ruhige Stimme. »Die Hafenkommandantur meldete es routinemäßig. Eine Motoryacht, von St. Lucia kommend, hat um einen Liegeplatz auf der Reede gebeten. Die Yacht heißt *Carina II* und fährt unter der Flagge von Panama.«

»Wer ist der Eigner?«

»Keine Ahnung. Der Steuermann hat mit dem Hafenamt gesprochen. Ist der Name wichtig?«

»Nein. Er kann ja auch falsch sein. *Carina II.* Danke. Ich melde mich wieder.«

Aubin ging auf seine Veranda, aber von hier konnte er die ganze Bucht von Fort de France nicht überblicken. Er bummelte um das Hotel herum, fand im Garten einen Platz, der besser war, und suchte dann mit einem kleinen, aber äußerst scharfen Fernglas die Baie ab. Es gab da draußen eine Menge herrlicher Yachten, Millionenpötte, wie Aubin sagte, aber es war nicht zu erkennen, welche nun die *Carina II* war.

Bevor er in den Speisesaal zum Essen ging, rief er noch bei Madame Laplasse an. Sie stellte das Gespräch in das Zimmer von Demoiselle Dufour durch.

»Was tun Sie jetzt?« fragte Aubin. Es beruhigte ihn, daß sie im Haus war.

»Ich habe mich geduscht und laufe nackt herum«, antwortete Jeanette.

»Die glücklichen Wände, die so etwas sehen dürfen, ohne eine Ohrfeige zu bekommen!«

»In einer Viertelstunde werde ich etwas essen, Madame hat mich eingeladen, ich soll ihr über meinen erstochenen Urgroßvater erzählen, da haben Sie mir was eingebrockt! – dann werde ich noch einen Rumcocktail trinken und mich vielleicht ins Nachtleben von Fort de France stürzen.«

»Ohne Geld?«

»Mein lieber Jean, braucht ein Mädchen wie ich Geld?«

»Mon Dieu! Ich dachte, Sie sind nicht von der Sorte?!« Aubin wurde nun doch unruhig. »Wann wollen Sie in die Stadt? Wie lange essen Sie?«

»Weiß ich das? Wünschen Sie einen genauen Zeitplan? Soll ich Sie anrufen, wenn ich auf die Toilette gehe? Jean, Sie beginnen, unangenehm in meiner Freiheit herumzutappen! Wenn das so ist, ziehe ich morgen hier wieder aus.«

»Bloß das nicht! Ich habe schon eine Woche bezahlt.« Aubin räusperte sich. »Hätten Sie was dagegen, Jeanette, wenn ich Sie bei Ihrem Abendbummel begleite.«

»Ja.«

»Warum?«

»Verdammt, ich will tun, was *ich* will! Ist das klar?«

»Völlig klar. Viel Spaß, Jeanette.«

Aubin verzichtete auf sein feudales Dinner, zog sich um und fuhr wieder hinunter nach Fort de France. In der Nähe der Pension von Madame Laplasse bezog er Posten und beobachtete das Haus. Aber Jeanette kam nicht heraus. Aubin war verwirrt. Entweder hatte sie ihn belogen und wollte gar nicht ins Nachtleben hinaus, oder sie war durch einen Hinterausgang entschlüpft. Wenn sie das getan hatte, ergab sich die Frage: Warum? Man schleicht sich nicht davon, wenn man ein reines Gewissen hat!

Nach zwei Stunden entschloß sich Aubin, Madame Laplasse aufzusuchen.

»Mademoiselle Dufour schläft!« sagte die alte Dame.

»Sind Sie da sicher?«

»Aber ja. Ich habe ihr vor zwanzig Minuten noch eine Flasche Mineralwasser hinaufgebracht. Da lag sie im Bett und las. Ein interessantes Mädchen! Wenn sie von ihrem Urgroßvater erzählt und dem Sklavenaufstand ... hinreißend.«

Aubin fuhr zufrieden zum *Le Victoria* zurück. Ein wahres Luder ist sie, dachte er. Wie problemlos sie den Urahnen bereits adoptiert hat!

Morgen früh um zehn Uhr hole ich sie ab. Da mieten wir uns ein Motorboot, fahren in der Bucht herum nach Motivsuche und besehen uns mal die weiße Yacht *Carina II*.

Ein schöner Tag wird das werden.

Bevor René den Tag beendete und Petras erste Nacht auf Martinique begann, die erste Nacht im neuen Leben, im zukünftigen eigenen Haus und an der Seite des Mannes, dem sie in bedingungsloser Liebe gefolgt war, umrundete er noch einmal die Villa und sah in dem rosa gestrichenen Holzhaus neben der Fabrik einen Lichtschein. Er zögerte einen Augenblick, ging dann aber doch hinüber und klopfte an die blaue Tür.

Josephine schwieg, aber sie saß auf dem Sofa aus Manilarohr, als René hereinkam. »Was willst du hier?!« fauchte sie. »Hat sich dein blonder Engel noch nicht ausgezogen und liegt bereit?«

»Ich bin nur gekommen, um dir zu sagen, daß euer fauler Zauber bei Petra keine Wirkung hat.«

»Wovon redest du?« Sie räkelte sich auf dem Sofa wie eine Katze. Nur ihre Augen verrieten ihre innere Wut.

»Sie weiß nicht, was ein Fetisch bedeutet. Aber sie wird es bald erfahren, dafür werden andere sorgen, nicht wahr? Nur soviel, Josephine: Der Weg zu Petra führt über mich! Sie wird nie allein sein.«

»Wie alt ist sie? Zwanzig, fünfundzwanzig, dreißig? Bei den Blonden kann ich das nie schätzen! Nehmen wir die Hälfte. Fünfundzwanzig. Wenn's ihr gut geht, kann sie noch fünfzig Jahre leben! Willst du sie fünfzig Jahre lang nie allein lassen? Dann wird die Blumeninsel für sie zu einer Teufelsinsel werden!« Sie lächelte und schob dabei die Lippen hoch. Ihre weißen Zähne leuchteten. »Vergiß nicht: Ich bin genauso alt wie sie. Wir werden immer nebeneinander herleben.«

»Das heißt, daß du sie bis zu deinem Lebensende mit Haß verfolgen willst?!«

»Nein, das wäre zu anstrengend. Ich werde sie lange überleben.«

»Wenn ihr etwas passiert, Josephine...« René streckte den Kopf vor. Josephine räkelte sich wieder. Eine Wildkatze vor dem Todessprung.

»Was dann, mein Liebling?«

»Ich bringe dich um!« sagte er sachlich.

»Tu es. Ich habe vor dem Tod keine Angst. Wir leben weiter in anderen Gestalten. Wer das weiß, stirbt mit einem Lächeln. Bring mich nur um!«

Er zögerte mit einer Antwort, sah dann ein, daß es völlig sinnlos war, mit ihr darüber zu sprechen, drehte sich brüsk um und verließ das Haus. Draußen, zwischen Fabrik und Villa, stieß er auf Babou, den riesigen Neger. Er trug noch immer seine weiße Chauffeur-Uniform. René winkte ihn heran.

»Babou«, sagte er. »Du magst doch Madame?«

»Ja, Monsieur. Madame hat gute Augen.«

»Sie ist in Gefahr.«

»Ich weiß es, Monsieur.«

»Ich komme gerade von Josephine.«

»Ich habe es gesehen, Monsieur.«

»Kümmere dich um sie, Babou. Sie will Madame durch einen Voodoo-Fetisch vernichten.«

Der Neger zog den Kopf tief in die breiten Schultern. »Das ist gefährlich, Monsieur. Was kann man gegen Voodoo tun? Die Geister sind unbesiegbar. Sie sind überall.«

»Das ist doch alles nur ein dummer, heidnischer Kult! Du bist doch ein Christ, Babou?!«

»Ein guter Christ, Monsieur. Alle sind gute Christen... und doch beugen sich alle dem Voodoo. Man weiß es bloß nicht, man spricht nicht darüber.«

»Es geht um Madame. Wir müssen Madame beschüt-
zen, Babou. Paß auf sie auf.«

»Wie auf meine Augen, Monsieur.«

Er wartete, bis René ins Haus gegangen war und die
großen Außenleuchten erloschen. Babou faltete die
Hände, sprach ein stummes Gebet, blickte in den Nacht-
himmel mit seiner Sternenunendlichkeit, als rufe er Gott
um Hilfe, straffte sich dann und ging mit stampfenden
Schritten hinüber zu Josephines rosa gestrichenem Holzhaus.

4

Im Haus brannte nur ein Licht, nicht die beschirmte Birne von der Decke, sondern eine dicke Kerze. Ihr schwacher Schein erhellte gerade einen kleinen Umkreis, aber es genügte, um Babou sofort Josephine erkennen zu lassen. Sie hockte in einem großen Korbsessel, die Beine angezogen, das Kinn auf die Knie gestützt, die Arme um die Unterschenkel geschlungen.

Regungslos wie eine Statue saß sie da und starrte auf das Foto René Birots, auf dieses Gesicht mit den ausgestochenen Augen, an dem nur der lächelnde Mund verriet, daß es einmal in einer glücklichen Stunde aufgenommen worden war.

Das flackernde Licht der Kerze gab dem Foto unheimliches Leben. Es war, als bewegten sich die Gesichtszüge und zuckten die leeren Augenhöhlen.

Babou blieb an der Tür stehen und wartete auf eine Regung Josephines. Aber sie schien ihn nicht gehört zu haben, vielleicht war sie so sehr in das Anstarren von René vertieft, daß es für sie keine Umwelt mehr gab.

Babou kam noch zwei Schritte näher. »Willst du wirklich, daß er blind wird?« fragte er mit plötzlich belegter Stimme.

»Nein!« Ihre Antwort bewies, daß sie sehr wohl das Eintreten von Babou bemerkt hatte. »Ich bin keine Voodoo-Priesterin.«

»Aber du hast die Augen ausgestochen.«

»Er soll mich nicht mehr sehen, hier, in meinem Haus. Nicht, wenn ich mich wasche, nicht, wenn ich nackt herumlaufe, nicht, wenn ich auf meinem Bett liege und vor Sehnsucht zittere. *Hier* soll er blind sein!«

»Dann wirf das Bild weg!«

»Nein! Ich brauche es, um es anzuspucken!« Ihr Kopf fuhr zu Babou herum. Ihre wilden Augen, der verzerrte Mund, das Tierhafte, erschreckten ihn. »Ich brauche es, um mir immer wieder, zu jeder Minute, zuzurufen: Sie hat ihn mir weggenommen. Sie, die blonde Hure aus Deutschland! Dieses Engelchen, das nicht schöner ist als ich, nur blond, so verdammt blond!« Sie ballte die Fäuste, riß sie zum Mund und biß hinein. Ihre Augen glühten. »Ist blond der Himmel der Männer? Gib Antwort, Babou. Verdammt, sei ehrlich. Mir hat man alles schon berichtet. Du liegst ihr zu Füßen wie ein schnurrender Kater! Warum?!«

»Madame hat gute Augen, Josephine!«

»Sie ist noch nicht Madame!« schrie Josephine. »Du bist wie alle schwarzen Teufel: Eine weiße Haut, runde weiße Brüste, ein weißer, fester Hintern und wo es Haare gibt, sind sie blond. Das genügt, um das Gehirn auszublasen. Leugne es nicht. Aber René ist kein schwarzes Aas wie du! Womit hat sie ihn verzaubert?!«

»Man muß es hinnehmen, Josephine«, sagte Babou weise. »Was willst du tun?«

»Für sie die Hölle öffnen.«

»Damit holst du Monsieur nicht zurück.« Babou machte noch drei Schritte, riß das augenlose Foto Birots von der Wand und zerrte es aus dem Rahmen. Mit ein paar schnellen Griffen hatte er es zerfetzt und warf die Schnipsel in die Ecke.

Josephine hinderte ihn nicht daran. Sie stieß keinen Schrei aus oder sprang ihn an, wie es Babou erwartet hatte. Sie blieb mit angezogenen Knien im Korbsessel sitzen und sah ihn nur aus geweiteten Augen an.

»Was ist ein Foto?!« sagte sie. »Er ist in meinem Herzen eingebrannt. Man muß mich schon töten, wenn man ihn mir wegnehmen will! Mach dich nicht lächerlich, Babou. – Was willst du überhaupt hier? Als treuer Diener das freie

Bett des Herrn übernehmen? Keine Hoffnung, Babou. Ich mag keinen Negerschweiß!«

Bei jedem anderen hätte Babou jetzt mit seinen gewaltigen Fäusten zugeschlagen, so lange, bis der andere keinen Atem mehr hatte, und er hätte es nie als Mord betrachtet. Er war stolz, in dieser Welt voll mit Weißen und Mischlingen, voll mit Mulatten und Kreolen noch ein echter Neger zu sein, gerade auf Martinique, wo sich das Blut wie in einem Mixer verrührte.

»Ich bin gekommen«, sagte er ruhig mit seiner tiefen, melodischen Stimme, »um dich zu warnen, Josephine.«

»Du – mich? Ich muß lachen! Warnen? Wovor?«

»Vor mir.«

»Also doch! Du bist stark wie ein Stier, keiner könnte sich gegen dich wehren. Aber vergiß nicht, daß du nicht eine Pistolenkugel mit der Hand auffangen kannst. Das kann nur Onkel Totagan.«

»Ein Trick ist das.«

»Nein, ich habe es selbst gesehen. Er stand da ganz allein auf dem Feld, und ein Mann, dem er die Pistole gegeben hatte, mußte auf ihn schießen. Onkel Jules streckte die Hand aus, nahm die Kugel aus der Luft und zeigte sie vor. Grins nicht, du Affe. Ich war dabei. *Du* kannst es nicht! Das vergiß nicht!«

»Ich will dich warnen. Laß Madame in Ruhe!«

»Ich werde sie nicht anrühren, schwarzes Katerchen! Niemand wird ihr zu nahe kommen, und trotzdem wird sie vernichtet werden.«

»Der Fetisch hat bereits versagt.«

»Was für ein Fetisch?« fragte Josephine erstaunt. Sie log vollkommen. Sogar der Klang ihrer Stimme war in Erstaunen gebettet.

»Wer hat ihn auf das Schiff gebracht?«

»Warum fragst du mich? Ich weiß von nichts.«

»Ich habe den Fetisch gesehen! Nur Jules kann so eine

Puppe schnitzen! Nur er hat hier auf der Insel die Macht, die Götter für oder gegen die Menschen zu lenken.«

»Dann sieh dich vor, Babou!«

»Ich bin ein Christ.« Babou grinste etwas schief. Im Herzen nagte die stille Furcht. Zuviel hatte er von Voodoo schon gehört und selbst gesehen, und er war oft im Zweifel gewesen, ob der Christus, an den er glaubte, wirklich der einzige Gott im Himmel sei. Er betete dann stundenlang vor dem Kruzifix in seinem Zimmer oder ging in St. Pierre zur Beichte in die Kirche. Aber auch das half ihm wenig. Der Priester legte ihm das Beten und zehn Rosenkränze auf und sagte: »Denk nicht, Babou, glaube!« Was soll man damit anfangen, wenn man weiß, daß einem Fetisch, den man Jaque Prissier nennt, eine Nadel ins linke Bein gestoßen wird, und dem Mensch Jaque Prissier drei Tage später bei einem Autounfall das linke Bein abgequetscht wird? Erklären soll man das mal... was heißt hier: Du sollst glauben?! Und wenn das mit der Pistolenkugel wirklich stimmt, was nutzt dann der Glaube? »Mich geht euer Voodoo nichts an! Er kann mir nichts tun!«

Es klang ziemlich kleinlaut, auch wenn Babou beim letzten Satz die gewaltige Stimme etwas hob. Er ging in dem großen Raum hin und her, umkreiste die noch immer im Korbsessel hockende Josephine und hatte außer seiner billigen Drohung eigentlich nichts mehr zu sagen.

»Du wirst Monsieur nie zurückbekommen!« sagte er endlich.

»Das weiß ich!« Ihre Stimme klang völlig ruhig.

»Dann laß es sein, Rache auszubrüten«

»Ich werde gegen den blonden Engel kämpfen, solange ich lebe.« Sie warf den Kopf zurück und sah Babou groß an. »Solange ich lebe. Ihr müßtet mich also töten! Überlegt es euch. Es müßte wie ein Unfall aussehen.«

Babou gab keine Antwort mehr. Er verließ das rosa gestrichene Holzhaus und tappte durch die Dunkelheit hinüber zum Herrenhaus. Im großen Salon brannte noch Licht. René und Petra feierten ihre erste Nacht mit einer Flasche Champagner. Es war eine samtweiche, warme Nacht, durch die geöffneten Fenstertüren klang das Geräusch der Nachtvögel. Die in den Blumen und Büschen versteckten Bodenscheinwerfer zauberten aus dem Park ein unbeschreibliches Märchen.

»Ich bin so glücklich, René«, hatte Petra gerade gesagt, »wenn ich die Augen schließe und wieder aufmache, bin ich jedesmal erstaunt, daß das alles wahr ist«, als René an den Stufen der Terrasse Babous Umrisse sah.

René trank Petra zu, erhob sich dann und küßte ihre Stirn. »Draußen ist Babou. Ich muß ihm noch etwas sagen. Wir wollen morgen rund um die Insel fahren. Einen Augenblick, Liebling.«

Babou trat tiefer in den Schatten zurück, als Birot nach draußen kam. Auch wenn er flüsterte, war seine Stimme noch so laut, daß Madame sie sonst hätte hören können. Erst auf der untersten Treppenstufe der Terrasse blieb er stehen.

»Du warst bei ihr?« fragte René leise.

»Ja, Monsieur.«

»Und?!«

»Solange sie lebt, will sie Madame vernichten...«

»Das weiß ich. Wir müssen sehr vorsichtig sein. Und wir können nichts tun. Diese Ohnmacht, ein Unglück zu verhindern, ist grauenhaft! Du weißt das wie ich: Josephine ist zu allem fähig! Mit dem Fetisch fing es schon an.«

»Es gibt einen Weg, Monsieur«, sagte Babou dunkel.

»Ich sehe keinen. Mit Geld ist nichts zu machen. Sie läßt sich nicht kaufen.«

»Aber sie ist sterblich, Monsieur.«

»Babou!« rief René entsetzt. »Vergiß das sofort!«

»Wirkliche Ruhe kennt nur der Tod. Wir müssen daran

denken, Monsieur, ehe Madame das Opfer wird. Ich bin bereit, für Madame alles zu tun.«

Mit einem Gefühl des Schauderns lief René ins Haus zurück. Was kann man wirklich tun, dachte er, als er Petra im Sessel sitzen sah, in einem tief ausgeschnittenen Kaminkleid, unwirklich schön und unendlich glücklich. Was bleibt mir als Mittel gegen den tödlichen Haß einer Frau? Auch Coulbet hätte keine Möglichkeiten, es gab nichts, was Josephine abschrecken könnte.

René beugte sich wieder über Petra und küßte sie. Der Champagner war getrunken, die erste Nacht in der neuen Heimat, in dem für sie umgebauten und ummöblierten Haus, brach an. René verriegelte die großen Terrassentüren und klappte zum ersten Mal seit Jahren die dicken Holzläden davor. Das letzte Mal hatten sie es vor zweiundzwanzig Jahren gemacht, als sein Vater noch lebte und es eine Art Arbeiteraufstand gegeben hatte. René war damals 16 Jahre alt, stand mit einer Maschinenpistole oben auf dem Dach und wartete auf den Sturm der Arbeiter. Sein Vater saß im Salon, eine Kiste Handgranaten um sich, ebenfalls eine Maschinenpistole auf den Knien, und vier seiner kreolischen Geliebten hockten um ihn herum und klagten laut voller Todesangst.

Aber es kam bei den Birots zu keinem Sturm wie auf anderen weißen Farmen oder Fabriken – Birot war zu beliebt bei seinen Leuten, und als fremde Trupps von Morne-Rouge herüberzogen, kam es zu einer Schlacht zwischen den Eingeborenen. Birots Arbeiter verteidigten *ihre* Fabrik und schützten ihren Patron!

René legte den Arm um Petras Schulter und zog sie aus dem Sessel hoch. »Komm«, sagte er leise und drückte sie an sich.

Sie nickte stumm, atmete tief auf und folgte ihm durch das stille Haus hinüber in den Schlaftrakt. Vor allen Fenstern waren die Läden geschlossen. Einbruchsicher und schußfest.

Sie sah es nicht, sie hätte auch nie begriffen, daß sie wie in einer Festung lebte... sie war zu glücklich darüber, René zu lieben und ein Paradies gefunden zu haben.

Eine Hölle sieht anders aus, denkt man. Und eben das ist das Teuflische.

Am frühen Vormittag bremste Kommissar Coulbet mit seinem Jeep vor dem rosa Haus von Jules Tsologou Totagan in den Bergen bei Ste. Croix und Pain de Sucre. Es war immer eine abenteuerliche Fahrt hier hinauf in den Regenwald zum Grande Rivière. Bis Anse Bagasse war die Straße gut ausgebaut, aber dann mußte man auf herausgehauenen Wegen hinein in das Vulkangebirge in ein Gebiet von Martinique, das praktisch unbesiedelt war, weil es nicht erschlossen worden ist. Das Roden des Urwaldes und der Straßenbau – die Voraussetzung aller Kolonisierung – lohnten sich nicht. Der Lavaboden gab keine Nahrung für Zuckerrohr oder Ananas her. Hier konnte nur jemand wohnen wie Totagan, der große alte Mann und Meister der Naturheilkunde, der Pflanzen kannte, die in keinem Botaniklexikon standen. Trotzdem wunderte sich Coulbet jedesmal, wenn er bei Totagan vorbeischaute, daß der Alte noch lebte und nicht von irgendwelchen Viechern aufgefressen worden war.

Onkel Jules, wie ihn viele nannten, hatte schon längst gehört, daß sich der Jeep der Polizei seinem Haus näherte. Er kam aus der Tür, als Coulbet bremste, setzte sich auf eine Holzbank, die unter dem Vorbau der Veranda stand, und steckte sich eine gute Zigarre an.

»Welch ein Tag, Monsieur le Commissair –« sagte Jules, als Coulbet die zwei Holzstufen zur Veranda hinaufkam. »Keine Wolke am Himmel. Das ist selten.« Er sog an seiner Zigarre und stieß eine dicke Rauchwolke aus. Coulbet betrachtete andächtig den Qualm, der einen ganzen langen Augenblick vor Jules schweben blieb. Kein Lüftchen regte sich hier, die feuchte Hitze war erdrückend, atemnehmend. Der Kerl muß ein Herz aus Eisen haben, um hier dauernd leben zu können, dachte Coulbet bewundernd. Rostfreier Stahl. Laut sagte er:

»Das duftet köstlich, Monsieur Totagan. So ein Kraut habe ich bei Ihnen noch nicht gerochen. Wo haben Sie die Stengel gekauft?«

Jules überlief ein leichtes Kribbeln, als er merkte, welchen Fehler er begangen hatte. Mit größter Freundlichkeit lachte er Coulbet an und drehte die Zigarre schnuppernd unter seiner Nase.

»Von Verbière in der Rue Blénac«, sagte er. »Dort kauft man am besten seine Zigarren.«

Coulbet nickte. Natürlich kannte er Verbière, und er war sich sicher, daß auch Jules sich dort mit Tabak und Zigarren eindeckte. Die kleinste Ahnung einer Spur verwehte wieder.

»Ich habe da einen Fall«, sagte Coulbet, »da brauche ich wieder Ihre Hilfe, Jules.«

»Ein neuer Mord?«

»Noch nicht. Er ist geplant, aber vielleicht können wir ihn gemeinsam verhindern.«

Totagan sog wieder an seiner köstlichen Zigarre und wartete, bis der duftende Qualm sich träge verzogen hatte. Wovon spricht er, dachte er angestrengt. Wohin tastet er sich vor? Unmöglich kann er wissen, daß ich in San Juan war. Und Mord? Welch ein böses Wort! Der Voodoo wird diese blonde Deutsche treffen. Das ist Götterkraft, aber kein Mord. Es ist ein Wunsch, den die Geister ausführen oder auch nicht. Man muß es ihnen überlassen.

»Kennt man den Täter?« fragte Jules leichthin.

»Nein!«

»Wie wollen Sie es dann verhindern, Monsieur Coulbet?«

»Mit deiner Hilfe.« Coulbet setzte sich neben Totagan

auf die Bank. Er nahm die Zigarrenkiste hoch, betrachtete sie und nickte. Ambassadeur hieß die Marke, wirklich ein Botschafter des guten Tabaks. »Ich werde mir auch so ein Kistchen kaufen«, sagte er. »Teuer?«

»Nicht für einen Mann wie Sie, Monsieur.« – Jules blickte hinauf in den wolkenlosen, heißen Himmel. »Es wird schwer sein, zu helfen.«

»Ich denke da an den dreifachen Kindesmörder in den Sümpfen von Pointe Melon. Sie haben einen Fetisch gemacht, eine stinkende Flüssigkeit über die Puppe gegossen...«

»Stinkend!« sagte Jules strafend. »Es war der Wurzelsaft der Mondwurzel.«

»... dann schnupperten sie an der Puppe herum und nannten mir den Ort, wo sich der Mörder versteckte. Sogar sein Äußeres haben Sie genau beschrieben.« Coulbet sah Jules von der Seite an. »Wenn das auch jetzt möglich wäre?«

»Ich müßte mehr wissen, Monsieur. Wer wird bedroht? Woher weiß die Polizei, daß es einen Mord geben wird? Wohin soll ich meine Gedanken schicken? Um uns ist ein unendlicher Raum –«

Coulbet nickte. Du alter Gauner, dachte er. Du willst hören, was ich weiß. Und plötzlich sagte er: »Jules, als Sie von Bord des Schiffes aus San Juan gingen...« Aber die Überrumpelung mißlang. Totagan zuckte mit keinem Nerv, er sog an seiner Zigarre und blickte durch die Qualmwolke Coulbet mit deutlicher Verwunderung an.

»Was ist San Juan?«

»Eine Hafenstadt auf Puerto Rico.«

»Und von da ist ein Schiff gekommen?!« Jules kniff die Augen zusammen. »Ihr Verdacht richtet sich auf das Schiff?«

»Ja.«

»Der – Mörder war an Bord?«

»Vielleicht.« Coulbet öffnete die Kiste, nahm eine Zigarre heraus, biß die Spitze ab und riß ein Zündholz an. Während er die ersten Züge tat, sah ihm Totagan wortlos zu. »Es war jemand an Bord, der etwas vom Voodoo versteht. Ein wahrer Künstler! Dieses Beilchen im Herzen – sehr eindrucksvoll. Aber der Zauber versagte. Immerhin war es eine Morddrohung, das darf man nicht vergessen.« Coulbet drehte die Zigarre zwischen den Fingern. »Haben Sie in San Juan einen Voodoo-Kongreß besucht, Jules?«

Auch der zweite unverhoffte Angriff stieß ins Leere. Totagan spielte eine Verblüffung, die vor Ehrlichkeit geradezu strahlte. »Ich weiß nicht, was Sie meinen, Monsieur«, sagte er ratlos.

»Wann waren Sie zum letztenmal in Fort de France?«

»Das muß zehn Tage her sein, Monsieur le Commissair.«

Das könnte stimmen, rechnete Coulbet schnell aus. Flug nach San Juan, die Route zurück nach Martinique die ganze Inselkette hinunter, nur hatte Jules das Datum von der Ankunft unterschlagen.

»Und in diesen zehn Tagen hat Sie niemand gesehen, Jules?«

»Viele, Monsieur, viele haben mich gesehen. Hier in dem Haus. Jeden Tag habe ich meine Sprechstunden abgehalten. Ich habe neue Medizinen hergestellt, habe Unterricht gegeben...«

»Unterricht?« Coulbet hob die Augenbrauen. »Das ist was Neues.«

»Ich habe nie darüber gesprochen. Warum auch?« Totagan klemmte die Zigarre zwischen seine wulstigen Lippen und faltete die Hände vor dem Bauch. »Ich bin ein alter Mann, Monsieur, ich habe viel gelernt, ich weiß vieles, was andere nicht wissen, und wer kann sagen, wieviel Jahre mir noch bleiben? Um mein Wissen nicht mit mir sterben zu lassen, unterrichte ich drei Schüler.«

»Jeden Tag?«

»Jeden, Monsieur. Es gibt viel zu lernen.«

Coulbet verzichtete darauf, diesen Komplex weiter auszufragen. Natürlich hat er drei fleißige Schüler, dachte er verbittert. Natürlich sind diese Drei für jedes Alibi, für jede Zeit vorhanden, natürlich schwören sie alles, was ihrem Meister hilft, und wenn wir ein Foto von Jules an Bord des Schiffes hätten – sie würden beweisen, daß der alte Gauner ihnen das Wahrsagen aus hingeworfenen Hühnerknochen beigebracht hätte und das Foto einen verdammten Doppelgänger zeigte.

»Sie kommen auch heute?« fragte er nur.

»Natürlich. Am Abend. Wir wollen die Kraft des Feuers kennenlernen.« Jules lehnte sich zurück. »Der Mensch weiß so wenig vom Feuer.«

Coulbet erhob sich von der Bank. Er schnippte die Asche von seiner Zigarre und drückte mit Daumen und Zeigefinger die Glutspitze aus. Mit unbeteiligtem Blick, aber innerlich sehr aufgeregt, sah Totagan, wie Coulbet die kaum angerauchte Zigarre in seine Brusttasche steckte.

»Wie kann ich Ihnen helfen, Monsieur?« fragte er, als Coulbet sinnend vor der Haustür stand und überlegte, ob er die Hütte betreten sollte. Aber wonach sollte man suchen? Die Gefahr, in der Petra schwebte, verursachte keine Spuren. Voodoo war und blieb ein Geheimnis. Die Kraft aus der Unsichtbarkeit.

»Sie haben mir schon genug geholfen«, sagte Coulbet. Er drehte sich von der Tür weg und ging die zwei Holzstufen hinunter von der Veranda. Auch Totagan erhob sich und begleitete den Kommissar bis zu dem Jeep. »Warten wir nun ab, was weiter passiert. Zwei Möglichkeiten gibt es, Jules: Entweder der Täter greift zur klassischen Methode und benutzt alles zwischen Gift und Pistole, oder er vertraut auf den Zauber seiner alten Voodoo-Götter.« Coulbet stieg in den Jeep und sah Jules herausfordernd an. »Darauf sollte man sich aber nicht verlassen. An dem

Opfer werden die Voodoo-Geister zum harmlosen Wind! Es besitzt einen Gegenzauber.«

Er zündete den Motor und fuhr über den holprigen Urwaldweg zurück, bevor Totagan noch etwas sagen konnte. Mit zusammengekniffenem Mund starrte Jules ihm nach. Ein Gegenzauber, dachte er erschrocken. Das ist es! Ihr Gegenzauber war auf dem Schiff stärker als ich! Was ist es, was sie so stark macht? Wie kann ein Mädchen aus Deutschland stärker sein als ein Voodoo?

Er ging zurück ins Haus, verriegelte hinter sich die Tür und setzte sich in dem hinteren Zimmer, dem Voodoo-Raum, auf einen großen Holzklotz. Um ihn herum lagen Werkzeuge und Farbtöpfe, meistens leere Konservendosen, reihten sich halbfertige Fetischpuppen an der Wand, Stoffetzen und tönerne Schüsseln mit Knochen und Holzperlen, Muscheln und Samenkörnern. In einem großen runden Gefäß lagen getrocknete, wie zu Leder gewordene abgeschlagene Hahnenköpfe, die farblos gewordenen Kämme mit grellroter Farbe nachgemalt.

Totagan mischte in eine flache Tonschale ein paar getrocknete Kräuter, legte drei der Hahnenköpfe dazu und steckte das Ganze an. Ein beißender Qualm stieg auf, füllte sehr schnell den kleinen Raum und hätte jeden anderen Menschen erstickt.

Totagan aber saß wie versteinert auf seinem Holzklotz, atmete tief den Rauch ein und sprach lautlos mit den Göttern. Als Kraut und Hahnenköpfe in der Schüssel verbrannt waren, erhob sich Jules, schwankte mit geschlossenen Augen zu den Fetischen, riß eine der halbfertigen Puppen an sich, schrie mit dumpfer Stimme einen Namen und zerbrach die Puppe zwischen seinen Händen. Dann sank er in sich zusammen, fiel auf den Boden und verlor die Besinnung.

Es hatte sich angehört, als ob er ›Verbière! Verbière!‹ gerufen hatte.

Als Robert Coulbet drei Stunden später den Tabakladen

von Verbière betrat, hatte ein Wagen der Ambulance den Besitzer gerade zehn Minuten vorher ins Hospital St. Paul gebracht. Seine Tochter Jiuliette saß noch ratlos und weinend hinter der Theke und konnte nicht verstehen, was da vorhin geschehen war.

»Er stand da«, sagte sie schluchzend zu Coulbet, »da, an dem Schrank, und sagte plötzlich: ›Was für eine Sauerei! Siehst du den Staub oben auf dem Regal?! Alles muß man selber tun! Anstatt dauernd deine Visage zu bemalen, solltest du lieber den Laden richtig putzen! Wenigstens einmal im Monat! Ist das zuviel verlangt?‹ Und ich habe geantwortet: ›Papa, wo ist denn Staub? Ich habe gestern noch gründlich geputzt!‹ Aber er knurrte nur noch wie ein böser Hund, holte die Leiter, kletterte bis an die Decke, fing an zu schwanken und stürzte um! Dr. Plicard sagt sofort: Oberschenkelhalsbruch!« Sie schluchzte wieder tief auf. »Dazu sein schwaches Herz. Wenn Papa das nur überlebt.«

Coulbet drückte sein Mitleid aus, klopfte gegen seine Brusttasche und sagte dann: »Jiuliette, ich möchte ein Kistchen Ambassadeur.«

Sie wischte sich die rotgeweinten Augen, putzte sich die Nase und biß die Lippen zusammen. »Ambassadeur? Sind das Zigarren, Monsieur Coulbet?«

»Und was für welche!«

»Diese Marke führen wir nicht, Monsieur.«

»Rätselhaft.« Coulbet holte aus der Tasche die gerade angerauchte Zigarre und hielt sie Jiuliette hin. »Das ist sie. Ein guter Freund hat sie bei euch gekauft. Sagt er.«

»Unmöglich! Monsieur, ich kenne jede Schachtel in unserem Geschäft. Wir haben nie die Marke gehabt. Wie hieß sie?«

»Ambassadeur.«

»Ganz sicher nicht.«

»Irrtum ausgeschlossen?«

»Völlig ausgeschlossen.«

»Es ist merkwürdig«, sagte Coulbet und steckte die Zigarre wieder in seine Brusttasche. »Tatsächlich.«

»Was ist merkwürdig, Monsieur?«

»Die alte Wahrheit, die nie ausstirbt: Der klügste Verbrecher macht einen Fehler!« Er tätschelte Jiuliette tröstend die Hand und kaufte aus lauter Höflichkeit eine Schachtel schwarzer Zigaretten, von denen man behauptet, daß sie auch zur Vernichtung von Fliegen verwendet werden können. »Ich werde den Papa besuchen. Keine Angst, Jiuliette, Papa ist ein zäher Bursche. Nicht den Kopf hängen lassen.«

Von der Rue Blénac bis zur Pier in der Baie du Carénage waren es knapp zehn Minuten Autofahrt, rund um den Park herum. Das Schiff aus San Juan war noch am Quai, – es sollte am nächsten Morgen auslaufen, zurück nach Puerto Rico, die Inselkette wieder abklappernd. Es bunkerte gerade Frischwasser, Treibstoff und Frischgemüse, Obst und Konserven. Die Passagiere sollten erst morgen früh an Bord kommen.

Coulbet hielt vor der Gangway, zeigte der Bordwache seinen Polizeiausweis und fragte: »Wo kann man hier Zigarren kaufen?«

»Bei uns, Monsieur le Commissair?« stotterte der Matrose, von dieser Frage angeschlagen. »Gibt es auf Martinique keine Zigarren mehr?«

»Wo?!« fragte Coulbet knapp.

»Wir haben zwei Bars, Monsieur. Die haben auch Zigarren. Aber die Bars sind jetzt nicht besetzt. Die Mannschaft hat Landgang. Bis Mitternacht. Die Mädchen hier, Monsieur...« Er schnalzte mit der Zunge, seine Augen glänzten.

Coulbet nickte wissend, betrat das Schiff und suchte die beiden Bars. Die eine öffnete sich zum Schwimmbecken auf dem Sonnendeck, die andere lag hinter dem Gesellschaftssaal auf dem Hauptdeck. Wie die Wache gesagt hatte: Niemand war zu sehen, verlassen lag die Bar am

Schwimmbecken unter der bunten Markise, die Glasvitrinen mit den Gläsern und hochprozentigen Flaschen waren abgeschlossen. An der linken Seite war die Rauchabteilung: Zigaretten, Zigarillos, Tabak, Zigarren.

Und da lag es, das Kistchen mit den Ambassadeur, das Coulbet bei Totagan in der Hand gehalten hatte. Hinter Glas verriegelt, abgeschlossen.

Eine halbe Stunde lief Coulbet durch das Schiff, um jemanden zu finden, er die Glastür aufschließen konnte. Er fand keinen. Alles war an Land, vom Barmixer bis zum Zahlmeister. Wer verlangt auf einem leeren Schiff schon Zigarren?

Coulbet tat darauf etwas, was eines Polizisten unwürdig ist: er kramte aus seiner Tasche ein Spezialwerkzeug, das aussah wie eine gezackte Haarklammer, und hatte innerhalb von neunzehn Sekunden das Schloß der Glasvitrine geknackt.

Er nahm ein Kistchen Ambassadeur heraus, las in der beiliegenden Liste nach, was sie kostete – 300 Francs für zehn Stück, allerhand, das kann sich ein Beamter kaum leisten, aber so ein Geisterheiler, der hat's ja – legte die 300 Franc korrekt in die Vitrine, schloß sie mit seinem Spezialschlüssel wieder ab und verließ das Schiff in dem leicht quälenden Bewußtsein, eine unerlaubte Handlung begangen zu haben. Immerhin hatte er bezahlt. Das muß man anrechnen!

Später saß er dann im Café La Rondelle auf dem Boulevard Alfassa, rauchte die angebrochene Zigarre von Jules zu Ende und trank einen Apéritif, einen aufmunternden Ricard. Nun habe ich dich, mein Zauberlehrer, dachte Coulbet zufrieden. Die Polizei ist nicht so dumm, wie alle glauben. Nein, die Polizei von Martinique kann sogar stolz sein: Bisher hat sie 95 Prozent aller Verbrechen aufgeklärt, solange es sich nicht um Diebstahl handelt. Bei Diebstahl ist in der Karibik jede Polizei auf verlorenem Posten. Diebstahl ist kein Delikt, sondern mehr eine sportliche Betätigung. Vor allem, wenn die Bestohlenen Touristen sind.

Coulbet hatte nun Zeit, über alles nachzudenken. Totagan zu verhaften, hatte er keine Gründe. Nach San Juan zu fliegen und mit dem Schiff zurückzukommen, ist nicht strafbar. Der Polizei diese absolute Privatsache zu verschweigen, auch nicht. Und die Puppe mit dem Beil im Herzen? Wer konnte Jules beweisen, daß sie von ihm stammte? Alles sprach dafür, die Beweiskette war klar – Josephine, die verstoßene Geliebte, Jules ihr liebender Onkel, der Haß einer gedemütigten Frau, die Rache aus dem Unendlichen, dem Voodoo, zu der nur Totagan fähig war – alles war so herrlich logisch, aber einen Beweis außer der Gedankenkette gab es nicht. Nichts Greifbares, außer den Fetisch. Und den ließ Jules sich nie unterschieben.«

Man sollte Petra Birot – in ein paar Wochen würde sie ja so heißen – über den Voodoo aufklären, dachte Coulbet. Auch wenn wir oft den Kopf darüber schütteln, man darf es nicht ignorieren. Wie war das mit dem Verrückten, damals, vor drei Jahren? Ein Neger, lebte seit zehn Jahren in der Irrenabteilung des Hôspital Civil, unheilbar, die Folge einer Hirnhautentzündung. Gewalttätig, gefährlich, man hielt ihn wie ein wildes Tier in einer Zelle. Dabei ein Bulle von Kerl, der, wenn er zu toben begann, nicht mehr von vier Wärtern gebändigt werden konnte. Wie bei einem Raubtier mußte man ihn mit einem Schuß aus einem Narkosegewehr zur Ruhe bringen.

Und dieser Irre brach eines Tages aus. Auf dem Weg zum Duschraum schlug er die Köpfe der beiden ihn begleitenden Wärter gegeneinander, und von da ab konnte niemand ihn mehr aufhalten. Seinen Weg bis zum Ausgang pflasterte eine Reihe Besinnungsloser.

Petrus Balaquer – so hieß der Neger – blieb drei Tage lang verschwunden. Die Großfahndung, die Coulbet leitete, war die gründlichste, seit Frankreich auf Martinique regierte. Sie lief sich tot. Jede Stunde brachte der Rundfunk die Warnungen vor Petrus, aber keiner bekam ihn zu Gesicht. Am vierten Tag aber meldete sich aus dem Süden der Insel, aus Le Diamant, die Coulbet natürlich bestens bekannte Danielle Paquier, die Drogistin, die Mamissi Wata, wie man sie auch ehrfürchtig nannte, das weibliche Gegenstück zu Totagan.

»Monsieur le Commissair –« sagte sie am Telefon mit ihrer hohen, heiseren Stimme – »kommen Sie her und holen Sie bitte Petrus ab.«

»Sofort!« hatte Coulbet ins Telefon gebrüllt. »Danielle, seien Sie vorsichtig! Petrus ist wie ein Panzer, der alles niederwalzt! Bleiben Sie um Himmels willen von ihm weg.«

Mit vier Wagen und einem Krankentransporter, mit Fesseln und Ketten jagten Coulbet und zwanzig Polizisten an den herrlichen Strand von Le Diamant. Mamissi Wata Danielle Paquier wuchtete ihnen entgegen, ein Fleischgebirge mit dem Rätsel, wie zwei Beine so etwas bewegen konnten und zwei an sich zierliche Füße so eine Masse zu tragen imstande waren. Coulbet atmete auf, als er sie sah. Die Polizisten schwärmten aus, als gelte es einen Sturmangriff. Natürlich war das Narkosegewehr wieder dabei.

»Wo ist er?« schrie Coulbet.

»Am Strand. Er schläft.«

»Was tut er?« brüllte Coulbet mit stoßendem Atem. Das soll ein Herz aushalten!

»Er erholt sich.« Danielle blickte strafend um sich. »Was wollen die Polizisten hier?« Sie wedelte mit der Hand, als wolle sie Fliegen verscheuchen. »Er war sehr krank, Monsieur, als er zu mir kam. Aber er ist jetzt gesund.«

»Ein gefährlicher Irrer ist er, Danielle!«

»Dann sind Sie es auch, Monsieur le Commissair! Petrus ist so vernünftig wie Sie und Ihre Polizisten. Vielleicht ist sogar einer von ihnen verrückter als Petrus...«

Es war einfach nicht zu fassen: Petrus Balaquer lag tatsächlich schlafend am Meeresstrand im Sand und schnarchte laut und gesund. Aber merkwürdig sah er aus: Sein Oberkörper war rot von Blut, das übrige war mit Seetang abgedeckt, der jetzt, in der heißen Sonne, braun getrocknet war. Sein Kopf aber steckte im gespaltenen Körper eines Hahnes, und dessen Blut war es auch, das über ihn geflossen war.

Mit mahlenden Backenmuskeln betrachtete Coulbet den Kranken. Voodoo, dachte er. Da haben wir es wieder! Es hat keinen Sinn, Mamissi Wata zu fragen. Wir werden es nie begreifen.

Die Polizisten bildeten einen Kreis um den Schlafenden, der beste Schütze entsicherte das Narkosegewehr. Dann erst trat Coulbet heran und schüttelte Petrus Balaquer.

Später schrieb Coulbet in sein Protokoll: »Petrus schlug die Augen auf, richtete seinen Oberkörper auf und lächelte uns friedlich an. Dann erhob er sich, zog den Hahnenkadaver von seinem Kopf, ging ins Meer bis zum Hals, wusch Blut und Algen von sich, kam zurück an den Strand und sagte: ›Wer bringt mich zu meiner Mama?‹ – Es war schwer, ihm zu erklären, daß seine Mutter schon acht Jahre tot sei. Petrus weinte wie ein Kind und ließ sich ohne Schwierigkeiten zurück zur Clinique bringen. Hier stellten die Ärzte in eingehenden Untersuchungen fest, daß Petrus Balaquer geheilt sei. Keine Anzeichen von Irrsinn mehr. Medizinisch ein Rätsel. Auf Befragung teilte Danielle Paquier mit, sie habe Petrus nur mit alten überlieferten Hausmitteln behandelt. Er sei zu ihr gekommen und habe zu ihr gesagt: ›Hilf mir!‹ Und das hätte sie getan. Mehr war nicht zu erfahren.«

Für Coulbet war es kein Rätsel. Man sollte nicht mit weißer Borniertheit den Voodoo belächeln, das war seine Erkenntnis. Was man nicht erklären kann, gibt es *doch!* Hier, in der Karibik, lernt man es, wenn man nur lernen will!

Aber wer will das? Mit dem Begriff *billiger Zaubertrick* kommt man hier nicht aus.

Ich werde mit René Birot sprechen, dachte Coulbet. Er muß seiner schönen Frau erklären, was ein Voodoo ist. Und wenn er sich auch dagegen wehrt, es bleibt keine andere Wahl: Sie muß wissen, wo sie lebt! Und wenn das ganze Paradies zusammenfällt.

Coulbet bestellte noch einen Ricard, genehmigte sich dazu eine Rosinenschnecke, die der deutsche Bäcker im Café La Rondelle eingeführt hatte und die ein Schlager geworden war, schon wegen der eingerollten Marzipaneinlage, und bestätigte sich, daß er mit dem heutigen Tag zufrieden sein konnte.

Er ließ den Tag noch einmal vor sich ablaufen und verhielt bei einer Begegnung, die er erst jetzt überdenken konnte.

Auf dem Rückweg von Totagan hatte er einen Umweg gemacht und war in die Gegend von Piton Marcel geraten, einem der Abbrüche des Mont Pelée, eine wilde Gegend mit von Urwald überwucherten Felsen, 1017 Meter hoch, feindlich gegen den Menschen, unbewohnt, nur von schmalen Wegen durchzogen, über die man die Edelhölzer wegzurrte, die einmal im Jahr hier geschlagen wurden.

Hier, völlig allein, bei einer Hütte aus Stämmen und Palmenblättern, traf Coulbet auf einen Mann, den er vor knapp einem Jahr einmal in der Präfektur begrüßt, aber dann völlig vergessen hatte. Er hieß André Casarette, war Geologe, kam aus Orléans und untersuchte im Auftrag der Regierung in Paris die noch nicht genau erfaßten Gebiete im Hochland von Martinique.

»Hier gibt es kein Öl!« hatte Coulbet damals lachend gesagt. »Was wollen Sie hier suchen, André?«

»Nichts! Ich fertige nur einen geologischen Atlas an.«

»Und wem soll der was nützen?«

»Der Vulkanforschung, Robert.« Casarette, ein stiller, höflicher Mensch von 39 Jahren, braune Locken, blaue Augen, mittelgroß und muskulös, lächelte verzeihend. »Die Katastrophe vom 8. Mai 1902 soll sich nicht wiederholen.«

»Der Berg ist still.«

»Aber nicht tot! Das ist es! In der Tiefe lebt er! Wer weiß, was man alles noch finden kann.«

Das war vor einem Jahr gewesen. Seitdem hatte Coulbet nichts mehr von André Casarette gehört. Geologen gehören nicht unbedingt zum Interessenbereich der Polizei. Nun aber traf Coulbet auf Casarette und hielt seinen Jeep an. Der Geologe kam aus einem Felsenstollen, als er den Wagen hörte, und sah aus wie ein Bergarbeiter. Nur war er nicht schwarz von Kohle, sondern steingrau von Felsenstaub. Neben der primitiven Hütte parkte ein japanischer Geländewagen.

»Besuch!« sagte Casarette, nahm den Schutzhelm mit der eingebauten Stirnlampe ab und kam näher. »Sie können sich bei mir sehr beliebt machen, wenn Sie eine Flasche weißen Rum bei sich haben, Monsieur. Oder ist die Polizei abstinent?«

»Im Dienst immer!« Coulbet stieg aus und gab Casarette die Hand. »Daß ich Sie noch mal sehe! Ich habe gedacht, Sie seien längst wieder im schönen Paris.«

»Das dachte ich auch. Aber Martinique hat mich mit Haut und Haaren gefressen. Die Insel, der Rum, die herrlichen Mädchen, das kreolische Essen, ich bin verloren für die übrige Welt! Aber das ist ja nichts Seltenes auf Martinique.«

»Und was macht Ihr Vulkan?« Coulbet zeigte auf den Stolleneingang. »Hören Sie schon das Gluckern der Lava?«

»Das wäre dramatisch! Da käme jede Warnung zu spät.« Casarette lachte etwas heiser. »Was führt Sie zu mir, Commissair?«

»Sie kennen mich noch? Haben Sie ein Personenge-dächtnis, nach einem Jahr!« Coulbet blickte sich um. »Ver-dammt einsam hier, was? Soviel grüne Schönheit muß auf die Dauer trübselig machen.«

»Ich habe einen Wagen, Monsieur, eine wilde Kreolin in Morne-Rouge und einen Kasettenrekorder mit einem Haufen Bänder, von Beethoven bis zu den Beatles. Es läßt sich aushalten. Ich bin zufrieden. Wenn ich mal Zeitun-gen lese, überkommt mich das große Kotzen, was so da draußen in der Welt alles passiert. Hier ist Frieden.«

Man unterhielt sich eine halbe Stunde, dann fuhr Coul-bet weiter. Casarette winkte ihm mit dem Schutzhelm nach, ging dann in seine Hütte und zog aus einer abge-deckten Grube, die ausgemauert war, ein Funksprechge-rät hervor.

»Alpha bitte melden!« sagte er. »Alpha melden.« Und als eine Stimme quäkte: »Hier Alpha! Alpha! Sprechen«, sagte er knapp: »Eben war die Polizei hier. Kann ein Zufall sein! Trotzdem! Warten wir noch drei Tage ab.«

»Unmöglich! Das Risiko!« bellte die Stimme im Gerät.

»Wer kennt Sie denn?« sagte Casarette verächtlich. »Genießen Sie das süße Leben von Martinique. Ende.«

Er stellte den Funkspruch aus, versteckte das Gerät wie-der in der Grube und schob die mit Gras belegte Platte drüber. Dann ging er zu der gemauerten Küchenbar, schüttete sich einen Rum ein, den besten von Martinique, einen weißen La Mauny, und dachte darüber nach, ob es wirklich ein Zufall war, daß die Polizei ihn gefunden hatte.

Jean Aubin hatte herrlich geschlafen, vorzüglich gefrüh-stückt und fühlte sich jetzt stark genug, erneut in den Kampf mit Jeanette Dufour zu gehen. Er rief sie an, Ma-dame Laplasse stellte durch und Jeanette meldete sich nach einer Weile.

»Hier ist das Genie aus Marseille!« rief Aubin fröhlich. »Schlafen Sie noch?«

»Nein! Sie haben mich unter der Dusche weggeholt!«

»Ha! Bleiben Sie so, wie Sie sind. Ich fliege zu Ihnen! Ich habe gerade drei Eier mit Schinken gegessen!«

»Wenn Sie nicht vernünftig reden, lege ich auf.« Ihre Stimme klang ärgerlich. »Was wollen Sie so früh am Morgen?«

»Mein liebes Mädchen, es ist schon zehn Uhr!«

»Ich verpasse nichts.«

»Das ist ein Denkfehler. Sie verpassen viel!«

»Was, zum Beispiel?«

»Mich! – Nicht auflegen, Jeanette! Ich will mit Ihnen eine Rundfahrt machen. In der Bucht von Fort de France. In einem schönen Motorboot. Wir sehen uns die Segelboote und Jachten an. Und dann wird gearbeitet.« Aubin räusperte sich. »Ich bestehe darauf, daß Sie Unterkunft und Verpflegung abarbeiten. Sie wollen ja nichts geschenkt haben.«

»Nein!« Sie schien nachzudenken. »Sie denken daran, mich als Akt zu malen?«

»Nur! Ich denke nur daran. Ich muß meinen Puls kühlen, wenn ich daran denke.«

»Ich werde gleich mit Madame Laplasse reden und das Zimmer kündigen«, sagte sie laut. »Lieber im Zuckerrohr schlafen, als sich für ein Bett verkaufen!«

»In einer halben Stunde...«, sagte Aubin forsch.

»Was?«

»Hole ich Sie ab, mein Mädchen.«

»Verdammt, ich bin nicht Ihr Mädchen!«

Sie legte auf, wütend und mit einem knurrenden Nachlaut, aber Aubin rieb sich die Hände und war zufrieden. Er trank noch eine Tasse des vorzüglichen Kaffees, zog das Telefon zu sich und wählte eine Nummer. »Hier ist das Malgenie aus Marseille!« sagte er wieder. »Erzählt mir mal was Gutes.«

»So gut wie Sie möchten wir's auch mal haben!« antwortete eine Stimme. »Faulenzen und noch dafür bezahlt werden. Stimmt das: Sie haben sich 'ne Kleine aufgerissen?«

»Ich würde es nicht so ordinär bezeichnen, Leute.«

»Jean, Sie sollten sich mal um die *Carina II* kümmern.«

»In ungefähr 43,5 Minuten werde ich mit einem Boot das Schiffchen umkreisen. Ist etwas Neues darüber zu sagen?«

»Nein! Alles korrekt. Die Hafenkommandantur hat alles überprüft. Papiere stimmen, die Jacht fährt unter französischer Flagge, sie ist im Register eingetragen, der Eigner heißt Roger Bataille, polizeilich unbekannt, Heimathafen Cannes...«

»Ein weiter Weg bis Martinique, findet ihr nicht auch?«

»Aber nichts Unnormales. Es gibt Leute, die müssen ihr vieles Geld irgendwie und irgendwo in der ganzen Welt unterbringen. Sie ersticken sonst daran.«

»Und womit hat Bataille seine Goldstückchen gemacht?«

»Da ist der Knopf, auf den wir drücken müssen: Keiner weiß was Genaues. Beim Finanzamt ist er als Börsenmakler eingetragen. Ein guter, kontrollschwerer Beruf.«

»Und warum habt ihr die *Carina II* im Visier?«

»Da ist etwas Merkwürdiges, das uns auffällt: Überall, wo die *Carina II* zu Besuch war – in der ganzen Karibik, könnte man sagen – tauchten ein paar Tage später auf dem Markt Heroin und Kokain auf. Zufall, könnte man sagen... oder auch nicht! Die britischen Kollegen auf Antigua haben unter dem Vorwand der Sicherheitsprüfung an Bord das Schiff gründlich untersucht. Nichts! Dann fuhr Bataille weiter nach Guadeloupe – und prompt tauchte nach seiner Weiterfahrt nach St. Kitts in Basse Terre Heroin auf. Vier Tage später lagen die Süchtigen in St. Kitts herum! Aber Bataille ist blütenrein!«

»Ich werde mich als Botaniker versuchen«, sagte Aubin fröhlich. »Für heute kein Anruf mehr.«

»Lassen Sie die Kleine sausen, Jean!«

»Im Gegenteil. Sie wird mir beim Blütenstaubsammeln helfen.«

Jeanette Dufour wartete schon vor dem Haus von Madame Laplasse. Sie saß auf der weiß lackierten Bank, hatte hellrote Shorts und eine weiße Bluse an und sah entzückend aus. Aubin bremste kreischend seinen Leih-Renault und blickte suchend um sich, die Hand über die Augen gelegt.

»Wo ist sie denn?!« rief er. »Ja, wo ist sie denn? Jeanette...!«

»Sie sind wieder reichlich blöd, Jean!« sagte sie aggressiv.

»Ha! Sie sind Jeanette?« Aubin schlug die Hände zusammen. »Nein, so etwas! Ohne Ihre dreckigen Jeans hätte ich Sie gar nicht erkannt! Sie sehen ja sogar angezogen herzerweiternd aus! So jungfräulich.«

»Idiot!« Sie kam an den Wagen und kniff die Augen zusammen. Nach einem Blick in das Auto drehte sie sich zu Aubin herum. »Wo ist Ihr Malzeug?«

»Morgen, Jeanette. Heute werden nur Studien gemacht.«

»Was heißt das?« Ihr Mißtrauen war fühlbar.

»Ich mache zunächst Fotos von Ihnen. Dann habe ich Anhaltspunkte, wenn Sie mir weglaufen.«

»Aha!« In ihren Augen blitzte es auf. »Ich denke, ich sei in Ihr Inneres eingebrannt. Haben Sie nicht mal so Ähnliches gesagt?«

»Diese Runde geht an Sie!« Aubin riß die Tür auf. »Einsteigen! Wie ist Ihr Blutdruck?«

»Normal. Warum?«

»Sie werden heute soviel Schönes sehen, daß Sie das Blut durch die Adern werden rauschen hören.«

»Woher wissen Sie das, Jean? Sie sind doch genauso

fremd auf Martinique wie ich. Gestern erst angekommen!«

Aubin grinste dumm und klemmte sich hinter das Steuer. Das muß mir passieren, dachte er wütend. Ausgerechnet mir! Wie einem Anfänger! Da kommt ein zauberhaftes Mädchen, und schon ist der Verstand im Eimer. Reiß dich zusammen, Jean!

»Was glauben Sie, was ich alles über Martinique gelesen habe, bevor ich meinen ersten Preis hier antrat!« sagte er glaubhaft. »Theoretisch kenne ich hier jeden Winkel... nun wollen wir mal sehen, ob auch alles so in Wirklichkeit ist.«

Ein herrlicher Tag wurde es.

An der Baie des Flamands mietete Aubin ein schnittiges Motorboot, Jeanette zog Shorts und Bluse aus und begeisterte Aubin durch einen knappen Bikini, und dann fuhren sie hinaus in die weite Bucht von Fort de France, von der es heißt, wer sie einmal gesehen habe, sei für alle anderen Flecken dieser Erde verloren. Das mag übertrieben sein, aber der Blick vom Wasser hinüber auf die Baie de Génipa und den Ponte du Bout gehört zu den Eindrücken, die haftenbleiben.

Mitten in der Baie, während Aubin fotografierte, zog Jeanette wortlos die Fetzchen Stoff von ihrem Körper und legte sich in betörender Nacktheit auf die weiße Matte vor Aubin aufs Vorschiff. »Was soll's?« sagte sie dabei. »Darauf kommt's ja doch hinaus. Ist es so?«

»Sie sind umwerfend, Jeanette!« Aubin fotografierte sie. »Ich möchte Sie küssen!«

»Wenn Sie mich anfassen, bekommen Sie einen Tritt! Garantiert!«

»Dann bis später.«

Aubin gab mehr Gas und glitt zwischen den teuren Segeljachten und Motorkreuzern herum. Die *Carina II* fand er nach einer halben Stunde. Sie dümpelte an ihrem Anker fast in der Mitte der Baie de Fort de France, hatte das ganze Heck mit Sonnensegeln überspannt, und in einem breiten, weißen Korbsessel saß ein Mann mit graumelierten braunen Locken, schlürfte einen Longdrink, blickte Aubin entgegen, stand auf und trat an die Reling, um die nackte Jeanette genauer zu betrachten.

›Das also ist Bataille –‹, dachte Aubin und nahm das Gas zurück. Langsam glitt das Boot an der hohen, weißen Bordwand der *Carina II* entlang.

5

Roger Bataille, der sich gern *Internationaler Börsenmakler* nannte und in Gesprächen ganz nebenbei, aber sichtlich mit Stolz einfließen ließ, daß er an den Börsen von London, New York, Tokio, Hongkong, Frankfurt, Zürich und Rom bestens vertreten sei und seine Brokergeschäfte ihm ein unbeschwertes Leben garantierten, hatte einen unangenehmen, späten Vormittag hinter sich.

Zunächst hatte es Streit mit Marie Lupuse gegeben.

Es gab wohl keinen Mann, der nicht sofort ein angenehmes Kribbeln verspürte, wenn er Marie Lupuse sah. Sie war so etwas wie der Inbegriff der Sünde, die fleischgewordene Versuchung, das Denkmal für den sittlichen Ruin der Männer. Vollschlank – wie kann man diese Formen nur so profan mit einem Wort bezeichnen – platinblond und genau in dem Alter, in dem die Sinnlichkeit bei Frauen ihrer Art auf dem Kulminationspunkt steht, nämlich dreißig. Wenn sie hüftenschwingend auf ihren langen Beinen und in ganz knappen Shorts vor Bataille herstökkelte, wunderte er sich, warum andere Männer sie nicht einfach anfielen wie Löwen eine Gazelle. Und wenn man sie von vorn sah, das unschuldige Gesicht und darunter die Wölbungen, die in immer zwei Nummern zu engen Verhüllungen mühsam versteckt wurden, wurde einem die Kehle trocken und zog Tropenhitze durchs Gehirn.

Früher war Marie Lupuse Fotolaborantin gewesen, ein völlig unmöglicher Beruf, der so etwas Herrliches wie sie in die Dunkelkammer verbannte. Das fand auch ihr Lehrherr in Paris, und nachdem sie seine Geliebte geworden war, kam sie aus der Dunkelkammer, wo er sie jetzt eifersüchtig versteckte, überhaupt nicht mehr heraus.

Mit 17 Jahren rückte Marie aus. Sie *floh* nach St. Tropez, und hier begann ihre große Karriere. Im Laufe der Jahre kannte sie die Kojen aller Luxusjachten, und wenn sie einmal ihre Memoiren hätte schreiben wollen, würden sie ein Adreßbuch der besten Namen werden. Sie gehörte zu St. Tropez wie die berühmte Mole: Man legte bei ihr an.

Bis Roger Bataille mit seiner Jacht *Carina I* auftauchte. Sie war kleiner als das jetzige Schiff *Carina II*, das mit seinen 23 Metern absolut hochseetüchtig war und schon zu den Motorkreuzern gehörte, aber er war ein neuer Gast, und Marie Lupuse stellte sich wieder vor, mit ihrer geradezu umwerfenden Art, die immer zum Erfolg führte: Sie ging über die Gangway einfach auf das Boot, einen Holzteller mit Brot und Salz in den Händen, und sagte strahlend: »Willkommen in St. Tropez!« Dazu trug sie einen goldfarbenen, zum Platzen gefüllten Bikini, und wie seit Jahren die Erfahrung lehrte, begnügte sich auch Bataille nicht nur mit Brot und Salz, sondern nahm auch den Hauptgang.

Hier nun geschah ein kleines Wunder: Marie verliebte sich in Roger. Sie blieb auf der *Carina I*, wurde sittsam, was soviel heißt, daß sie nur noch Bataille mit Brot und Salz bediente, zog um auf die große *Carina II* und erlebte den phänomenalen Aufschwung der Bataille-Geschäfte. Nur eins begriff sie nicht: Wieso man mit allen Börsen der Welt arbeiten konnte, ohne mit diesen Börsen in Verbindung zu stehen. Dafür lernte sie eine Reihe eleganter Männer kennen, meistens mit italienischen Namen, die zu Marie sehr höflich waren, ausgezeichnete Manieren hatten und mit Roger in der Bibliothek des Schiffes lange Gespräche führten. Vor allem an der amerikanischen Pazifikküste waren diese Besuche an der Tagesordnung.

Ein paarmal sah sie Fotos solcher Besucher im Fernsehen wieder, und der Sprecher sagte: »Unter bisher ungeklärten Umständen wurde der Immobilienmakler Alfredo Daldimente in einem Waldstück bei Monterey ermordet...« Dann sagte Bataille jedesmal: »So ist das, Chérie: Man rackert sich ab, verdient sein Geld, und wenn man genug davon hat, kommen andere und bringen einen wegen des Geldes um! Was glaubst du, warum ich auf meinem Schiff lebe? Auf hoher See kann mich keiner umlegen!«

Das war eine gute Erklärung, warum Bataille immer unterwegs war. Kalifornien, durch den Panamakanal, die Kays von Florida, die Bahamas, die Bermudas, die Karibik, hinüber nach Afrika zu den Seychellen und Mauritius, man sah viel von der herrlichen Welt. Nur, womit Roger sein Geld verdiente, begriff die herrlich schöne und ebenso umwerfend dumme Marie Lupuse nie.

An diesem Morgen hatte es also Krach gegeben. Marie wollte an Land, Roger sagte knapp nein, und schon knallte es.

»Warum nicht?« fragte sie mit gehobener Stimme.

»Es geht nicht.«

»Das ist keine Erklärung.«

»Für mich doch.«

»Wir sind überall an Land gegangen. Es muß doch einen Grund geben, warum wir hier, gerade hier auf dem Schiff bleiben.«

»Paß einmal auf«, hatte Bataille ganz ruhig gesagt, »und merk dir das: Jede Frage, die mit ›Warum‹ anfängt, wird ab sofort mit einem Strafpunkt bewertet. Bei 50 Punkten haue ich dich durch, bei 100 Punkten setze ich dich auf einer unbewohnten Insel aus. Grins nicht so dämlich, ich meine das ernst!«

Marie war daraufhin grollend unter Deck gegangen. Aber der so unfreundlich begonnene Tag setzte sich noch unangenehmer fort. Im Funkraum flackerten Lämpchen auf, und es ertönte ein diskretes Signal. Bataille schaltete auf Empfang.

»Wieviel Ananas brauchen Sie?« quäkte eine Stimme.

Der Erkennungssatz. Bataille ging auf Sendung.

»Was ist los?« fragte er wütend. »Warum höre ich nichts von Ihnen?«

»Sie haben mir gesagt, daß die Hafenpolizei bei Ihnen an Bord war.«

»Ja. Das kommt manchmal vor.«

»Wir müssen vorsichtig sein.«

»Wer bei mir etwas findet, muß Röntgenaugen haben.«

»Trotzdem. Ich schlage vor, daß wir sicherheitshalber drei Tage warten.«

»Vollkommen ausgeschlossen! In drei Tagen bin ich auf Barbados! Seit wann haben Sie Angst?«

»Die hatte ich immer. Und ich werde sie auch ewig behalten. Wissen Sie, wie heiß karibische Gefängnisse sind? Da gibt es keine Klimaanlagen und keinen eisgekühlten Drink. Mon Dieu, uns läuft doch nichts weg, und verschimmeln kann es auch nicht.«

»Wie ist die Qualität?« fragte Bataille ärgerlich.

»Von erster Güte. Glasrein! So etwas ist wirklich einmalig. Das gibt auf dem Markt eine Sensation. Und astronomische Preise! Sollen wir durch Ungeduld das alles aufs Spiel setzen? – Wie sieht es bei Ihnen aus?«

»Ich kann liefern!« sagte Bataille giftig. »Ich habe mit Mühe meinen Abnehmer daran hindern können, noch in der Nacht an Bord zu kommen. Du lieber Himmel, macht euch doch nicht alle in die Hosen! Ich bin ein Wassertourist wie alle hier, ich werde nicht überwacht, meine Papiere sind in Ordnung, ich bin so unverdächtig wie ein Lämmlein. Ich werde im Gegenteil erst verdächtig, wenn ich *nicht* an Land gehe! Aber bitte, warten wir noch. Aber keine drei Tage. Auf gar keinen Fall!«

Das war vor einer Stunde gewesen. Jetzt lehnte Bataille an der Reling und bewunderte das fremde Mädchen, das nackt auf einem Motorboot an seiner Bordwand vorbeiglitt. Der Mann am Steuer schien ein toleranter Bursche zu sein, er winkte Bataille freundlich zu und grinste breit.

»Um Ihre Galionsfigur kann man Sie beneiden!« rief Bataille zu ihm hinunter. »Passen Sie auf, daß man sie Ihnen nicht klaut!«

Aubin tuckerte an die *Carina II* heran und hielt sich an einem der Nylonseile fest. Erst jetzt reagierte Jeanette, als habe sie bisher geschlafen. Sie zog ein Handtuch über ihren Leib, das aber nicht bis zu den Brüsten reichte. Sie blinzelte zu Bataille hinauf und lächelte.

»Sie haben ein fabelhaftes Schiff«, sagte Aubin. »Wer das entworfen hat, hatte ein tolles Gefühl für Form und Ästhetik.«

Es gibt keinen Schipper, der solches Lob einfach wegsteckt. Es gehört zu einem Bootsbesitzer, daß er auf sein Schiff stolz ist, auch wenn es ein uralter, umgebauter Heringskahn ist. Er will bewundert sein.

Bataille blickte auf Jeanette. »Das kann man Ihnen auch nicht absprechen, Monsieur –« sagte er mit diskreter Anzüglichkeit. »Sie interessieren sich für Schiffe?«

»Ich bewundere und beneide jeden, der sich so ein Boot leisten kann. Meins hier ist nur gemietet. Für zwei Stunden. Das haut mir schon in die Tageskasse! Ich bin Maler, Monsieur. Kunstmaler. Aus Marseille. Daß ich auf Martinique bin, ist ein Märchen für sich. Das war der erste Preis bei einem Malwettbewerb. ›Sonne über Marseille‹ hieß das Werk.«

»Ich denke: ›Marseille nach dem Regen‹ hieß es?« sagte Jeanette leise.

»Nach Regen scheint die Sonne... das war es ja! Der Glanz über der nassen, glänzenden Stadt. Das war preiswürdig.« Aubin tippte an seine schreckliche Leinenmütze mit dem bunten Schriftzug MARTINIQUE und ließ die Nylonleine los. »Wenn ich mal Picasso erreicht habe, kaufe ich Ihnen Ihre *Carina II* ab...«

»Abgemacht.« Bataille lachte und ließ keinen Blick von Jeanette. »Dann sollten Sie sich aber mal das Schiff vorher ansehen. Kommen Sie an Bord, Monsieur...«

»Aubin. Jean Aubin.«

»Roger Bataille. – Fahren Sie ans Heck, da liegt die Leiter aus.«

Er trat von der Reling zurück, strich sich über die graumelierten Locken und ging zum Heck. Marie Lupuse kam ihm mit einem eisigen Gesicht entgegen. Vom Fenster des Salons aus hatte sie die Szene beobachtet. Vor allem Jeanette hatte sie genau gemustert und für gefährlich befunden.

»Gib dir keine Mühe«, sagte sie bissig und knotete ihren knappen Bikini zu. »Ihr Liebling ist mindestens zehn Jahre jünger als du! Zehn Jahre machen bei einem Mädchen viel aus! *Du* könntest ihr Vater sein! Außerdem hat sie für deinen Geschmack viel zu kleine Brüste.«

Sie trippelte an Bataille vorbei, beugte sich über das Heck und hielt Aubin, der als erster hinaufkletterte, die Hand hin.

»Donnerwetter!« sagte Aubin begeistert. »Birgt das Schiff noch mehr solche Überraschungen?«

»Vielleicht...«

Marie Lupuse feuerte einen ihrer umwerfenden Lacher hinaus und gurrte guttural, als Aubin sich beim Hochklettern so ungeschickt benahm, daß er an Deck stolperte und sich dort festhalten mußte, wo Marie am besten Halt bot.

»Pardon«, sagte er stockend. »Da wäre ich doch bald gefallen.«

Bataille half unterdessen Jeanette an Bord, küßte ihr die Hand und strahlte sie an. Man sah es an Jeanettes Augen, daß dies ihr erster Handkuß gewesen war. Unsicher und fast hilfesuchend blickte sie zu Aubin.

»Willkommen!« rief Bataille und machte eine weite Handbewegung zu der Sesselgruppe unter dem Sonnendach. »Was kann ich anbieten? Cocktails, Wein, Champagner – alles, nur kein Bier.«

»Champagner wäre gut.« Jeanette wölbte böse die Unterlippe vor. Aubin schien von Marie hingerissen zu sein.

Er flüsterte ihr etwas ins Ohr, und sie lachte exaltiert, mit glucksender Stimme. »Vormittags Champagner – da laufe ich zu großer Form auf.«

»Ich bitte darum!« Bataille hakte sich bei ihr unter. »Ist das hier ein zauberhaftes Fleckchen Erde, was?! Glückliche Menschen, die hier wohnen! Sie wohnen hier…«

»Jeanette.«

»Roger.«

»Nein. Ich bin nur auf der Durchreise. Ich trampe um die Welt. Bevor ich eine brave Hausfrau werde…«

»Mit sechs Kindern, mindestens«, warf Aubin ein.

»…will ich die ganze Welt gesehen haben! Ja!« Jeanette blitzte Aubin giftig an. Er hatte den Arm um Maries Taille gelegt, tätschelte ihre Hüfte und benahm sich nach Jeanettes Ansicht unmöglich. »Noch einen Tag Martinique, dann geht's weiter.«

»Wohin?« fragte Bataille.

»Vielleicht nach Barbados.«

»Das trifft sich wunderbar! Ich fahre in drei Tagen auch weiter nach Barbados. Wenn Sie solange warten können, nehme ich Sie sehr gern mit.«

»Das wäre zu überlegen.« Jeanette setzte sich in einen der weißen Korbsessel und schlug die schlanken Beine übereinander. Der einfache, dunkelblaue Bikini, den sie trug, wirkte an ihrem Körper geradezu raffiniert. »Auf diesem Traumschiff nach Barbados… das ist ein Angebot, Roger.«

Bataille holte aus einem Kühlschrank Champagner und Gläser, entkorkte die Flasche und goß ein. Aubin rief übermütig: »Roger! Wir kennen uns erst zehn Minuten, aber erlauben Sie mir, Ihnen zu sagen: Ich bestehe darauf, mit dem Schiff auch Marie zu übernehmen!«

»Dann sind Sie, auch wenn Sie wie Picasso verdienen sollten, bald pleite, Jean!« Bataille lachte dröhnend, prostete zu und trank sein Glas mit einem Schluck aus. Marie beugte sich zu Aubin.

»Sie wollen das Schiff kaufen? Will denn Roger verkaufen? Davon weiß ich ja gar nichts.«

»Keine Sorge. Ich werde mir nie so ein Boot leisten können. Ich bin ein armer Maler. Das einzige, was möglich wäre, ist die Erlaubnis von Roger, auf dem Schiff malen zu dürfen. Ein tolles Motiv... von hier das Schiff entlang mit Fort de France im Hintergrund, mit den Wäldern und dem Mont Pelée, und auf halber Strecke zwei hinreißende Frauenakte: Sie und Jeanette. Das wäre ein Gemälde!«

»Warum nicht?« Marie Lupuse blickte hinüber zu Bataille. »Was hältst du davon, Roger?«

Bataille blieb höflich und freundlich, nur seine Augenbrauen zogen sich zusammen. Du dummes Luder, dachte er wütend. Du weißt doch, daß wir grundsätzlich keinen länger als eine Stunde an Bord haben wollen.

»Da müssen wir erst Jeanette fragen, ob sie da mitmacht. Als Akt.«

»Nein!« sagte sie laut. »Zwei nackte Weiber nebeneinander finde ich blöd. Wenn schon, dann jede einzeln.«

»Noch besser!« Marie klatschte in die Hände. »Einverstanden, Roger? Wenn ich schon nicht an Land darf...«

»Halt den Mund!« sagte Bataille grob. »Verzeihen Sie, Jean, meine Reaktion. Ich habe Ihnen versprochen, das Schiff zu zeigen. Gehen wir?«

Damit war das Thema zunächst erledigt. Aubin erhob sich, tätschelte Marie noch einmal den Rücken und folgte dann Bataille unter Deck. Verdrossen trank Jeanette ihren Champagner. Marie starrte über die Bucht. »Was wollen Sie auf Barbados?« fragte sie endlich, nur, um etwas zu sagen.

»Nichts.«

»Das ist auch ein Ziel. Wovon leben Sie?«

»Wenn ich Geld brauche, jobbe ich etwas, bis es für die nächste Station reicht.«

»So wie jetzt? Malermodell.«

»Ja. Ich will unabhängig sein – vor allem von den Männern!«

Das war eine Ohrfeige. Marie Lupuse nahm sie gelassen, aber innerlich knirschend hin. Sie wird nie an Bord kommen und mit nach Barbados fahren, dachte sie wütend. Nie! So kennt mich Roger noch nicht, wie ich dann aufdrehen werde! Dieses hochnäsige Kalb!

»Und später?« fragte sie.

»Wer weiß das? Irgendwo werde ich hängenbleiben, das weiß ich. Aber das kann noch Jahre dauern.«

Das Gespräch versandete. Jeanette war froh, als nach etwa zwanzig Minuten Bataille und Aubin wieder an Deck kamen und in der Runde Platz nahmen.

»Mon Dieu, ist das ein Schiff!« rief Aubin enthusiastisch. »Der Salon, das Schlafzimmer, die Kombüse, das Marmorbad . . . und erst der Motorraum! Eine Lust, das zu sehen! Roger, ehrlich, was kostet so ein Boot?«

»Darüber spricht man nicht, Jean«, antwortete Bataille etwas geziert.

»Sechs Millionen Francs?«

»Dafür kriegen Sie es nicht.«

»Noch mehr?!« Aubin trank ein neues Glas Champagner. »Ich danke Ihnen, Roger, daß ich wenigstens einmal über die Planken eines solchen Goldschiffes gehen durfte. Das wird nie wiederkommen.«

Es wurde ein fröhlicher Vormittag. Bataille wurde einmal in den Funkraum gerufen, und er kam mit einer etwas zerknitterten Miene zurück. Von da ab wurden die Gespräche schleppend; Aubin erschien es besser, sich jetzt zu verabschieden. Das Malen an Bord schnitt er nicht wieder an. Irgend etwas hatte Bataille die Laune verdorben.

Es wurde ein Abschied, als kenne man sich schon von der Wiege an. Aubin umarmte Marie und küßte sie, das gleiche tat Bataille bei Jeanette, dann kletterten sie wieder in das kleine Motorboot, winkten begeistert und fuhren in die Bucht hinaus.

»Wohin?« fragte Aubin, als sie weit genug von der *Carina II* entfernt waren.

»Zurück an Land!« sagte Jeanette böse.

»Nicht zum Essen zur Pointe du Bout?«

»Nein! Sie haben sich unmöglich benommen!«

»Und Sie? Ich habe immer darauf gewartet, daß Sie sich bei Bataille auf den Schoß setzen und sich kraulen lassen.«

»Und wie war's bei Ihnen? Als ob Sie den Busen dieser Wasserstoffblonden auffressen wollten! Widerlich.«

»Also fahren wir an Land!«

»Ja.«

»Und Sie werden mit Bataille nach Barbados schippern?!«

»Wird das eine Freude werden...«

»Da müssen Sie erst Marie umbringen.«

»Die schenke ich Ihnen!«

Aubin drehte bei und fuhr nach Fort de France zurück. Aber er legte nicht am Steg der Motorboote an, sondern fuhr weiter, um den Pointe des Nègres herum, nach dem Ort Schoelcher.

»Was soll denn das?« fragte Jeanette spitz.

»Wir werden im *Jardin de Jade* essen, in der Bucht von Colas.« Aubin tuckerte unbeirrt weiter. »Das ist ein chinesisches Restaurant. Hoffentlich bekomme ich dort für Sie faule Eier.«

»Ekel!«

Sie legte sich wieder auf das Vorschiff, aber sie zog sich nicht mehr aus. Aubin pfiff fröhlich vor sich hin. Sie ist eifersüchtig, freute er sich. Wann ist eine Frau eifersüchtig? Wenn sie liebt. Und daß sie in drei Tagen nach Barbados fährt, mit diesem Lackaffen Bataille, ist nicht ernstzunehmen.

Im *Jardin de Jade* bekamen sie einen Tisch auf der Terrasse. Aubin entschuldigte sich für einen Augenblick, ließ sich ein Telefon zeigen und rief die geheimnisvolle Nummer an.

»Ich war auf der *Carina II*. Habe sie besichtigt –« sagte er leise. »In dem Boot gibt es tausend Möglichkeiten. Außerdem ist eine tolle Puppe an Bord. Umwerfend, aber doof. Bataille ist aalglatt.«

»Wie haben Sie das denn fertiggekriegt?« fragte der andere Gesprächsteilnehmer.

»Mit einem nackten Goldmädchen auf dem Vorboot.«

»Die rote Kleine?«

»Ja.«

»Sie schrecken auch vor nichts zurück, was, Jean?«

»Im Dienst des Vaterlandes muß man Opfer bringen. Bis später, ihr Lieben!« Er legte auf, ging zu Jeanette zurück und gab ihr einen Kuß in den Nacken.

Sie schrak so heftig zusammen, als habe er sie ins Genick geschlagen, fuhr wie wild herum und funkelte ihn an.

»Sind Sie total verrückt geworden? Was soll das?!«

»Es überkam mich plötzlich. Pardon, Jeanette.«

Darauf wußte sie keine Antwort. Sie starrte vor sich hin, preßte die Lippen zusammen und strahlte tiefe Beleidigung aus. Sei stark, dachte sie dagegen im Inneren. Jeanette, laß dich nicht einfangen. Aubin ist so ein verdammter Kerl, an dem du hängenbleiben könntest. Bloß das nicht! Wehr dich dagegen, Jeanette. Zum Teufel, wehr dich!

Um die gleiche Zeit schrie Marie Lupuse auf Bataille ein und zertrümmerte mangels anderer, massiver Zerbrechlichkeiten die Sektgläser auf dem Tisch.

»Sie kommt nicht an Bord!« kreischte sie hysterisch. »Dieses rothaarige Hürchen! Ich warne dich, Roger! Ha, ich warne dich! Ich weiß vieles. Verstehst du, was ich meine?!«

Bataille schwieg. Wortlos blickte er über die herrliche Bucht von Fort de France und ließ Marie toben. Das hättest du nicht sagen dürfen, Chérie, das war eine Drohung!

dachte er. Einem Bataille droht man nicht. Das kann tödlich sein. Auch wenn ich dich schönes Aas liebe, drohen
sollte man mir nie.

Er legte sich in dem Liegestuhl zurück, schloß die Augen und ließ Marie schimpfen.

Nach zehn Minuten begann sie zu weinen.

Na also, dachte Bataille zufrieden. Nun sind wir wieder normal. Ich kaufe dir morgen oder übermorgen in Fort
de France einen Ring, wenn das andere endlich erledigt
ist.

Babou hatte den weißen Citroën auf Hochglanz poliert, als
Petra und René vor das Haus kamen, um die Inselrund-
fahrt zu starten.

Für Petra war alles noch so unwirklich, so traumhaft, so
paradiesisch, daß sie beim Frühstück auf der Terrasse am
Schwimmbecken sagte: »Laß uns noch etwas sitzen bleiben, René, bitte. Es ist alles wie ein Wunder. Das muß ich
erst begreifen lernen, daß man Wunder anfassen kann
und daß sie Wahrheit sind.«

Nach einer seligen Nacht mit René hatte sie erfahren,
was es heißt, eine *Herrin* zu sein. Rosette, ihre zierliche,
hübsche Zofe, hatte sie vor dem Schlafzimmer in Empfang
genommen, und von da ab hatte sie eigentlich keinen eigenen Willen mehr gehabt. Sie wurde gebadet, mit exotischen, stark duftenden Ölen eingerieben und massiert,
sie wurde frisiert, ihre Fuß- und Fingernägel wurden geschnitten, gefeilt und lackiert, und als Rosette sie endlich
freiließ zum Frühstückstisch, fühlte sie sich wie konser-
viert.

René saß schon am Tisch unter der Markise, der Diener
hatte gerade den eisgekühlten Maracujasaft serviert, frische Croissants dufteten in einem Flechtkorb, begleitet
vom Geruch eines starken Kaffees. René sprang sofort
auf, kam Petra entgegen und küßte sie.

»Sag einen Wunsch – er wird dir sofort erfüllt!« rief er übermütig. »Ich bin der glücklichste Mann der Welt.«

»Ich wünsche mir«, sagte sie sofort, »daß man erkennt, daß ich kein Säugling mehr bin, der gebadet, gewickelt und gepudert werden muß.«

»Rosette!« René lachte schallend. »Das ist ihre Auffassung von Betreuung. Madame muß gepflegt und geschont werden. Davon ist sie nicht abzubringen.«

»Sie hat das schon oft gemacht, nicht wahr?« Es sollte wie eine gleichgültige Frage klingen, aber René hörte genau den Unterton heraus.

»Eifersüchtig?« fragte er und umarmte sie.

»Ja. Wahnsinnig.«

»Auf die Vergangenheit?«

»Auf jede Frau, die du im Arm gehalten hast, wie jetzt mich.«

»Ich habe nie die Begabung gehabt, als Einsiedler oder Heiliger zu leben.« René Birot streichelte ihren Rücken. Wenn seine Hand über ihr Rückgrat strich, jagte ein Schauer durch ihren Körper und machte sie fast willenlos. »Ein Mann mit achtunddreißig Jahren sollte schon ein Bündel Erfahrungen haben... oder mit ihm stimmt etwas nicht.«

»Und... und wer war die letzte?«

»Du! Und die allerletzte! Wie man so sagt: Du wirst meine Witwe sein.«

»Mein Gott, sprich so etwas nicht aus!« sagte sie entsetzt. Sie drückte die Hände gegen seine Brust, und er ließ sie lachend los. »Waren sie hübsch, die anderen?«

»Sehr! Die Karibik ist die Welt der schönen Frauen. Sie werden nur noch übertroffen von den Singapur-Chinesinnen, dieser verteufelten Mischung von Malaien und Chinesen.« Er ging zu dem gedeckten Tisch zurück, wo der Diener den Kaffee einschüttete. »Aber das alles ist ausgelöscht. Der Salon, das Eßzimmer, vor allem aber das Schlafzimmer sind völlig neu eingerichtet! Nichts erinnert mehr an das Früher! Mit dir soll ein ganz anderes Leben beginnen. Heute nacht war die Stunde Null. Von da ab beginnt für uns eine neue, nur uns gehörende Zeitrechnung. Einmal wird es heißen: Wir schreiben jetzt das Jahr zehn. Dann bist du zehn Jahre an meiner Seite.«

Es war wirklich alles wie ein Traum.

Nun also fuhren sie mit dem weißen Citroën über die Insel, zunächst die übliche Strecke, die man auch den Touristen anbietet, der Rundkurs über St. Pierre, Le Carbet, Bellefontaine, Case-Pilote und Schoelcher nach Fort de France und von dort nach Norden durch den herrlichen Regenwald des Forêt du Morne des Olives nach Morne-Rouge. Hier aber bogen sie ab weiter nach Norden, die Serpentinen zur Montagne Calebasse hinauf und wieder hinunter, eine traumhafte Straße durch Urwald und Gebirge, über den Rivière Capot hinweg, der vom Mont Pelée herunterrauscht. Dann erreichten sie bei Anse Chalvet die Küste und fuhren immer am Meer entlang bis Grand'Rivière. »Welch eine Insel!« sagte Petra mehrmals begeistert. »Welch ein Land! Du lieber Himmel, was habe ich unseren Kunden im Reisebüro für einen Blödsinn erzählt! Das hier kann man ja nicht beschreiben, das muß man erleben, mit den Augen trinken.«

Im Restaurant des Hotels *Les Abeilles*, direkt an der Küste, hielt Babou an. Monsieur hatte die Rundfahrt natürlich vorher mit ihm genau besprochen, und pünktlich, wie errechnet, trafen sie zum Mittagessen ein. Das war Babous ganzer Stolz: Pünktlich zu sein, auch wenn es über hundert Kilometer ging. Waren es fünfzehn Minuten später, benahm sich Babou untröstlich, als sei der ganze Wagen zertrümmert.

Erst am Abend kamen sie zurück, müde, aber glücklich. Von der Terrasse wehte ihnen ein herrlicher Bratengeruch entgegen: Die schwarze Köchin drehte ein Ferkelchen am Spieß und begoß den Braten mit einem Gemisch aus weißem Rum und rotem Wein.

Im *Zimmer von Madame* wartete bereits Rosette auf Petra, mit Frotteetüchern, Bademantel und Goldpantöffelchen. Aus der offenen Tür des Badezimmers strömte der süße Duft des parfümierten Wassers in der Marmorwanne.

»Es ist gut, Rosette«, sagte Petra, nahm ihr Handtücher und Bademantel ab, ging in das Bad und schloß hinter sich die Tür. Rosette stand eine Weile wie versteinert, dann schlug sie die Hände vor ihr Gesicht und rannte laut weinend davon. Sie begriff nicht, warum Madame sie beleidigt hatte, es war doch alles richtig gewesen.

Im *Salon de Dame* stand Petra nach dem Bad unschlüssig vor dem Kleiderschrank. Natürlich waren alle ihre Koffer ausgeräumt worden, die verknautschten Kleider waren gebügelt und hingen auf den Bügeln, die Wäsche war wie mit einem Lineal gestapelt – eine so mustergültige Ordnung hatte Petra in ihrem Leben bisher nie gehabt.

Nackt ging sie zum Frisiertisch, um sich das Gesicht mit Creme einzureiben, als sie stutzte. Auf der Glasplatte vor dem dreiteiligen Spiegel lag eine dünne, rote Mappe. War René hier gewesen und hatte sie vergessen? Sie zögerte, klappte dann doch den Deckel auf und blickte verwundert auf den Inhalt.

Zeitungsausschnitte. Aus Tageszeitungen, aus Illustrierten und Magazinen.

Sie wollte die Mappe schon wieder zuklappen, als sie die Fotos von zwei Frauen sah. Eine rassige Kreolin und eine verträumt in die Kamera lächelnde Weiße. Und über den Bildern die Zeile: *Grausiger Mord im Bois de Piton Gelé. Ist die verschwundene Élise die Mörderin?*

Mit einem plötzlich schmerzenden Gefühl im Magen beugte sich Petra über die ausgeschnittenen Artikel und las sie. Ein Schaudern ergriff sie, je weiter sie las, Artikel nach Artikel, die in aller Gründlichkeit beschrieben, was da vor zehn Jahren hier in diesem Haus und draußen im Wald geschehen war.

Claudette Sanfour lag mit aufgeschlitztem Leib in einer Wald-

lichtung, die mit hohen Farnen fast unzugänglich war. Die Polizei ist der Ansicht, daß der Fundort der Ermordeten nicht mit dem Tatort übereinstimmt. Nirgendwo Kampfspuren, nirgendwo Blutlachen, die bei einer so schrecklichen Tötung hinterlassen werden. Der Polizeiarzt bestätigte dann auch, daß die Leiche fast ausgeblutet gewesen sei, als man sie im Bois ablegte. Noch ungeklärt ist auch das Verschwinden von Élise Sarnoum, einer kreolischen Näherin aus St. Pierre, die zur gleichen Zeit wie Claudette Sanfour als vermißt gemeldet wurde.

Die Vorgeschichte ist dabei sehr pikant. Seit fast zwei Jahren war Élise die Geliebte des Fabrikanten René Birot und wohnte sogar in seinem Haus. Dann brachte Birot von Guadeloupe Madame Claudette mit, die er – wie er allen erzählte – in Kürze heiraten wollte. Élise kehrte enttäuscht zu ihren Eltern nach St. Pierre zurück.

Zu dieser Hochzeit ist es nun nicht mehr gekommen. Claudette wurde ermordet, auf bestialischste Art, und Élise verschwand spurlos. Ist sie die Mörderin? Noch tappt die Polizei im dunkeln. Kommissar Coulbet sagte in einem Interview: ›Ein blutiger Racheakt liegt nahe. Wir müssen Élise Sarnoum finden, sie ist der Schlüssel zu diesem Drama‹. René Birot dagegen verweigerte unserem Reporter jegliche Fragen. Was weiß er?

Mit zitternden Händen klappte Petra die rote Mappe zu. Ihr Herz hämmerte, als wolle es zerplatzen. Es war nicht Angst, die sie ergriffen hatte, sondern der luftabwürgende Schmerz über die Erkenntnis: Das hat René verschwiegen. Warum? Aus Angst?

Und plötzlich begriff sie, daß die gleiche Situation wiedergekehrt war, jetzt, bei ihr. Die fremde Frau, die als zukünftige Madame Birot in das Haus gezogen war. Sie war jetzt Claudette. Wo war die Élise? Und wer war es?!

Und jetzt erst kam auch die Angst über sie. Mit aufgeschlitztem Leib... ausgeblutet... war es Mord und Götteropfer zugleich...? schrieb eine Zeitung. Der ausgeblutete Körper weist darauf hin... mit dem Blut des Feindes bittet man die Götter um die Erfüllung seiner Wünsche...

War es Voodoo? Die Frage, die immer aktuell bleibt: Gibt es auf Martinique noch Voodoo-Zauber?

Mit bebenden Händen zog Petra ein langes Kaminkleid an, klemmte die rote Mappe unter den Arm und ging hinaus auf die Terrasse. Die schwarze Köchin machte einen Knicks, der Diener stand stramm wie beim Militär. Man hatte die neue Madame akzeptiert. Babou hatte recht – sie hatte gute Augen. Daß sie Rosette beleidigt hatte, hing damit zusammen, daß sie das Leben als Herrin noch nicht kannte. Man verzieh es ihr. Eine Ausländerin aus dem fernen kalten Allemagne, sie wird es noch lernen, wie man sich auf Martinique bewegt.

Im Park zirpten die Grillen. Von einem weit weg liegenden Teich quakten die Ochsenfrösche. Vier wilde Papageien flatterten von Baum zu Baum und kreischten ab und zu. Schillernd bunte Vögel mit langen, etwas gebogenen Schnäbeln, flogen mit wippendem Flug blitzschnell vorbei. Ihr Flügelschlag klang wie eine Kinderrassel.

Noch immer innerlich zitternd, setzte sich Petra an den großen runden Tisch. Sie hörte René in der Bibliothek telefonieren, legte die rote Mappe auf die Spitzendecke und starrte in die schnell hereinbrechende Dunkelheit. Das Karibische Meer mußte in einer blutrot untergehenden Sonne funkeln, man konnte es von hier aus nicht sehen, aber das ganze Umland leuchtete rot im sterbenden Tag.

Sterben. Petra schauderte zusammen und atmete ein paarmal tief durch, um den inneren Druck zu lösen. Sie zuckte heftig zusammen, als René plötzlich hinter ihr sagte: »Hab' ich einen Hunger! Ich esse das halbe Ferkel«, und sie in den Nacken küßte.

Er kam um sie herum, setzte sich ihr gegenüber und winkte dem Diener. Aus einer geschliffenen Kristallkaraffe schüttete er einen tiefroten, fast violetten Wein ein. René hob sein Glas, aber gleichzeitig bemerkte er die Mappe vor Petra auf dem Tisch.

»Was hast du denn da?« fragte er. »Bilder aus Deutschland?«

»Die Mappe gehört nicht dir?« Ihre Stimme war tonlos. René Birot sah sie erstaunt an und setzte sein Glas ab. Sie hatte ihres nicht berührt.

»Nein! Wieso?«

»Sie lag vor meinem Frisierspiegel. Ich dachte...« Sie schob ihm die Mappe hinüber. »Genaugenommen gehört sie dir doch.«

René klappte den Deckel auf, warf einen Blick auf den Inhalt und klappte ihn sofort wieder zu. Sein Gesicht war plötzlich verkrampft und starr. »Du hast das durchgelesen?«

»Natürlich.« Sie sah ihn mit großen Augen an. »Du hast mir vieles von dir erzählt... das aber nicht.«

»Ich habe das aus meinem Leben gestrichen, Petra.«

»Kann man zwei Tote so einfach streichen und vergessen?«

»Élise wurde nicht ermordet.«

»Ist sie in den neun Jahren wieder aufgetaucht?«

»Nein. Aber das will nicht heißen, daß sie nicht mehr lebt. Sie kann auf irgendeine andere Insel gezogen sein.«

»Nachdem sie Claudette so schrecklich ermordet hat, denkst du weiter.«

»Nein. So etwas zu tun, dazu war Élise nicht fähig. Sie hatte Helfer, sie war sicherlich dabei, um diese blutige Rache auszukosten, aber sie hat es nicht mit eigener Hand getan. Wir werden es nie erfahren.« Er nahm die Mappe, schlug mit ihr auf den Tisch und sprang auf. »Wo hat sie gelegen?«

»In meinem Zimmer. Vor dem Spiegel.« Sie hielt René am Arm fest, als er ins Haus laufen wollte. »Bleib. Rosette weiß auch von nichts, ich habe sie schon gefragt. Sie fängt nur wieder an zu weinen. René, gibt es eine zweite Élise Sarnoum?«

»Wie meinst du das?« Seine Stimme war noch heiserer als vorher.

»Wen habe ich aus dem Haus verdrängt?« Sie nahm das Glas hoch, trank einen Schluck von dem schweren Wein und mußte mit der anderen Hand stützend nachgreifen, so sehr zitterten ihre Finger. »Wer war vor mir. Auch eine Kreolin?«

»Es besteht überhaupt kein Anlaß, jetzt Angst zu haben. Das alles ist neun Jahre her. Es ist heute alles ganz anders.«

»Wer?« fragte sie ruhig. »René, renn nicht weg.« Sie nahm wieder einen Schluck Wein. »Mit diesen Zeitungsausschnitten fängt es an. Ich werde es doch erfahren. Und ich habe begriffen, was es sein soll: Eine Warnung! – Wer lebte vor mir hier im Haus?«

»Josephine«, sagte er hart.

»Eine Französin?«

»Eine Kreolin.«

»Die zweite Élise also.«

»Es ist völlig absurd, so etwas zu denken!« rief Birot. »Wir haben uns ausgesprochen und in Freundschaft getrennt.«

»Wo ist sie jetzt?«

»Das weiß ich nicht.« René bereute die Lüge, kaum daß er sie ausgesprochen hatte. Aber nun gab es keine weiteren Erklärungen mehr. »Sie ist weggegangen, vielleicht nach Fort de France.«

»Ich möchte mit ihr sprechen, René.«

Er starrte sie an, als habe sie etwas Ungeheures gesagt. »Das... das ist doch verrückt!«

»Warum? Ich möchte keine Feindschaft. Ich will nicht so enden wie Claudette Sanfour.«

»Das wird sich nie wiederholen!« Er dachte an die Fetischpuppe mit dem Beil im Herzen und zog ganz kurz die Schultern hoch. Vom Grillspieß rief die schwarze Köchin: »Monsieur, wollen Sie anschneiden, oder soll ich es tun?

Das Schweinchen ist knusprig und saftig. Kommen Sie?« René winkte ab und klemmte die Mappe unter den Arm. »Josephine wird nie mehr hierher kommen. Chérie, denk immer daran: Heute ist der Tag Eins in unserem neuen Leben. Alles andere gibt es nicht mehr.«

Er ging zurück in die Bibliothek und rief Coulbet an. Privat, denn um diese Zeit war er nicht mehr im Hôtel de Police in der Rue Victor Sévère.

»Komm sofort her, Robert!« sagte er rauh. »Du bekommst auch ein riesiges Stück Ferkel am Spieß.«

»Josephine?« fragte Coulbet ahnungsvoll.

»Ich glaube, ja. In Petras Zimmer lag eine Mappe mit Zeitungsausschnitten. Die Sache mit Claudette und Élise.«

»O Scheiße!«

»Das kann man wohl sagen.« Birot holte tief Atem. »Es muß etwas geschehen. Natürlich hat Petra jetzt höllische Angst. Ich bitte dich: Komm her! Traust du Josephine einen Mord zu?«

»Ja.«

»Verdammt, dann tu etwas, Robert!« schrie Birot. »Wenn die Polizei weiß, daß man einen Mord plant...«

»Genau das wissen wir nicht. Ahnen ist etwas anderes als Wissen. Aber Ahnungen sind im Gesetz nicht vorgesehen.«

»Die Fetischpuppe!«

»Von wem? Jules, der Erzgauner, hat ein felsenfestes Alibi. Ich bin dabei, diesen Felsen zu sprengen, mit einer Zigarre, aber...«

»Wieviel hast du schon getrunken, Robert?« fragte René verzweifelt. »Hier sind Witze nicht angebracht. – Nur Josephine kann die Zeitungsausschnitte in Petras Zimmer gelegt haben. Ist das nicht deutlich genug? Erst die Puppe mit dem Beil, dann die Zeitungen?! Was willst du noch mehr?«

»Ich soll Josephine verhaften, das soll es doch heißen? René, das wäre dumm!«

118

»Wie soll ich Petra denn schützen?!« rief Birot. »Soll *ich* Josephine umbringen?«

»Das wäre die schlechteste Lösung. Außerdem habe ich jetzt bereits dein Geständnis. Das bedeutet lebenslänglich, mindestens aber fünfzehn Jahre! Eine Idee: Gib Josephine soviel Geld, daß sie nach Guadeloupe oder weit weg, nach St. Barthélemy, auswandern kann.«

»Sie will kein Geld, das Thema ist erledigt.«

»Was will sie denn?«

»Mich.«

»Das verstehe einer«, sagte Coulbet ironisch. »Die hübschesten Weiber haben den absonderlichsten Geschmack. Ich bin in einer Stunde bei dir, René. Halt das Ferkelchen heiß.«

Mit verschlossener Miene kam Birot zurück auf die Terrasse. Die schwarze Köchin schnitt das Schweinchen an, der Diener servierte und brachte den exotischen Salat und das mit einer Gewürzsoße getränkte Gemüse aus Avocados und Auberginen.

»Ich habe Coulbet angerufen!« sagte René und setzte sich Petra gegenüber. »Er wird dir auch erklären, daß es gar keinen Anlaß zu irgendwelcher Angst gibt.«

»Es ist gut, daß er kommt.« Petra blickte hinüber in den jetzt nachtdunklen Park und zu dem beleuchteten Swimming-pool. »Ich werde ihn bitten, Josephine zu suchen.«

Es war das erste Mal, daß René ein knusprig gebratenes, mit Rum getränktes Ferkel nicht schmeckte. Er kaute an den Fleischstücken herum, als seien sie aus Leder.

Während sie ziemlich wortkarg aßen, hatte sich Babou auf den Weg zu Josephines rosa gestrichener Hütte hinter der Fabrik gemacht. Monsieur hatte ihm ganz kurz aus dem Fenster der Bibliothek berichtet, was Madame in ihrem Zimmer gefunden hatte. Babou hatte genickt und den gleichen Gedanken wie Birot gehabt. Es mußte etwas getan werden!

Josephine hatte gerade ihr Essen auf den Tisch gesetzt, eine große Schüssel mit Obstsalat und kleinen Krebsen in einer Limonensoße, als Babou die Tür aufstieß und grußlos eintrat. Sein dickes Negergesicht sagte alles. Josephine wich bis zur Hinterwand zurück und hob schützend Unterarme und Hand vor Brust und Gesicht.

»Tu es nicht«, sagte sie gefährlich leise. »Ich warne dich, Babou... geh hinaus, sag' ich dir!«

»Du sollst Madame nicht drohen!« sagte er dumpf. Er atmete tief aus, seine riesigen Muskeln spannten sich unter dem weißen Hemd. »Was habe ich dir gesagt? Geh weg, habe ich gesagt. Zieh fort. Die Insel ist groß genug. Was willst du noch hier! Die alte Zeit kommt nicht wieder. Und was tust du? Du bedrohst Madame.«

Er kam näher, hob die Hände, schaufelgroß, tödliche Werkzeuge.

»Babou!« schrie Josephine und drückte die Arme an sich. »Überleg es dir, Babou!«

Ohne weitere Worte schlug er zu. Der erste Hieb schleuderte Josephine durch das Zimmer, unter dem zweiten brach sie zusammen, fiel auf das Bett und krümmte sich. Der dritte Schlag warf sie vom Bett auf den Boden, und Blut lief ihr aus Nase und Mund. Ihre Lippe war aufgeplatzt, sie bekam keine Luft mehr, als habe er ihr alle Rippen zerschlagen und in die Lunge getrieben.

Mit letzter, verzweifelter Kraft rollte sie sich zurück an die Bretterwand und kroch in sich zusammen wie eine Katze. Babou blickte auf sie hinunter und legte die gewaltigen Hände gegeneinander. Es war genug, es war ja nur eine Warnung. Sie sollte lange daran denken.

Josephine starrte zu dem Negerriesen empor. So elend ihr war, so sehr glühte der Haß in ihr.

»Das wirst du nicht überleben!« schrie sie plötzlich, und dann kreischte sie so laut und schrill, so unmenschlich und unwirklich, daß Babou zurückprallte und die Arme vorstieß, als spränge ihn diese entsetzlichen Töne an.

»Voodoo! Der Voodoo wird dich treffen! Voodoo! – Du wirst ihm nicht entrinnen! Voodoo!«

Babou zog den dicken Kopf ein, wirbelte herum, riß die Tür auf und stürzte ins Freie. Mit ein paar Sprüngen war Josephine an der Tür und warf beide Arme hoch in die Nacht.

»Voodoo!« kreischte sie Babou nach. »Du bist schon tot! Voodoo!«

Wie gehetzt rannte Babou durch die Nacht, warf sich in seinem Zimmer auf die Knie, faltete die Hände und starrte hinauf zu dem Kruzifix an der Wand.

»Herr, beschütze mich!« stammelte er. »Herr, die anderen Götter wollen mich töten! Herr, ich habe Angst vor ihnen. Hilf mir! Hilf mir! Bist du nicht der einzige Gott?!«

Er kroch auf den Knien näher, sprang auf, riß das Kreuz von der Wand und küßte den Korpus Christi und begann, wie ein Kind zu schluchzen.

6

Coulbet traf fast genau eine Stunde später ein, parkte seinen Polizei-Jeep vor der Eingangstreppe und nickte dem schwarzen Diener zu, der ihm die Tür öffnete. Durch die offenen Terrassentüren zog der Geruch des gegrillten Ferkels köstlich zu ihm hin.

»Einen Teller her!« rief Coulbet, als er auf die Terrasse trat. Sein Blick suchte den Grill, und zufrieden sah er, daß die Köchin den Spieß auf die oberste Halterung verlegt hatte, wo der Rest des Ferkels heiß blieb, aber nicht mehr briet oder austrocknete. Der Duft der Rumbeize war verlockend.

Coulbet küßte Petra die Hand, klopfte René auf die Schulter und setzte sich zwischen sie. »Wenn die schwarze Venus da einen Spießbraten offeriert, lohnt sich der weiteste Weg. Madame, ich bitte um Vergebung, daß ich gleich mit allen Lauten der Zufriedenheit einen Berg von Fleisch vertilgen werde. Ein armer, französischer Beamter muß immer auf der Suche sein, wo er sich durchfressen kann. Unser Gehalt steht in keinem Verhältnis zu unserem verwöhnten Gaumen.«

Der Diener servierte Teller, Salatschalen, Gemüseplatte und ein Glas des lila Weins und entfernte sich dann lautlos zu der Köchin, wo er auf dem Sprung stand, sofort weitere Handreichungen zu machen.

Coulbet schnitt in das Fleisch, kaute einen Bissen und seufzte laut. »Unerreicht!« schwärmte er verzückt. »Fulminant! Ich darf gar nicht daran denken, daß ich in zwölf Jahren pensioniert werde und nach Frankreich gehe.« Er trank einen Schluck Wein und seufzte noch einmal. »Madame, wie ich Sie um Ihre Jugend beneide. Sie haben noch gut und gern mindestens fünfzig Jahre vor sich! In diesem zauberhaften Land.«

»Kommen wir zur Sache, Robert!« sagte Birot dumpf. »Wir sind beide nicht in der Laune, Hymnen zu hören.«

»Die Zeitungsausschnitte.« Coulbet kaute geradezu verträumt, nahm eine Gabel voll Salat. »Der Fall Claudette Sanfour und Élise Sarnoum. Ist bei uns im Kommissariat längst vergessen. Wir haben uns damit abgefunden, daß er nie geklärt wird. Ich würde da keine Parallelen aufbauen.«

»Wer das in Petras Zimmer gelegt hat, wollte drohen!« sagte Birot mit rostiger Stimme. »Was hätte es sonst für einen Sinn?«

»Unruhe stiften.«

»Sie kennen Josephine, Commissair?« fragte Petra direkt.

»Natürlich. Gut sogar.«

»Wo ist sie jetzt? Wissen Sie das?«

Coulbet schielte zu René. Er hat es also nicht gesagt: Am Haus entlang zur Fabrik, und dahinter das rosa Haus. Gewissermaßen um die Ecke rum. Sie weiß es nicht. Bist doch ein kleiner Feigling, mein lieber René. Nun habe ich die schwarze Karte.

»Das ließe sich herausfinden«, antwortete er zögernd. »Warum?«

»Ich möchte mit ihr sprechen, Monsieur Coulbet.«

»Das halte ich für völlig verfehlt, Madame.«

»Genau, was ich auch sage!« rief Birot. »Aber sie will es nicht einsehen. – Da hörst du es, Petra. Vergangenheit – Strich drunter. So ist es am besten.«

So wäre es, wenn es da nicht Josephine gäbe, dachte Coulbet. Sie lebt noch den alten Ehrbegriff der stolzen Eingeborenen, obgleich sie ein modernes Mädchen ist: Mein Körper gehört nur einem Mann, und das bis zum Tod! – Das hättest du wissen müssen, René, als du sie in dein Bett trugst. Sie ist kein liebeshungriges Flittchen wie so viele Kreolinnen in Fort de France, die bei jeder Schiffslandung hinternwackelnd auf Männerfang gehen und genau ihren Preis kennen. Für Josephine brach ihr Leben zusammen. Aber soll man das Petra so brutal erklären? Andererseits muß sie damit leben, solange es Josephine gibt. Es könnte ein höllisches Paradies werden!

Coulbet nahm die rote Mappe und blätterte darin herum. Die Presseausschnitte riefen die Situation von vor neun Jahren wieder in ihm hervor. Die Deutsche Edith Müller, die als Reiseleiterin eine Gruppe deutscher Touristen mit einem Bus durch die Insel führte und ausgerechnet an dieser Waldlichtung stoppen ließ, weil die Riesenfarne ein so gutes Fotomotiv abgaben. Der deutsche Tourist Ewald Katorski aus Gelsenkirchen wollte einen der großen Fächerfarne von nahem knipsen, stieg in das Farnfeld und sah die aufgeschlitzte Tote liegen. Sein schriller Alarmruf jagte den ganzen Bus zur Fundstelle, und die deutschen Touristen fotografierten von allen Seiten mit wilder Besessenheit, bis jemand sagte: »Wir müssen aber nun doch die Polizei benachrichtigen!« Nur ungern trennte man sich von diesem einmaligen Fotomotiv. Martinique bot wirklich noch Überraschungen!

Schon damals hatte Coulbet ganz eigene Gedanken gehabt. Er sprach sie nicht laut aus, denn seine Kollegen im Hôtel de Police hätten ihn ausgelacht oder für reichlich blöd gehalten. Aber insgeheim kümmerte er sich um die Gerüchte, die besagten, daß der von Afrika früher nach Haiti und von dort in die Karibik gekommene Voodoo-Zauber auch auf Martinique Anhänger und sogar Priester habe, die man Houngans nannte und die über ungeheure Zauberkräfte verfügen sollten.

So lernte er Jules Totagan näher kennen. Er hatte einen vertraulichen Wink erhalten, daß der Naturheiler und ehemalige Arztgehilfe vielleicht helfen könne. Mehr nicht. Aber Jules konnte – oder wollte – nichts tun. Zum ersten Mal aber sah Coulbet in die *Werkstatt* eines Houngan, die Fetischpuppen der Gestorbenen, die Schalen und Töpfe mit den verschiedenen magischen Opfermischungen, die bemalten Schnitzereien, die geweihten Ketten, die Medizinen in viereckig ausgehöhlten Steinen, die Ritualbeile, mit denen die Opfertiere geköpft werden, die Orakelsteine -knochen und -perlen, die Tontöpfe mit den magischen Kräutern, die weiß gekalkten Wächterpuppen gegen die bösen Geister, die Legbas, es war ein Blick in eine für einen Weißen unbegreifliche, für immer im dunkeln bleibende Welt.

Damals brannte Jules in einer flachen Tonschale ein Gemisch von getrockneten Kräutern und Wurzelspänen an, ein rötlicher, beißender, stinkender Qualm stieg auf, in den Jules seinen Kopf steckte und mit geschlossenen Augen hin und her wiegte, aber dann legte er ein Tuch über die Schale und blickte Coulbet groß an. Das darf ich nirgendwo erzählen, dachte Coulbet. Man wird mich sofort in ein Hospital einliefern.

Dabei hatte er in Wahrheit gar nichts gesehen, was Jules da vorführte, war ein billiges Theater. Ohne Voodoo-Wert. Wie schnell kann man Weiße faszinieren! Ein bißchen farbiger Rauch, ein wenig gespielte Trance, und schon halten sie den Atem an. Wenn ihr den wahren Voodoo sehen könntet – oh, ihr Weißen!

»Es ist nichts!« hatte Jules gesagt, mit einer dumpfen, weit im Jenseits noch festgehaltenen Stimme.

»Was heißt das?« Auch Coulbets Stimme war heiser. Er hatte einen trockenen Hals vor Aufregung.

»Ich sehe nichts. Ich kann Ihnen nicht helfen, Monsieur le Commissair.«

Und dabei war es geblieben. Von diesem Tage an nannte Jules zwar Coulbet immer nur Monsieur le Commissair, aber der Mörder von Claudette Sanfour oder das spurlose Verschwinden von Élise Sarnoum blieben ungeklärt.

Nur einen ganz kleinen Augenblick hatte Coulbet später den Gedanken gehabt, René Birot könne vielleicht mehr von dem Drama wissen, als alle anderen. Aber das war so absurd, daß er schnell diesen Gedanken vergaß.

Coulbet legte die rote Mappe auf den Tisch zurück, trank sein Weinglas leer und winkte dem Diener, der sofort aus dem Hintergrund kam, um nachzugießen.

»Die Situation ist heute ganz anders«, sagte er gegen seine Überzeugung. Sie ist noch viel gefährlicher, dachte er dabei. Sie steckt voller Explosionen. »Außerdem waren und sind wir im Fall von Claudette nur auf Vermutungen angewiesen. Es ist nicht erwiesen, daß es sich um einen Mord aus Eifersucht handelt. Es kann ein simpler Raubmord gewesen sein, denn als man Claudette fand, hatte sie keinerlei Schmuck mehr an sich. Und sie trug gerne Schmuck. Noch wenige Tage vorher hatte René ihr ein Collier gekauft, das sie dann immer um den Hals hatte. Und Élises Verschwinden könnte man damit erklären, daß sie aus Enttäuschung auf eine andere Insel gezogen ist. Das erfährt man nie.«

»Aber Sie geben sich mit diesen Erklärungen nicht zufrieden, Monsieur Coulbet?!«

»Ein Polizist ist nie zufrieden, wenn es sich um einen ungeklärten Fall handelt.« Coulbet knabberte an einer gefüllten Olive. »Ich habe einen Vorschlag zu machen: Brennen Sie ein Holzscheit am Grill an, Madame, und halten es an die Mappe. Und die Asche blasen Sie in den Wind. Mehr ist das alles nicht mehr wert.«

»Eine vorzügliche Idee!« René griff nach der Mappe, aber Petra war schneller. Sie riß sie an sich und legte sie in ihren Schoß. Fast hilfesuchend blickte Birot zu Coulbet hinüber.

Robert blinzelte ihm zu. Das ist wirklich eine Scheiße, dachte er. So leicht ist Petra nicht zu überreden. Natürlich weiß sie ganz genau, daß ein Raubmörder sein Opfer nicht aufschlitzt und ausbluten läßt. Das war ein Ritualmord!

Und es gibt oder gab auf dieser Insel ein paar Menschen, die davon wußten.

»Wie kann ich mich schützen?« fragte sie ruhig.

Überhaupt nicht, dachte Coulbet. Nur, indem du keinen Fuß mehr aus dem Haus setzt, indem du nie mehr allein weggehst, nie ohne Bewachung bist, Tag und Nacht, dein ganzes Leben lang. Schon ein Rundgang allein durch den Park wäre gefährlich. Dieses Paradies um dich wird zum Gefängnis werden. Am sichersten wäre es, nach Deutschland zurückzufliegen. Dann müßte Birot hier alles verkaufen und irgendwo neu anfangen. Das ist fast unmöglich.

»Vor wem wollen Sie sich schützen, Madame?« fragte er matt.

Sie sah ihn an, mit großen forschenden Augen, und Coulbet war es sehr unangenehm, daß sie jetzt vielleicht dachte: Was bist du doch für ein blöder Hund! Hältst du mich für so dumm?

»Ich werde erst wieder ruhig sein, wenn ich Josephine gesprochen habe«, sagte sie und legte beide Hände auf die rote Mappe in ihrem Schoß. »Es gibt Dinge, die können nur Frauen unter sich aushandeln. Monsieur Coulbet, suchen Sie Josephine für mich? Bitte!«

»Wer kann Ihnen einen Wunsch abschlagen, Madame?« Coulbet winkte dem Diener. Nun hatte er noch einen Wein nötig, um seine Kehle zu kühlen. Ihm war entsetzlich heiß geworden. Um die Ecke rum sitzt sie in ihrem Haus, Petra. Vielleicht hockt sie dort im dunklen Park hinter einem Busch und sieht uns mit brennenden Augen zu. René, du Feigling, sag ihr doch, daß Josephine zum Angreifen nahe ist. »Ich werde mein möglichstes tun«, sagte er kläglich, nachdem der Diener mit der Karaffe wieder zurückgetreten war. »Manchmal hilft einem ein Zufall.«

Um dem Thema zu entfliehen, begann Coulbet witzige Begebenheiten aus seinem Leben zu erzählen, von denen die meisten erlogen waren, denn Polizeibeamter auf Mar-

127

tinique zu sein, hieß, einen ziemlich langweiligen Dienst zu verrichten. Routinearbeit. Die kleinen Gaunereien und Diebstähle – Tagesereignisse – waren wie ein bißchen Butter aufs Brot. Wenn man aber Coulbet jetzt hörte, war Martinique voll von kriminalistischen Erlebnissen, und fröhlichen noch dazu.

Aber es kam keine rechte Stimmung auf. Coulbet merkte es bald, trank seinen Wein aus und verabschiedete sich. René brachte ihn hinaus. Außer Hörweite von Petra blieb Coulbet stehen.

»Ein Glück, daß sie dich so sehr liebt!« sagte er. »Und sie ist ein mutiges Mädchen. Jede andere nähme die nächste Maschine zurück nach Deutschland. Eigentlich müßte man ihr dringend dazu raten.«

»Von dummen Reden habe ich nichts.« Birot wischte sich mit beiden Händen über das Gesicht. »Was kann ich tun?«

»Nichts. Oder weißt du einen Rat, wie man Josephine von ihrem Haß abbringen kann. Vielleicht sollte man wirklich daran denken, Petra mit Josephine unter vier Augen sprechen zu lassen.«

»Das ist völliger Wahnsinn!«

»Also müßt ihr mit der ständigen Angst leben, daß etwas passiert. Wenn du gedacht hast, ich könnte Josephine in Haft nehmen – ausgeschlossen! Es gibt nichts, was man ihr anhängen könnte, um sie zu kassieren.«

»Die Mappe!«

»Beweise, daß sie die Mappe in Petras Zimmer gelegt hat. Und wenn. Ist das strafbar? Noch nicht einmal eine Drohung ist das, wenn man so will. Nur eine Information über einen Vorfall, den du zu feig warst, Petra zu gestehen.«

»Einen schönen Freund habe ich da!« sagte Birot bitter. »Auf wessen Seite stehst du denn?!«

»Auf der des Rechts und der Logik. Beide sind gegen dich.«

»Und die Voodoo-Puppe mit dem Beil im Herzen?!«

»Die ist bestimmt nicht von ihr. Aber da bin ich auf der richtigen Spur.«

»Durch eine Zigarre.«

»So ist es.«

»Idiot!« Birot ging voraus zur Tür und stieß sie auf. »Es ist wirklich ein Wunder, daß bei einer solchen Polizei Martinique nicht ein Gangster-Dorado ist.«

Coulbet blieb in seinem Jeep sitzen, bis Birot die Tür wieder geschlossen hatte und zurück auf der Terrasse sein mußte. Dann fuhr er an, nahm aber nicht die Straße hinunter nach Le Prêcheur, sondern fuhr zur Fabrik und hielt vor dem rosa Haus von Josephine.

Er hielt sich nicht damit auf, anzuklopfen und auf ihr ›Oui?‹ zu warten. Er stieß die offenstehende Tür auf und trat ein.

Das erste, was er sah, war Josephine, die ihr Gesicht über einer Waschschüssel wusch und erschrocken hochfuhr, als die Tür gegen die Wand knallte. Das Wasser in der Schüssel war rot. Das Nasenbluten hatte zwar aufgehört, aber aus dem Riß in der Stirnhaut, gleich unter dem Haaransatz, sickerte noch immer Blut.

Coulbet trat schnell näher, warf einen Blick in das rote Wasser und setzte sich Josephine gegenüber auf die Bettkante. Sie warf ein Handtuch über die Schüssel und hockte sich in ihren Lieblingssessel aus Rohrgeflecht.

»Ich brauche gar nicht zu fragen, was passiert ist«, sagte Coulbet spöttisch. »Du bist natürlich ausgerutscht und hingefallen.«

»So war es«, antwortete sie. »Sie wissen doch: Die meisten Unfälle geschehen zu Hause.«

»Und du bist mit der Stirn bestimmt gegen die Kante geschlagen. Gegen welche?«

Sie merkte die Falle und lächelte schwach. »Nicht gegen eine Kante, nach vorn gegen die Wand. Voll mit dem Gesicht.«

»So ein Pech!«

»Die Nase blutete, und am Kopf habe ich einen Riß.«

»Zeig mir mal die Stelle an der Wand.«

»Dort.« Josephine zeigte wahllos auf die Wand neben dem Bett, auf dem Coulbet saß. »Es gibt keine Blutspuren. Ich habe die Wand natürlich sofort abgewaschen.«

»Natürlich. Du bist ja ein bekannt sauberes Mädchen!« Er stand auf, nahm das Handtuch vom Waschbecken, tupfte ihr das Blut aus der Rißwunde und untersuchte sie. »Hast du ein Pflaster da?«

»Nein.«

»Ich hole den Verbandskasten aus dem Auto.« Coulbet lief aus dem Haus, nahm den tropensicheren Stahlkasten und kehrte zurück. Josephine hockte noch immer im Sessel, als habe sie sich nicht bewegt. »Jetzt bekommst du ein attraktives Pflaster«, sagte er. »Hoffentlich bleibt keine Narbe zurück. Dann mußt du dir die Haare drüberkämmen.«

»Warum tun Sie das, Monsieur le Commissair –« fragte sie und hielt die Stirn hin, damit Coulbet sie verpflastern konnte. Sie sagte wie Jules Tsologou Totagan, ihr Onkel, Monsieur le Commissair, und das war, so dachte Coulbet jetzt, nicht die einzige Gemeinsamkeit zwischen ihnen.

»Ich hoffe, daß ich mit dir einmal vernünftig reden kann. Du bist doch ein kluges Mädchen.«

»Sie kommen von ihm?« Sie zuckte nicht zusammen, als er die Wunde etwas zusammenzog und dann das Pflaster drüberklebte. Ihre großen schwarzen Augen glitzerten, als seien sie noch feucht von Tränen. »Ich will nichts hören.«

»Von René will ich auch nichts sagen. Ich habe einen Auftrag auszuführen, ein Versprechen einzulösen.« Coulbet klappte den Verbandskasten zu, warf ihn hinter sich aufs Bett und setzte sich Josephine gegenüber in einen anderen Sessel.

»Was haben Sie versprochen, Monsieur le Commissair?«

»Dich zu suchen. Das konnte ich leicht versprechen. Ja, und wenn ich dich gefunden habe...« Er räusperte sich. »Sie will mit dir sprechen.«

»Wer?«

»Frag nicht so dumm...«

»*Sie?!*« Ihre Augen weiteten sich noch mehr. »Sie will mit *mir* sprechen? Will sie nicht mehr leben?!«

»Um das zu verhindern, werde ich in der Nähe sein.«

»Wenn sie vor mir steht, können Sie nichts mehr verhindern, Monsieur.«

»Damit wäre auch dein Leben zu Ende, Josephine.«

»Ich habe kein Leben mehr.« Sie stand auf, ging zu einem Kühlschrank, holte Rum und Fruchtsaft heraus, mixte einen Drink und gab auch Coulbet ein Glas davon in die Hand. »Ich habe aufgehört, Josephine Cadette zu sein, als sie vom Schiff an Land ging. Ich stand versteckt hinter einem Schuppen und habe sie angesehen. Und dabei bin ich gestorben. Was man verurteilen und einsperren wird, Monsieur, bin nicht mehr ich. Eine Hülle. Ich gönne sie euch!«

»Du legst jetzt also vor mir ein Geständnis ab, daß du Madame töten willst?!« sagte Coulbet gepreßt.

»Nein.« Sie schüttelte den Kopf und trank ihr Glas halb leer.

»Was soll das heißen?«

»Nur, wenn ich ihr gegenüberstehe. Wenn ich in ihre verdammten blauen Augen blicke, wenn ich ihr goldenes Haar sehe! Kann man mich verurteilen, wenn ich wahnsinnig werde?« Sie lächelte schwach über den Glasrand zu Coulbet hin. »Sonst werde ich geduldig sein, weil ich weiß, daß sie Schritt für Schritt ins Verderben geht.«

Die Hoffnung auf die Fluchkraft des Voodoo, dachte Coulbet grimmig. Es fügt sich alles logisch zusammen: Josephine, ihr Onkel Jules, der Voodoopriester, der Fetisch auf dem Schiff und wer weiß, was noch alles kommen wird. Nur beweisen muß man es können! Und selbst dann wird ein normal denkender Richter sagen: Das ist doch alles fauler Zauber! Eingeborenen-Zirkus! Wer will ihm das übelnehmen?

Coulbet erhob sich, stellte sein Glas weg und klemmte den Verbandskasten unter den Arm. »Mein Auftrag ist erfüllt!« sagte er. »Deine Antwort habe ich auch nicht anders erwartet. Nur, Josephine...«

»Ja, Monsieur?«

»Madame steht unter meinem Schutz.«

»Er wird ihr nicht helfen.«

»Hoffe nicht auf deinen blödsinnigen Voodoo.«

»Was ist Voodoo, Monsieur?«

Das war der Gipfel. Coulbet atmete tief aus, schüttelte den Kopf und verließ das Haus. Josephine folgte ihm bis zum Jeep, und als er den Motor anließ, sagte sie:

»Danke.«

»Wofür?«

»Für das Pflaster.«

»Wo hast du Zeitungsausschnitte her?«

Es war wie ein Schuß, aber er ging an Josephine vorbei. Mit Überrumpeln hatte Coulbet in letzter Zeit wenig Glück.

»Zeitungsausschnitte? Wieso, Monsieur le Commissair?« Ihre Stimme klang wirklich, als käme sie aus tiefstem Erstaunen.

»Schon gut!« Coulbet winkte ab. Völlig sinnlos, hier weiterzubohren. Reagierten diese Kreolen nicht sofort, kann man sie später zerreißen, sie schweigen. Bei Verhören hatte er das immer wieder erlebt. Sie gaben nur zu, was man ihnen lückenlos beweisen konnte. Die winzigste Unklarheit erzeugte nur ein mildes Lächeln.

»Ich warne dich, Josephine«, sagte Coulbet und hieb wütend den Gang ein. »Du weißt nicht, was wir schon wissen.«

Das war ein Bluff, aber Coulbet fand ihn gut und sehr nachwirksam. Er ließ die Kupplung los und schoß davon, Josephine dabei mit einem Schwall von Dreck bespritzend.

Bataille hatte nicht damit gerechnet, daß der Maler Aubin, als er gestern so leichthin sagte: »Wir kommen wieder, um zu malen!« auch im Ernst gesprochen hatte. Er saß im Funkraum und sprach gerade wieder mit seinem geheimnisvollen Kontaktmann an Land, als Marie Lupuse hereinkam und giftig sagte:

»Dein rotes Kaninchen ist wieder da. Diesmal mit Staffelei, Leinwand und Pinseln. Wenn du dich nicht ganz dumm anstellst, kannst du sie vielleicht anmalen. Linke Brust Sonne, rechte Brust Mond und unten der Abendstern.«

Bataille winkte ab, sagte ins Mikrofon: »Das kann alles nur ein Zufall gewesen sein. Nur die Ruhe bewahren. Wenn sich das mehrmals wiederholt, ist noch Zeit genug, sich Gedanken zu machen. Das war bestimmt nur ein Zufall«, und schaltete dann den Funk ab.

»Jeanette ist an Bord? Und Jean auch? Dann zieh mal deinen Tanga an und wackele mit dem Hintern.«

Er ging hinauf an Deck und sah das kleine gemietete Motorboot schon an der Heckleiter liegen. Aubin band es gerade fest. Jeanette saß auf der Sonnenmatte, barbusig, nur mit einer Winzigkeit von Stoff bekleidet.

»Roger, da sind wir!« rief Aubin fröhlich. »Keinen Schreck, wir stören euch nicht! Ich baue nur meine Staffelei auf, und dann ist die Welt für mich gestorben, bis auf mein Motiv. Ich habe auch schon eine Idee, wie das Bild sein soll. Stell dir vor, ich habe es fertig im Traum gesehen!«

»Das vollkommene Genie!« sagte Jeanette bissig.

Sie war wütend. Aubin hatte sie am Abend allein gelassen mit der fadenscheinigen Erklärung, der Gouverneur der Insel habe ihn gebeten, sich vorzustellen, man habe von dem Ersten Preis gehört und man sei erfreut, einen großen Künstler auf Martinique begrüßen zu können, und was man so alles sagt, wenn man sehr höflich sein will, wie Franzosen nun mal sind.

Jeanette glaubte ihm davon kein Wort. Sie hatte sich grollend bei Madame Laplasse absetzen lassen, mit Madame gegrillten Fisch und Muscheln in Knoblauchsoße gegessen, war dann auf ihr Zimmer gegangen und hatte in den Garten hinausgestarrt.

Jetzt gehe ich in die Stadt und mache die Bars unsicher, dachte sie wütend. Ich habe zwar nur noch 127 Francs, damit kann man nicht viel anfangen, aber ein Mädchen wie ich braucht kein Geld, um sich zu amüsieren. Da genügt es, einfach in solch einen Schuppen hineinzugehen. Alles andere läuft von selbst.

Aber sie blieb im Zimmer hocken. Verdammt, was ist mit mir los, dachte sie und hätte sich ohrfeigen können. Ich bin verliebt! Knatschverliebt in diesen Typ von unbegabten Maler! Das ist doch total bescheuert, Jeanette! Behämmert ist das doch!

Sie wartete verbissen in ihrem Zimmer, daß Aubin doch noch anrief.

Als endlich das Telefon klingelte – es war weit nach 22 Uhr – riß sie sofort den Hörer hoch, sprach aber so, als fühle sie sich sehr gestört.

»Ja, bitte?«

»Ich bin wieder zurück und zu haben!« sagte Aubin fröhlich.

»Um diese Zeit nicht mehr!«

»Für das Nachtleben auf Martinique ist das früher Vormittag. Es gibt hier ein Striptease-Lokal mit exquisiten Darbietungen. Der große Star soll Blanche Larmatain heißen. Eine kreolische Schönheit, heiß wie 85prozentiger Rum.«

»Viel Vergnügen!« sagte Jeanette giftig. »Verbrennen Sie sich.«

»Schade.« Aubin schien wirklich enttäuscht. »Dann bis morgen früh, Jeanette. Um zehn Uhr stehe ich wieder vor der Tür.«

Er legte auf, und auch Jeanette warf den Hörer weg. Du bist ein Rindvieh, sagte sie sich. Eine sture Kuh! Es wäre bestimmt eine schöne Nacht geworden. Aber du willst ja nicht. Du willst dich nicht verlieben! Blöde Gans.

Am nächsten Morgen pünktlich um zehn wartete Aubin vor dem Haus, begrüßte Madame Laplasse, umarmte Jeanette mit großer Geste, zog sie an sich und küßte sie auf den Mund. Das geschah so selbstverständlich, daß sie eine Weile brauchte, bis sie fragte: »Was war denn das?!«

»Du kennst das nicht?« rief Aubin überschwenglich. »Dann noch mal!« Er zog sie wieder an seine Brust, küßte sie erneut, und diesmal länger und spürte, wie ihre Muskelanspannung, ihre innere Abwehr plötzlich nachließ und erschlaffte. Unter diesem Kuß öffneten sich ihre Lippen. Tief atmend gab Aubin sie frei. »Was, daran kann man sich gewöhnen?« sagte er fröhlich.

Sie wischte mit dem Handrücken über ihren Mund, als habe sie etwas Klebriges an den Lippen, und ihre Augen verengten sich. »Bilde dir bloß nichts ein!« zischte sie und riß die Autotür auf. »Für mich ist das ohne Bedeutung.«

Als sie später mit dem Boot hinaus in die Bucht von Fort de France tuckerten und sie wieder vor Aubin auf dem Vorderdeck lag, sagte sie, sich auf den Bauch wälzend und ihn über den Rand der Sonnenbrille anblickend: »Wie ist das eigentlich?! Gestern war der erste Tag! Laut Abmachung bekomme ich dafür dreißig Francs. Um keine Unklarheiten aufkommen zu lassen: Ich bin für Tageskasse! Cash in die Hand. Heute abend sind also 60 Francs fällig! Hast du die überhaupt?«

»Das Taschengeld, das zum Ersten Preis gehört, reicht aus.«

»Wovon lebst du eigentlich in Marseille? Doch von deinen Bildern nicht? Wer soll die denn kaufen?«

»Das Erkennen eines Genies bedarf der Zeit, oder es kommt spontan. Ich male Schilder, zeichne Karikaturen für die Zeitungen, Urkunden für Jubiläen. Man lebt so dahin. Aber das ändert sich. Wenn ich erst mein Gemälde *Karibik-Träume* mit dir als Vordergrund ausstelle, wird der internationale Kunsthandel bei mir Schlange stehen.«

»Bestimmt. Aber, um meine Adresse zu erfahren.«

Sie blieb eine Giftnudel! Aubin verzichtete auf eine weitere Diskussion, ließ das Boot mit Vollgas ins Wasser tauchen, spritzte Jeanette dadurch völlig naß und begann zu singen, als sie wild zu schimpfen begann.

In einer solchen Stimmung kletterte Jeanette jetzt an Bord der *Carina II* und ließ es über sich ergehen, daß auch Bataille sie umarmte und ihr einen Kuß gab, allerdings auf die Wange. Aubin war da weniger gesellschaftlich, er schmatzte Marie Lupuse auf die vollen Lippen und freute sich, daß Jeanettes Gesicht deutlich ihre Wut und ihre Eifersucht widerspiegelte.

An diesem Vormittag mußte Aubin viermal unter Deck. »Ich muß mir die Blase erkältet haben!« erklärte er Bataille besorgt. »Verrückt, bei dieser Hitze, was? Aber das sind die verdammten Klimaanlagen in den Hotels und Restaurants ... Rein aus der Hitze in die Kälte, raus aus der Kälte in die Hitze. Wer das nicht gewöhnt ist...«

Bei seinen Toilettengängen zeigte Aubin ein ausgesprochen schlechtes Orientierungsvermögen. Viermal irrte er durch das Schiff, ehe er endlich das WC entdeckte, und einmal war er mit verzweifeltem Gesicht auf der Suche, als Bataille gerade im Funkraum ein neues Gespräch mit seinem Kontaktmann an Land hatte. Aubin fing nur ein paar Worte und Satzfetzen auf... »...ist das auch sicher...« – »...ja, morgen...« – »...das ist hervorragend...«, mit denen er im Augenblick wenig anfangen konnte. Auf jeden Fall aber sprach Bataille mit jemandem auf Martinique, und das ist für einen Jachttouristen, der angeblich zum ersten Mal nach Martinique gekommen ist, sehr ungewöhnlich. Auch daß Bataille und Marie nicht an Land gingen, konnte man nicht ganz normal nennen.

Aubin malte bis gegen 14 Uhr die nackte Jeanette vor der Kulisse von Martinique. Mit einigem Wohlwollen konnte man das erkennen. »Es ist eine ganz moderne, eigenwillige Auffassung!« erklärte er, nachdem Jeanette bei einer Unterbrechung gesagt hatte: »Das ist ja scheußlich! Ich sehe aus wie ein Kretin!«

Marie dagegen fand das Bild gut, weil die Landschaft besser getroffen war als die Frau. Jeanettes Brüste waren ungleichmäßig, die Hüften zu ausladend, die Oberschenkel zu dick, ungemein markant war nur das magische Dreieck: ein riesiger rotbrauner Klecks. Maßlos übertrieben.

Es war später Nachmittag, als Aubin sich endlich seufzend zurücklehnte und die Palette weglegte. Jeanette zog sich an. Modellstehen ist Schwerarbeit, dachte sie. Bei einem Maler. Im Fotoatelier hat man es leichter, da wird oft aus der Bewegung heraus fotografiert, da braucht man nicht stur in einer Haltung zu verharren. Aber hier, dastehen und dösen. Und heraus kommt ein Bild zum Haareraufen.

»Kommen Sie morgen wieder?« fragte Bataille zum Abschied. Er hatte sich das anders gedacht, nicht so ernsthaft. Er hatte sich darauf vorbereitet, ein kleines Wechselspiel zu veranstalten, aber Aubin war nicht bereit, Jeanette gegen Marie einzutauschen. Er malte verbissen und überhörte alle Andeutungen.

»Wenn ich darf?« fragte Aubin naiv. »Ich könnte jetzt auch aus dem Gedächtnis weitermalen, aber es geht nichts über das unmittelbare Erlebnis. Über das lebendige Auge. Ich bin einer der letzten Expressionisten. Nur in moderner Form... das ist das Neue. Verstehen Sie das, Roger?«

»Nein, um ehrlich zu sein.«

»Macht nichts.« Aubin war umwerfend jungenhaft.

»Wollen Sie wirklich übermorgen weiter nach Barbados?«

»Ja.« Bataille beugte sich über die Reling und winkte Jeanette zu, die schon wieder auf der Matte lag. Aubin kletterte die Badeleiter hinunter. »Nehmen Sie mein Angebot an, Jeanette? Kommen Sie mit?«

»Das entscheidet sich morgen, Roger! Morgen sage ich Ihnen Bescheid.« Sie warf Bataille ein paar Kußhände zu, was Aubin für reichlich blöd hielt. Er band sein Boot los, startete es und gab Vollgas. Wie abgeschossen jagte es in die Bucht hinaus. Jeanette klammerte sich irgendwo fest und konnte erst loslassen, als Aubin bei der kleinen Insel Gros Ilet in der Baie de Génipa vor Trois-Ilets das Tempo drosselte.

»Du Verrückter!« schrie sie. »Wenn ich nun über Bord gefallen wäre?«

»Abkühlung täte dir gut!« sagte Aubin finster.

»Gibt es hier keine Haie?!«

»Ich weiß nicht. Und wenn, würde der dich auch wieder ausspucken!« Er stellte den Motor auf Leerlauf und ließ das Boot treiben. »Warum hältst du Roger bis morgen hin? Du weißt doch, daß du mit ihm übermorgen losfährst! Hast du sein Bett gesehen? Ach nein, du warst ja nicht unter Deck! Ein Riesenbett, und überall Spiegel. An den Wänden, an der Decke...«

»Toll!«

»Wenn das so ist, bringe ich dich sofort zurück zu ihm.«

Jeanette drehte sich wieder auf den Bauch und kroch näher zu Aubin hin. Ihre Gesichter waren nahe voreinander, und Aubin hatte große Lust, ihren Kopf zu packen und sie so lange zu küssen, bis sie erstickte.

»Was ist eigentlich mit dir los?« fragte sie. »Du bist doch kein Maler.«

»Wieso?« Aubin schnaufte durch die Nase.

»Ich habe in Lyon einen Neffen, der ist neun Jahre alt. Der malt besser als du.«

»Mein eigener Stil, meine eigene Linie ... Die muß erst erkannt werden. Das dauert natürlich etwas. Das beste Beispiel bist du: Du hast kein Gefühl für künstlerisches Sehen.«

»Irgend etwas stimmt mit dir nicht«, sagte sie nachdenklich. »Du redest zwar immer so blöd daher, aber du bist nicht blöd.«

»Danke. Das tut gut.«

»Ich fahre nicht mit Bataille nach Barbados. Ich will erst wissen, wer du bist. Wenn du ein Maler bist, bin ich die Wiedergeburt von Marilyn Monroe.«

»Die Monroe war blond«, sagte Aubin berichtigend. »Insofern stimmt der Vergleich nicht.«

»Ich kriege es noch raus!« sagte sie, legte ihr Bikinioberteil wieder ab und wälzte sich auf den Rücken. »Die Idee mit dem Maler war schlecht, Jean. Man sollte wenigstens den Pinsel richtig halten können.«

Es wurde eine fabelhafte Nacht zwischen Jean und Jeanette. Sie verbargen ihre Liebe nicht mehr voreinander, tanzten bis zum Morgen und waren einfach nur glücklich.

Nur eines änderte sich nicht: Aubin blieb dabei, ein Maler zu sein.

Alice Anamera, das Mädchen mit den langen schwarzen, seidigen Haaren, den Augen wie glühende Kohlen und mit dem Gang einer Gazelle.

Wie jeden Tag schleppte sie ihren großen Blumenkorb hin und her. Von den Anlegestellen der Baie des Flamands bis zu den Piers im Hafen von Baie du Carénage, brachte sie die schönsten Blumen, die es hier gab. An diesem Tag kamen zwei Schiffe herein, eines aus Trinidad und eines aus St. Croix. Es waren fröhliche Touristen, die meisten Amerikaner, ein paar Franzosen, Holländer und auch Deutsche, und Alice machte ein gutes Geschäft, mußte aus dem Schuppen Nachschub holen und verkaufte fast drei Körbe voll.

Von Bord des Schiffes aus Trinidad war auch Pierre Murat gekommen. Er hatte seine dort verheiratete Schwester besucht, war notgedrungen vierzehn Tage solide gewesen, fühlte sich jetzt unbändig ausgeruht und freute sich auf seine alte Insel und auf zwei seiner jungen Landarbeiterinnen.

Murat war ein Farmer. Seine Zuckerrohrplantage und seine Ananasfelder lagen bei Vert-Pré im Osten der Insel, er war ein erfolgreicher, wohlhabender Mann, der nach dem Krieg Frankreich verlassen hatte und nach Martinique gekommen war. Damals war er zweiundzwanzig Jahre alt gewesen, heute war er zweiundfünfzig. Sein Vater hatte ihm einen großen Teil seines Erbes schon vorzeitig mit auf den Weg gegeben, und dafür hatte Pierre Murat zugunsten seiner Geschwister auf seinen Anteil an der Maschinenfabrik in Orléans verzichtet.

Das Geld legte er gut an. Er versoff es nicht, er gab es nicht für Frauen aus. Er kaufte auf Martinique die heruntergekommene Plantage bei Vert-Pré, schuftete jahrelang wie ein Kuli, bis sein Land guten Gewinn abwarf. Geheiratet hatte er nie, wozu auch? Die schönsten Mädchen wuchsen ihm zu wie seine Zuckerrohre und Ananas, die Töchter seiner Landarbeiter, Kreolinnen mit der ganzen Glut ihrer Rasse. Er war das, was man aus alter Kolonialzeit kannte: Der *Herr*, der unanfechtbare Patron, der Alleinherrscher in seinem Reich. Und so benahm sich Pierre Murat auch.

Nun stand er auf der Pier, sah sich zufrieden um und wollte zu dem Schuppen gehen, in dem er seinen Wagen untergestellt hatte, als sein Blick Alice Anamera erfaßte. Er sah sie, obgleich er oft im Hafen zu tun hatte, zum erstenmal bewußt und war hingerissen von ihrer jungen

Schönheit. Er winkte ihr, sie kam mit dem halbleeren, letzten Blumenkorb zu ihm und strahlte ihn an. Murat spürte ein unbändiges Begehren.

»Sie möchten Blumen, Monsieur?« fragte sie. »Die schönsten Blumen von Martinique.«

»Das kann man wohl sagen.« Murats Stimme war rauh. Er starrte auf Alices Brüste und bekam einen trockenen Hals. »Ich nehme alles.«

»Den halben Korb, Monsieur?«

»Hast du noch mehr?«

»Nein, das sind für heute die letzten.«

»Gekauft!« Murat machte eine weite Handbewegung. »Da hinten steht mein Wagen. Bring mir die Blumen hin. Ich gehe schon voraus.«

Mit festen Schritten eilte er auf seinen stämmigen Beinen zum Schuppen, stieß die Tür auf, ließ Alice eintreten und warf die Tür hinter ihr sofort wieder zu. Es war dämmrig in dem kahlen Raum, muffig roch es, und Murat atmete schwer.

»Wo sollen die Blumen hin, Monsieur?« fragte Alice mit kleiner Stimme. »Am besten auf den Hintersitz.«

»Die Blumen!« Murat griff zu. Er riß Alice den Blumenkorb aus den Händen, knallte ihn auf den Kofferraumdeckel und zog den Kopf in die Schultern. Wie Eisenklammern schlossen sich seine Finger um Alices Brüste, mit einem Ruck riß er das leichte Kleid herunter, zerfetzte den dünnen Stoff und drängte gleichzeitig mit seinem starken Leib Alice gegen das Auto.

Sie wehrte sich verzweifelt, stieß mit dem Kopf nach ihm, aber Murat ließ nur ein tiefes Knurren hören. Gegen seine Kraft kam sie nicht an, und als er sie packte und mit seinem Leib über die flache Kühlerhaube drängen wollte, begann sie hell zu schreien.

»Was ist denn?« sagte Murat stoßweise atmend. »Du kleine kreolische Hure wehrst dich? Als ob ihr es nicht alle lieber hättet als süße Schlagsahne! Zier dich nicht, du wildes Aas. Das bist du doch gewöhnt, das machen sie doch alle mit dir.«

Als Alice weiterschrie und sich wehrte, schlug Murat zu. Er brauchte nur zwei Schläge, bis Alice halb betäubt war und wehrlos über dem Wagenkühler hing.

»Na also«, keuchte Murat. »Warum nicht gleich so? Das ist die Sprache, die ihr versteht.«

Nach einer halben Stunde fuhr Murat aus dem Schuppen und entfernte sich schnell nach Norden. Alice lag ohnmächtig an der Wand auf dem festgestampften Boden, den Körper übersät mit Bißwunden, als habe ein wilder Hund sie angefallen. Auf ihre Stirn hatte Murat, mit ihrem eigenen Blut, hundert Francs geklebt, und die Blumen hatte er genommen und über ihren geschändeten Leib gestreut.

Ein Hafenarbeiter brachte sie später auf dem Rücksitz seines Motorrades nach Le Diamant, zur Drogerie ihrer Tante Danielle Paquier.

Es gab wenig auf dieser Welt, was Mamissi Wata Danielle Paquier erschüttern konnte. Das aber, was man mit ihrer Nichte Alice getan hatte, zog wie ein Brand durch ihren massigen Körper.

Sie wusch die Bißwunden aus, strich eine ihrer geweihten Salben darüber, deckte alles mit frischen Blättern eines Strauches ab, den nur Mamissi kannte, und ließ Alice sich erst einmal ausweinen. Dann schlief das Mädchen voll Erschöpfung ein, und Mamissi Wata ging in der Nacht noch hinunter zum Meer und opferte der Meeresgöttin geweihte Muschelketten und lief, den magischen Dreizack in den Händen, am Strand entlang und rief nach Mami, der helfenden Nixe. Aber es kam keine Antwort von der Wassergöttin. Schwankend kam Mamisse Wata Danielle Paquier zurück ins Haus, setzte sich zu Alice ans Bett, starrte sie unentwegt an und wußte, daß sie von jetzt nur mit dem Ziel leben würde, den Schänder ihrer Nichte zu bestrafen.

Vier Tage lang beschwor sie die Voodoo-Götter, bestrich ihren massigen Körper mit Kaolin, warf sich in die Wellen des Meeres, opferte der Nixe Mami, die als sehr eitel gilt, teure Parfums, duftenden Puder und süßen Likör, aber auch in Trance erfuhr sie nicht, wer Alice so Grausames angetan hatte.

Erkundigungen ergaben nichts. Der Schuppen war für vierzehn Tage an einen Weißen vermietet worden, der seinen Namen nicht genannt hatte, und weil er im voraus bar bezahlte, fragte der Besitzer des Schuppens, ein Neger, auch nicht danach. Auch den Wagentyp konnte niemand nennen, und Alice erinnerte sich nur daran, daß das Auto blau gewesen war.

Am fünften Tag überwand sich Mamissi Wata, der Nichte zuliebe, und schickte einen Boten zu ihrem Erzfeind Jules Tsologou Totagan.

Jules kam sofort mit seinem Wagen, begrüßte Mamissi Wata mit größter Höflichkeit und sagte: »Gratuliere, Danielle. Seit dem letzten Mal hast du sicherlich hundert Gramm abgenommen.«

»Und du siehst jetzt aus wie ein faltiger Affe!« antwortete sie. »Nein, welch häßliche Menschen es doch gibt!«

Dann lächelten sie sich an und freuten sich über den guten Kontakt, den sie wieder zueinander gefunden hatten. Man muß nur die richtigen Beleidigungen finden.

»Ich weiß, worum es geht«, sagte Jules mit ernster Miene und gab Alice einen Kuß auf die Stirn. »Der Bote hat es genau erzählt. Was soll geschehen? Ich habe alles bei mir.«

Er öffnete den Kofferraum. Er war voll mit Geräten und Voodoo-Puppen, mit Fetischen und Ketten und bemalten Steinen. Auf dem Rücksitz des Wagens stand ein Käfig mit einem dicken Hahn, daneben lag, die Beine zusammengebunden, ein Zicklein.

»Den Namen will ich wissen, wo er wohnt.«

»Und dann?«

»Was dann?!« Mamissi Wata hatte ein fast versteinertes Gesicht. »Sterben soll er.«

»Wir werden ihn finden, Danielle«, sagte Jules und blickte über das Meer. »Aber ich habe eine Bedingung.«

»Wieviel Geld willst du, du Gauner?«

»Kein Geld, im Gegenteil: Ich will dir den Mann abkaufen. Wieviel verlangst du?«

»Ich schenke ihn dir!« Mamissi Wata atmete so schwer, daß ihr ganzer unförmiger Körper eine einzige Bewegung war. »Aber nur, wenn du ihn tötest.«

Jules nickte mehrmals, hob seinen Voodoo-Stab an die Lippen und küßte ihn. »Ich habe da eine große Aufgabe«, sagte er fast feierlich. »Ich brauche ein Menschenopfer.«

7

Die *Carina II* lag auch nach fünf Tagen noch immer in der weiten Bucht von Fort de France.

Bataille hatte einige sehr unangenehme Stunden hinter sich, nicht nur mit Marie, die fast hysterisch wurde, weil Jean Aubin nicht mehr an Bord gekommen war, wofür sie Bataille verantwortlich machte – auch die Funkgespräche, die er von Land aus entgegengenommen hatte, waren alles andere als erfreulich. Sie zwangen ihn einfach, seine Pläne zu ändern und die Weiterfahrt nach Barbados zu verschieben.

Marie gegenüber gab er lahme Erklärungen ab. Daß Aubin nicht wiederkam, wunderte selbst ihn. »Vielleicht ist er krank geworden?« sagte er. »Das ungewohnte Klima. Kommt aus Marseille hier in die Tropen und setzt sich sofort vor die Staffelei in die Sonne. Da nutzt auch so eine dumme Schirmmütze nichts. Er ist bestimmt krank. Sonnenstich. Er ist ein Typ dafür.«

Daß Aubin nicht krank war, erfuhr Bataille erst am vierten Tag, und da wunderte er sich schon maßlos über einige unerklärliche Dinge.

Kommissar Coulbet hatte nach dem abendlichen Besuch bei Josephine und ihrem unglaubwürdigen Unfall mit den Gesichtsverletzungen das Bedürfnis, noch einmal mit Jules Totagan zu sprechen und ihm eine Zigarre aus dem Kistchen anzubieten, das er aus der Bar des Schiffes von San Juan geholt hatte. Jules damit zu überführen, sah auch Coulbet als unmöglich an. Seine Zeugen fielen nie um, sein Alibi war nicht zu brechen, aber es sollte für ihn eine Warnung sein, Petra und die Rache seiner Nichte aufzugeben. Ich bin dir auf den Fersen, sollte es heißen. Hinter deinem Rücken stehe ich und blicke dir über die Schulter.

Schon am nächsten Morgen fuhr Coulbet in die Wildnis von Montagne Sainte Croix, aber Jules war nicht in seiner Hütte. Von einem alten Weib, das ab und zu die Hütte säuberte, erfuhr er, daß Totagan nach Grand'Rivière gefahren sei, oder nach Macouba, auf jeden Fall war er nicht da.

Coulbet mißachtete das Gesetz, betrat die Hütte und stand eine Weile sinnend im *heiligen Raum*, der durch eine schwarz gestrichene Tür von dem großen Alltagszimmer getrennt war. An den Wänden hockten die geschnitzten Puppen der Totenseelen, die grotesk bemalten Fetische der Wächter gegen die bösen Geister, die Legbas-Fetische, staken die handgeschmiedeten Ritualeisen für die Opfergaben an die Götter im Lehmboden, standen die Tongefäße mit den Breien, Wurzeln und gebleichten Tierknochen, hingen die halbfertig geschnitzten Fetische an den Wänden, die erst ihre wirkliche Form erhielten, wenn man wußte, wen sie darstellen sollten.

Coulbet nahm eine der Puppen von der Wand und betrachtete sie näher. Man sollte sie mitnehmen und mit dem Holz vergleichen, aus dem die Puppe geschnitzt worden ist, die auf dem Bett in Petras Kabine gelegen hatte. Aber war das ein Beweis? Die gleichen Bäume wie auf Martinique wuchsen auch auf Puerto Rico, und einen heimlichen Voodoo-Kult gab es überall in der Karibik.

Unzufrieden mit sich selbst hängte Coulbet den Fetisch wieder an den Nagel in der Wand und verließ die Hütte. Draußen werkelte das alte Weib herum, erwiderte seinen Gruß nicht, als er zum Jeep ging, aber als er abfuhr, blickte sie ihm böse nach.

Den Rückweg nahm Coulbet wieder über die holprige, alte Straße und die Holzfällerwege am Piton Marcel. Es war um die Mittagszeit, ein heißer Tag, aber hier in den mit Urwald überwucherten Felsen und Schluchten war es etwas kühler. Nach einer durchrüttelnden Fahrt sah Coulbet endlich die primitive Hütte aus Baumstämmen und Palmblättern, und im stillen bewunderte er André Casarette, der nun über ein Jahr in dieser Wildnis lebte, den Mont Pelée beobachtete, den Vulkan abhorchte wie ein Arzt mit einem Stethoskop das Herz und sich in den Berg wühlte, um Gesteinsproben zu untersuchen. Dazu gehörte wirklich Idealismus und eine übergroße Liebe zum Beruf des Geologen.

Casarette war nicht in seiner Hütte. Coulbet rief seinen Namen, hupte dann mehrmals, aber niemand zeigte sich. Er hämmert wieder in seinem Schacht herum, dachte Coulbet, stieg aus und setzte sich vor die Hütte auf einen Bauklotz. Er konnte sich gut vorstellen, daß ein Mann, der hier leben muß, am Abend seine Einsamkeit im Rum ertränkt.

Überhaupt war es erstaunlich, daß André Casarette seit einem Jahr hier völlig allein lebte. Jeder andere, Coulbet eingeschlossen, hätte sich aus dem großen Angebot hübscher, aber armer Kreolinnen ein Mädchen ausgesucht und mit in den Wald genommen. Es gab genug, die mit ihm gegangen wären, weg aus der Enge des kleinen hölzernen Elternhauses, in dem man mit zehn oder mehr Geschwistern leben mußte. Casarette aber war allein geblieben. Vielleicht macht einen die ständige Beschäftigung mit Steinen zum Sonderling?

Coulbet saß schon eine Viertelstunde auf dem Hauklotz, als er aus der Hütte, durch die offen stehende Tür, ein merkwürdiges Quäken hörte. Er legte den Kopf etwas zur Seite und lauschte angestrengt. Klingt wie ein Funksprechgerät, dachte er. So 'n Blödsinn, was soll Casarette mit einem Funkgerät? Wen will er denn anfunken?

Aber das Quäken blieb. In kurzen Abständen kam es immer wieder. Coulbet stand auf, ging zur Hütte und steckte den Kopf hinein. Da war es wieder. Und jetzt war es sogar zu verstehen: »Hallo! Melden! Hallo! Melden! Hallo...«

Coulbet stieß einen verwunderten Pfiff aus. Er hat tatsächlich ein Funkgerät. Sieh an! Und da ist jemand irgendwo in der Umgebung, der Casarette dringend sprechen will. So ganz weg von der Welt ist er also nicht.

In Coulbet erwachte der polizeiliche Jagdeifer. Er rief noch einmal laut Casarettes Namen, obgleich er wußte, daß ihm keiner antworten würde, es beruhigte sein Gewissen. Dann betrat Coulbet die Hütte, betrachtete das kleine Gerät, das offensichtlich sonst im Boden versteckt war und betätigte den Knopf, der umschaltete auf Sendung.

»Ja«, sagte Coulbet. »Ich höre. Was ist los?«

Er schaltete wieder auf Empfang, aber der Gesprächspartner schwieg. Er mußte beim Klang der fremden Stimme sofort ausgeschaltet haben. Das war mehr als merkwürdig. So reagiert nur jemand, der etwas zu verbergen hat. Coulbet wackelte nachdenklich mit der Nase, kratzte sich dann den Nasenrücken, ging wieder ins Freie und setzte sich zurück auf den Hauklotz.

Das sollte man im Auge behalten, dachte er. Vor allem sollte man die Frage klären: Wer steht mit Casarette in Verbindung? Wozu hat er ein Funkgerät? Er könnte es brauchen, um rechtzeitig Alarm zu geben, wenn der Berg unruhig wird. Eine Katastrophe wie 1902 in St. Pierre sollte sich nicht wiederholen. Aber dann war Casarettes Gesprächspartner das geologische und vulkanologische Institut von Martinique. Dort aber würde nie jemand das Gespräch so abrupt abbrechen. Und dann müßte er das Gerät auch nicht verbergen.

Nach einer halben Stunde kam Casarette aus dem Stollen heraus. Er war mit grauschwarzem Steinstaub überzogen und kaum noch erkennbar. Dabei hustete er erbärmlich und sich krümmend. Er breitete weit die Arme aus, holte ein paarmal tief Luft und ließ dann die Arme wie Windmühlenflügel kreisen, als wolle er sich Luft einpumpen. Da erst sah er Coulbet auf dem Holzklotz, ließ die Arme herunterfallen und wischte sich über das staubige Gesicht.

»Das ist auch keine Arbeit, nach der man sich drängt, was?« sagte Coulbet gemütlich. »Bis heute habe ich immer geglaubt, Geologen sammeln Steinchen und begucken sie sich, als seien es Diamanten, und verkünden dann klug: Der ist 20 Millionen Jahre alt. Wer will ihnen das Gegenteil beweisen?« Coulbet lachte laut. »Casarette, Sie aber scheinen mir ein Besessener zu sein. Wollen Sie sich bis zum Magma des Pelée durchwühlen?«

»Wie lange sind Sie schon hier, Commissaire? Haben Sie lange gewartet?«

»Keine zehn Minuten. Er muß ja gleich kommen, habe ich mir gedacht. Es ist Mittagszeit. Das wird ihn zum Fleischtopf treiben.« Coulbet erhob sich und kam Casarette entgegen. »Was essen Sie eigentlich so zu Mittag?«

»Am meisten Obst. Kochen tue ich am Abend. Und dann meistens irgend etwas am Grill. Hier ist der Tisch immer gedeckt. Wilde Kaninchen, Hasen... wissen Sie, daß es auf der Insel auch wilde Schweine und wilde Ziegen gibt? Ich weiß, wo sie sich rümdrücken... da gibt es ganz in der Nähe eine Schlucht, überwuchert von Baumfarnen und Wollbäumen, die ist voll von wilden Ziegen! Martinique hat noch wirklich paradiesische Ecken...« Er ging zu einer Pumpe, drückte aus ihr Wasser in einen großen Holztrog und streifte seinen staubüberzogenen Overall herunter. »Wenn Sie noch keinen nackten Mann gesehen haben, Commissaire, dann sehen Sie schamhaft zur Seite.«

»Noch nie einen nackten Geologen.« Coulbet lachte laut. Casarette stieg in den Trog, schnaufte und tauchte unter.

»Auch ein Geologe hat alles dort, wo es sein soll!«
keuchte er. »Hach, ist das kalt! Reines Gebirgswasser. Ich
habe mir eine Leitung von einer Quelle gelegt. Die kann
ich mit der Pumpe ansaugen.«

»Genial, Casarette! Es sieht so aus, als wollten Sie für
immer auf Martinique bleiben.«

»Gibt es etwas Schöneres auf der Welt? Wissen Sie, was
Columbus am Sonntag, dem 15. Juni 1502 schrieb? ›Das ist
die beste, die fruchtbarste, die lieblichste, die gleichmä-
ßigste, die reizendste Gegend auf der ganzen Welt!‹ Was
kann man über ein Land mehr sagen? Und Martinique ist
so geblieben! Nicht an den Küsten, zugegeben, da rollt
das Touristengeld. Aber hier, im Inneren, das noch uns
gehört, sind Columbus' Worte noch gültig.«

»Darauf müßte man jetzt einen trinken! Das war ja eine
Hymne, Casarette! Und die singt einer, der sich in einen
Berg wühlt und die Lunge so voll Staub nimmt, daß er sie
mit dem Husten fast auskotzt!«

»Es gibt auch andere Stunden.« Casarette kletterte
aus dem Bottich, trocknete sich mit einem Frotteetuch ab
und schlang es dann um seine Hüften. »Was kann ich
Ihnen anbieten, Commissaire? Mangos, Gujave, Ananas,
Corossol, Papayas... hier wächst mir alles in den
Mund.«

Coulbet schüttelte den Kopf. »Danke, Casarette. Ich
muß weiter. Ein Geologe hat es gut. Der kann Steinchen
klopfen, wann er will, ein Polizist aber ist immer auf der
Jagd nach Verbrechern.«

»Auf Martinique? Sie übertreiben, Commissaire. Die
wenigen kleinen Sünder...«

»Sehen Sie: Diese *andere* Insel kennen Sie nicht. Die
wenigsten wissen, was hier im Hintergrund alles passiert.«

Coulbet sah Casarette zu, wie er auf einem Tisch Mangos zerteilte und entkernte. Sie waren so saftig, daß Casarette der Saft die Mundwinkel herunterlief. Genußvoll

kaute und schlürfte er. »Sie haben wenig Kontakt zur Außenwelt, was?«

»Das kommt darauf an, wie Sie es sehen. Wenn ich hier die Schnauze voll habe – und das ist meistens am Sonntag, ich sehe es ja nur auf dem Kalender, wann Sonntag ist – setze ich mich in meinen Wagen und fahre ins sogenannte pralle Leben. Nach Basse-Pointe etwa, oder weiter nach Marigot.« Casarette kam vom Tisch, eine saftige Mango in der Hand. »Ein Tip, Commissaire: In Marigot gibt es einen tollen, geheimen Puff! Da sollten Sie als Privatmann mal hin.«

»Da haben Sie's!« Coulbet schlug die Fäuste zusammen. »Immer was Neues, von dem die Polizei keine Ahnung hat. – Besuch bekommen Sie wohl nie?«

»Doch. Sie, Commissaire.«

»Nur durch einen Zufall, weil ich einen Umweg machte, um in Ruhe nachzudenken.« Coulbet erhob sich von dem Hauklotz und stopfte sein verrutschtes Hemd in die Hose zurück. »Ich werde Sie ab und zu in Ihrer Einsamkeit trösten, Casarette. Ich werde jetzt öfter vorbeikommen.«

»Das wird eine Freude werden. Nehmen Sie sich mal Zeit, Commissaire, bleiben Sie am Abend hier, und ich grille Ihnen ein Zicklein mit einer Knoblauch-Pfeffersauce, daß Sie eine Woche Ihr Dienstzimmer für sich allein haben.«

»Einladung angenommen!« Coulbet klopfte Casarette auf die nackte Schulter. »Wie kann ich Ihnen Nachricht geben, daß ich komme?«

»Überhaupt nicht. Sie sind eben da. Hier, im Schlaraffenland.«

Mit fröhlichem Gesicht winkte Casarette dem Jeep nach, als Coulbet über den fürchterlichen Weg im Urwald wieder verschwand. Dann wurde er sehr ernst, ging in seine Hütte, zog Hose und Hemd an und setzte sich vor das Fenster, das Sprechfunkgerät in beiden Händen.

Nach einigen Lockrufen meldete sich die Stimme des anderen Teilnehmers. »Was ist los?« fragte er ungehalten. »Warum erst jetzt?«

»Ich bin erst später aus dem Stollen gekommen.« Casarette sah auf seine Armbanduhr. »Meine Uhr hat einen Knacks bekommen. Und dann hatte ich Besuch...«

»Das habe ich gemerkt.«

Casarette war es, als stellten sich seine Nackenhaare hoch. »Wieso haben Sie das bemerkt? Um Himmels willen, haben Sie vorher angerufen?«

»Ja. Als die festgelegte Zeit um zehn Minuten überschritten war.«

»Und?« schrie Casarette. Er spürte, wie sein Herz zuckte.

»Nichts. Ich habe sofort abgebrochen, als die fremde Stimme sich meldete.«

»Sie... sie hat sich gemeldet?« stöhnte Casarette. »Sie Vollidiot!«

»Ich verbitte mir das, Casarette!«

»Wissen Sie, wer sich da gemeldet hat? Commissaire Coulbet!«

»O Scheiße!«

»Das heißt jetzt: Volle Deckung! Auf Tage hinaus! Jetzt verstehe ich auch, warum er mich öfter besuchen will!«

»Das hat er gesagt?«

»Noch mehr hat er gesagt! Sie *sind* ein Idiot!«

»Sie sind es gewesen, der die Zeit nicht eingehalten hat! – Was nun?«

»Warten.« Casarette atmete tief durch. Eine Zentnerlast lag plötzlich auf seinen Lungen. »Disponieren Sie völlig um! Oder lassen Sie alles sausen...«

· »Sie sind wohl verrückt, André?!« Die Stimme wurde hastiger. »Was hat der Kommissar gesagt?«

»Nichts! Beim nächsten Besuch werde ich ihm erklären müssen, warum ich ein Funksprechgerät habe.«

»Und wie wollen Sie das erklären?«

»Als Notruf für das vulkanologische Institut.«

»Und meine Stimme?«

»Das ist es ja!« schrie Casarette außer sich. »Ich kann nur sagen, daß jemand Fremdes auf meine Frequenz geraten ist. Aber ob Coulbet das glaubt...«

»Coulbet! Ist das der Kommissar?«

»Ja.«

»Was für ein Mann? Ist er empfänglich?«

»Sie meinen: korrupt? Mit Geld zu schmieren?« Casarette lachte hart. »Wenn es einen Nobelpreis für den korrektesten Beamten gäbe: Coulbet bekäme ihn!«

»Und wie steht's mit Weibern?«

»Weiß ich nicht. Er sieht blendend aus, das muß man allerdings sagen. Ein Frauentyp. Angegraute braune Haare, charmant, sportliche Figur. Wenn er wollte, brauchte er nur mit dem Finger zu schnippen, und die Frauen lägen bei ihm auf der Matratze.«

»Könnte man ihm damit beikommen?«

»Coulbet übers Bett korrumpieren? Unmöglich! Und wenn er der größte Feger von Martinique wäre, zuerst kommt bei ihm die Polizei! Warten wir also ab, was nun wird!«

»Und wenn er in den Stollen will?«

»Da hinein nehme ich ihn beim nächsten Besuch sogar freiwillig mit!«

»Sie könnten ihn dort niederschlagen und verschwinden lassen.«

»Das stimmt. Niemand würde ihn mehr finden, samt seinem Jeep! Aber es geht nicht.«

»Warum nicht?«

»Ich bin Geologe und kein Mörder.«

»Jetzt nenne *ich* Sie einen Vollidioten!«

»Einverstanden. Das ändert nichts daran, daß ich viel mitmache, nur keinen Mord.«

»Dann muß es ein anderer tun.«

»Hier? Sie werden auf Martinique auch für hunderttausend Dollar keinen finden, der Coulbet nur ein Haar krümmt! Das müßten Sie schon selbst übernehmen.«

»Vielleicht.« Die Stimme klang nachdenklich. »Es ist es wert, Casarette. Halten wir es so, daß ab jetzt Sie immer zuerst anrufen. Ende.«

»Ende.«

Casarette stellte den Apparat aus. Seine Stimmung war noch schlechter geworden. Der Druck auf Lunge und Herz hatte sich verstärkt: Das Leben von Coulbet war von jetzt ab nur noch wenig wert. Er war zu einem Ziel geworden.

Mein Gott, André Casarette, was ist aus dir geworden!

Aubin hatte sich feingemacht. Blauer Anzug, weißes Hemd, blauweiß gepunktete Krawatte, im Knopfloch eine leuchtend rote Blüte des indischen Blumenrohrs, das neben Orchideen in den Wäldern Martiniques die Mahagonibäume überwuchert.

Mit Aubin war etwas geschehen, was er für unmöglich gehalten hatte und was er immer weit von sich schob, wenn im Freundeskreis die Rede darauf kam: Er hatte sich nicht verliebt – er liebte Jeanette. Das war etwas ganz anderes als Verliebtheit: Es zerriß ihn innerlich fast, wenn er daran dachte, daß Jeanette vielleicht doch nicht so empfand wie er und eines Tages wahr machte, was sie immer androhte: Weitertrampen, zu den anderen Inseln, hinüber nach Panama, auf die andere Seite zum Stillen Ozean und dann durch die Südsee bis nach Neuseeland und Australien und noch weiter bis nach Japan. »Wer will mich aufhalten?« hatte sie gesagt. »Solange ich jung bin, gehört die ganze Welt mir.«

»Und die geplanten sechs Kinder?« hatte Aubin gefragt.

»Mit denen kann ich mit fünfundzwanzig Jahren anfangen, ich bin ja erst zwanzig! In fünf Jahren kann man noch viel sehen.«

Gut, sie hatten gestern die Nacht durchtanzt, sie hatten sich geküßt, aber als er seine Hand auf ihren Busen legte, hatte sie ihm wieder eine heruntergehauen. »In der Sonne liegen und sich malen lassen, ist etwas anderes, als sich betatschen lassen!« zischte sie. »Und ein Kuß verpflichtet mich zu nichts. Ist das klar?!«

So war es auch sinnlos, nach der fröhlichen Nacht mit Jeanette in deren Zimmer bei Madame Laplasse zu schleichen. Sie gab Aubin vor der Haustür einen langen Kuß, drückte ihn dann von sich weg, sagte: »Schlaf den Rest noch gut!« und ließ ihn draußen stehen.

Der nächste Tag brachte wieder Anlaß zu Streitereien. Aubin fuhr mit seinem Mietboot nicht wieder zur *Carina II*, sondern entgegengesetzt die Küste entlang nach Bellefontaine. »Wo willst du denn hin?« fragte Jeanette ein paarmal, aber Aubin gab keine Antwort. Erst, als er zwischen Bellefontaine und Le Carbet anhielt, dort, wo seit hundert Jahren die bunt bemalten Fischerboote hinausfahren und zwischen sich ihre Netze schleppen, sagte er: »Hier draußen sieht uns keiner. Sag mir jetzt ehrlich, ob du mit Bataille nach Barbados fahren willst.«

»Warum?« fragte sie trotzig. »Warum fragst du wie ein Untersuchungsrichter?«

»Weil ich dich, wenn du ja sagst, hier umbringe!«

Sie rutschte auf der Luftmatratze so weit von ihm weg, wie es möglich war und starrte ihn entgeistert an. »Bist du verrückt?« stammelte sie.

»Ja.«

»Ich schreie um Hilfe!«

»Hier hört dich niemand.«

»Das ist Mord, Jean!«

»Was du tust, ist auch Mord, Jeanette!«

»Was tue ich denn?!«

»Verdammt, ich liebe dich. Und du willst von mir fort-
laufen. Das bringt mich um!«

»Sag das noch mal!« Sie zog den Kopf zwischen die
schönen Schultern.

»Was?«

»Den ersten Teil des Satzes...«

»Verdammt, ich liebe dich!« schrie Aubin.

»Jetzt habe ich's deutlich genug gehört.« Sie kroch
wieder nach vorn, beugte sich zu Aubin herunter und
küßte ihn auf die Stirn. »Wie kann man nur so dämlich
sein.«

»Ist das eine Antwort?« brummte er.

»Ja.«

»Heißt das, daß auch du mich liebst?«

Sie drehte sich mit Schwung auf den Rücken, streckte
die Beine in die Luft und strampelte mit ihnen durch das
gleißende Sonnenlicht. »Fahr weiter! Wo willst du denn
nun wirklich hin?«

Später lagen sie den ganzen Tag in der kleinen Bucht
von Guotony, schwammen und sonnten sich, küßten
sich und hatten Sehnsucht nacheinander. Von der Erfüllung hielt sie eine Horde junger Mädchen ab, die am
Strand herumtollte und später Lieder zu einer Gitarre
sang.

Für den Abend hatten sich Jean und Jeanette einen Besuch in einer Tanzbar mit sogenannten *Schönheitstänzen*
vorgenommen, ein folkloristisches Wort für einen ganz
ordinären Striptease. Aber in dem vorgelagerten Restaurant gab es eine ganz vorzügliche kreolische Küche. Cala-
lou, eine fabelhafte Suppe aus Krabben, Tomaten und
Gombos, Boudin Créole, eine heiß servierte, pikante Blut-
wurst, Quassous, das sind die großen, flachen Krebse, die
man nur in den Gebirgsbächen von Martinique findet,
Chadrons, in ein Omelette eingebackene weiße Seeigel
und als Krönung ein Hammelragout mit Colombo, das ist
eine duftende Currysoße, wie man sie sonst nirgendwo

bekommt. Zum Nachtisch das berühmte Kokosnußeis mit Rum – ein Genuß, um die Augen zu verdrehen.

»Erklär mir mal eins«, sagte Jeanette, als Aubin diese Speisekarte geradezu herbetete, »du bist doch erst vor ein paar Tagen aus Marseille gekommen. Wieso kennst du dich hier so gut aus?«

»Wenn einer eine Reise tut, soll er sich informieren.«

»Auch übers Essen?«

»Das ist für mich die zweitschönste Beschäftigung.«

»Ferkel!«

»Die erste ist die Malerei! Was ist daran so schweinisch?«

»Manchmal denke ich mir: Du mußt ihm vorsorglich gewissermaßen als Vorauskasse, morgens, mittags und abends eine runterhauen. – Jean, wenn etwas aus uns werden soll, leg bloß diese Flapsigkeit ab. Du bist dreißig...«

»Fünfunddreißig! Am Beginn des Greisenalters.«

»Da ist es schon wieder! Benimm dich nicht wie ein Disco-Rocker!«

Sie fragte nicht weiter. Die Erklärung mit der Reiseinformation schien sie zu schlucken. Du läßt wirklich nach, Jean, sagte Aubin zu sich. Das wäre dir früher nie passiert. Dieses Mädchen weicht dein Gehirn auf. Vielleicht wird es besser, wenn es erst in deinen Armen gelegen hat.

Nun war der Abend da, Aubin hatte sich sogar mit einem herben Herrenparfüm bestäubt und sich die Fingernägel geschnitten. Da klingelte das Telefon.

»O nein!« sagte Aubin ahnungsvoll. »Nicht jetzt, liebe Freunde! Bitte laßt mich in Ruhe Jeanette genießen.«

Er hob ab, und da war natürlich die Stimme, die er so gut kannte.

»Jean, mein Lieber...«

»Wenn ihr so anfangt, wird bei mir schon die Milch

sauer! Ich bin ab jetzt, in zehn Minuten, bis zum Morgen nicht mehr vorhanden!«

»Welch ein Glück! Da haben wir ja noch zehn Minuten! Du warst heute nicht bei Bataille?«

»Nein. Da herumzusitzen und die Wasserstoffbombe abzuwehren, bringt nichts ein. Mir ist klar, daß die *Carina II* irgendwo Doppelwände hat. Auf so einem Schiff gibt es hundert Versteckmöglichkeiten. Außerdem werden ja nicht Zentner ausgeladen, sondern bequeme Päckchen. Auf dem Schiff ist also gar nichts zu machen. Es wird erst interessant, wenn Bataille an Land geht. Er hat hier auf Martinique einen Kontaktmann, mit dem er in Funkverbindung steht, das wissen wir jetzt. Warum er *nicht* an Land geht, wissen wir nicht. Aber eins ist sicher: Er kommt! Dann seid ihr dran! – Noch was?«

»Wir haben noch fünf Minuten, Jean. – Du mußt dich umstellen.«

»Was heißt das?«

»Du mußt statt Meer, Küste und Sonne am Himmel ab sofort Felsen, Urwald und Sonne über erloschenem Vulkan malen. Kannst du das?«

»Besser als das verfluchte Wasser. Wenn ihr wüßtest, wie schwer Wasser zu malen ist! Ich habe das vorher nie gewürdigt.«

»Was macht dein braunrotes Püppchen?«

»Sie ist eine ausgesprochen kriminalistische Begabung. Ich habe größte Mühe, meinen Malerstatus vor ihr zu verteidigen. Sie fragt wie ein Staatsanwalt! Mein Bild von ihr bezeichnet sie als Portrait eines Kretins!«

»Wie hast du sie gemalt? Etwa nackt?«

»Natürlich! Ich bin doch ein Impressionist.«

»O mon Dieu! Jean, du bist nicht auf Martinique gelandet, um nackte Streunerinnen auf die Leinwand zu werfen...«

»Das war gut gesagt, ihr Lieben. Jetzt will ich hoffen, daß das Bettlaken aus Leinen ist.«

»Jean, ganz ernst: Du malst ab morgen den Urwald! Im Gebiet des Piton Marcel. Den Wegeplan bekommst du durch einen Boten. Am Piton Marcel lebt in völliger Einsamkeit ein Geologe, André Casarette, der in den Vulkan Stollen gräbt, um den Berg zu beobachten. Das scheint aber nur eine seiner Beschäftigungen zu sein. Du wirst bei ihm so lange malen, bis er die Geduld verliert und einen Fehler macht. Einen genauen Bericht von Coulbet bekommst du mit dem Plan. Nimmst du das Zuckermäuschen wieder mit?«

»So dumm könnt auch nur ihr fragen. Sie ist das beste Alibi, der Beweis meiner Harmlosigkeit. Kann man bei diesem Casarette schlafen?«

»Zur Not – ja. Aber nur nebeneinander.«

»Ich werde mir morgen bei der Campingzentrale ein Zelt leihen!« sagte Aubin steif. Aber er grinste dabei, es sah ja niemand. »Aus euch spricht nur der Neid, ihr braven Ehe-Lebenslänglichen!« Er blickte auf die Uhr. »Schon zehn Minuten drüber! Ende!«

Der nächste Tag sah einen jünglingshaften Aubin mit verträumten, aber dunkel geränderten Augen. Eine Nacht der Erfüllung lag hinter ihm. Jeanette war die zärtlichste Geliebte, die er je in den Armen gehalten hatte, aber auch die ausdauerndste. Wer sich da nicht blamieren wollte, mußte ein Rückenmark aus Stahl haben. Aubin, das muß man sagen, war durchtrainiert, aber am Morgen seufzte er tief und dankbar auf, als Jeanette endlich in einen bleiernen Schlaf fiel. Er war nahe daran gewesen, um Gnade zu betteln und zu kapitulieren.

Im Laufe dieser Marathonnacht aber hatte man sich noch geeinigt: Sie gibt ihr Zimmer bei Madame Laplasse auf und zieht zu ihm ins Hotel. Um die gemeinsame Kasse aufzufüllen, sucht sich Jeanette Arbeit im Hôpital Civil oder in der Clinique St. Paul. Aubin malt notgedrungen weiter, da er ja nichts anderes kann. Und dann hat man

Zeit, zu überlegen, ob man auf Martinique bleiben will oder zurück zieht ins Mutterland Frankreich.

»Französischer Boden muß es sein!« hatte Jeanette gesagt. »Unsere Kinder sollen Franzosen bleiben!«

Nachdem sie diese ihre geheimsten Gedanken nun verraten hatte, fiel sie wieder über Aubin her und brannte ihre Liebe in sein Herz.

Während Jeanette endlich wie narkotisiert schlief, hatte Aubin Zeit, sich um eine komplette Zelt- und Campingausrüstung zu kümmern und den Plan, den ein Negerjunge gebracht hatte und den Bericht von Coulbet über Casarette zu studieren. Er stimmte Coulbet zu: Es war etwas Rätselhaftes um diesen Geologen, der sich seit einem Jahr in einen Berg wühlt.

Am Nachmittag holte Aubin bei Madame Laplasse das Gepäck von Jeanette ab und bezahlte als Ablösung noch einmal vier Tage. Als er mit allen Sachen sein Zimmer im Hotel *Le Victoria* betrat, schlief Jeanette noch immer. Sie hatte die dünne Decke von sich gestrampelt und lag nackt und etwas gekrümmt im Sonnenschein, der durch die Fenstertür fiel. Ein durchaus herzerwärmender Anblick, von dem sich Aubin aber schnell losriß.

Er verstaute Jeanettes Gepäck im Schrank, holte die Pistole aus dem Versteck hinter der Klimaanlage und schob sie in die Gesäßtasche. Er war sich dabei so sicher, daß Jeanette fest schlief, daß er nicht bemerkte, wie sie blinzelte und unter den Wimpern alles beobachtete. Er wechselte Hemd und Hose, streifte ein schrecklich bedrucktes Touristen-T-Shirt über – Palmenküste mit im Meer untergehender Sonne und darüber in großen roten Buchstaben MARTINIQUE – und alte ausgelatschte Schuhe, ungeputzt und voll Staub.

Erst dann weckte er Jeanette mit einem Kuß, streichelte ihre Brust und flüchtete vor ihren vorschnellenden Händen, die ihn aufs Bett ziehen wollten.

»Es locket der Wald, er ladet zum Rasten – werft ab nun

die täglichen drückenden Lasten«, sagte er fröhlich. »Auf, auf, Geliebte, in die Büsche.«

»Jean, wir haben doch ein Bett«, sagte sie träge und tat so, als schlafe sie noch halb. »Komm her.«

»Dieses Bett, das im Himmel steht, werden wir vergessen müssen!«

»Jean!« Sie fuhr hoch und setzte sich. Ihr Gesicht wurde ratlos. »Du hast kein Geld mehr, das Zimmer zu bezahlen. Ist es so?«

Darauf wäre ich nie gekommen, dachte Aubin ehrlich. Das Nächstliegende übersieht man. Er hatte Jeanettes Sachen in den Schrank geräumt, nun war es zu spät für diese Ausrede.

»Nein! Der Erste Preis trägt alles. Vier Wochen lang! Dennoch fahren wir weg!«

»Warum und wohin? Gerade jetzt...«

Aubin betrachtete ihre Nacktheit, seufzte und gab ihr recht. Aber was half das?

»Ich komme eben aus der Stadt zurück! Heute ist ein Tag des Himmels. Stell dir vor: Ich habe einen Auftrag bekommen.«

»Was hast du bekommen?«

»Ich sitze im Café Roulette, setzt sich ein Herr an meinen Tisch und sagt: ›Ich habe Sie beobachtet, wie Sie auf der Jacht *Carina II* gemalt haben. Ich liege mit meinem Boot gleich nebenan. Nachbar gewissermaßen. Monsieur, haben Sie da ein Modell! Superb! Wollen Sie für meine Kajüte ein Bild malen? Nennen Sie einen Preis.‹ Das hat mich fast vom Stuhl gehauen. Und ich sage mutig: ›Ich habe zwar viel zu tun, eine Menge Aufträge, aber da Sie so nett von meiner Frau sprechen‹ – hörst du, ich habe ›Frau‹ gesagt – ›will ich Sie einschieben. Aber ich bin nicht billig. Ich habe den Ersten Preis von Marseille gewonnen! Ein Gemälde in Öl kostet bei mir 17 500 Francs.‹ Und was sagt der Herr? ›Abgemacht, Monsieur! Nur eine Bedingung: Ich will kein Meer haben. Darauf lebe ich genug. Malen

Sie mir ein Bild von einem Urwald, und Ihre Frau vielleicht als Elfe darin.‹ – Was sagst du nun, mein Liebling?«

»Es gibt überall Idioten! Unter den Reichen anscheinend besonders.« Sie schob sich aus dem Bett, stellte sich in ihrer ganzen Schönheit in die Sonne und breitete mit einem wohligen Gähnen die Arme weit aus. Aubin hatte Mühe, ruhig stehenzubleiben. »Und was nun?«

»Wir ziehen in den Urwald.«

»Du bist total verrückt!«

»Ich habe uns schon eine komplette Campingausrüstung geliehen, Liebling. Der ganze Wagen ist voll davon. Ein schönes, orangefarbenes Zelt, Kochtöpfe, Gaskocher, Luftmatratzen, Schlafsäcke, Decken, Wassersäcke, Plastikgeschirr. Du wirst begeistert sein. Aber das kennst du doch alles als erfahrener Tramp! Für mich ist es ein neues Erlebnis.«

»Und ich dachte gerade: Jetzt bist du weg von der Walze! Mit Jean beginnt das normale Leben.« Ihre Stimme klang etwas verbittert und enttäuscht. »Und das hier alles – das schöne Zimmer?«

»Bleibt uns! Ist ja vom Preiskomitee gemietet. Ich hoffe, daß in einer Woche alles erledigt ist.« Aubin klatschte in die Hände. »Wohlan, sattelt die Pferde! In einer halben Stunde verschlingt uns der Urwald.«

Die Fahrt bis Morne-Rouge und von dort über die kurvenreiche Paßstraße bis Ajoupa-Bouillon war ein Ah-und-Oh-Erlebnis, wie es auch die vielen Touristen haben, die eine große Rundfahrt gebucht haben. Aber dann bog Aubin ab, getreu der Karte, die er nun im Kopf hatte: Unterhalb von Bouillon bog eine noch gute Straße ab, am wild rauschenden und in seinem Felsenbett herumspringenden Rivière Falaise entlang bis zum Endpunkt Gorges de la Falaise. Hier endete die Straße, nur ein schmaler Fußweg durch die felsige Urwaldwildnis führte sie ins Unbekannte, mitten hinein in das Bergmassiv des Mont Pelée mit seinen Nebengipfeln. Ein Weg in eine grüne Urwelt von Vulkangestein und Lianen und Orchideen überwucherten Riesenbäumen.

»Du bist verrückt!« schrie Jeanette mehrmals, als der Wagen krachend den Weg entlanghüpfte. »Du bist total verrückt! Wo willst du denn hin? Wir kommen ja nie an! Der Wagen bricht gleich auseinander.«

So erreichten sie den Holzfällerweg am Piton Marcel und die Lichtung, auf der André Casarette seine armselige Hütte gebaut hatte.

»Ein Mensch!« rief Aubin und tat sehr überrascht. »Sieh dir das an, Liebling! Hier lebt tatsächlich ein Mensch. Ein herrliches Fleckchen! Was hältst du davon? Bleiben wir hier? Dann ist es nicht ganz so einsam für dich.«

Und so erlebte Casarette, als er am Abend aus seinem Stollen kam, wie immer hustend und von dunklem, mehligen Staub überzogen, einen Schock: Auf der Lichtung, neben seiner Hütte, unter einem mächtigen Wollbaum, an dem sich Orchideen emporrankten, war ein Zelt aufgebaut, und ein rothaariges Mädchen saß auf einem Klapphocker vor einem Gaskocher und rührte in einem Suppentopf.

Es ließ sich nicht aufschieben – René Birot hatte eine Verabredung in Fort de France. Ein Exporteur hatte Verbindung nach England aufgenommen, und ausgerechnet eine Großeinkaufsgesellschaft in London hatte Interesse an Birots exotischen Konserven gezeigt.

»Geschäfte!« sagte Petra und verzog das Näschen, weil Birot sie darauf küßte. »Was soll ich dabei?«

»Du könntest einkaufen gehen. Kleider, Schuhe, Parfüms, Schmuck –«

»Ohne dich? Nein! Ich bleibe hier und werde schwimmen und faulenzen. Und mit der Köchin ein fabelhaftes Abendessen besprechen.«

Beruhigt fuhr René nach Fort de France. Über Claudette und ihr schreckliches Schicksal hatte man nicht wieder gesprochen. Den roten Aktendeckel mit den Zeitungsausschnitten schloß Birot weg, nach langem Zögern, ob er alles nicht sofort verbrennen sollte. Drei Tage waren seitdem vergangen, er hatte weder von Coulbet noch von Josephine etwas gehört. Ihre Aufgabe als Betriebsleiterin der Fabrik hatte sie nicht angetreten, der alte, halbblinde Camille, der schon bei Renés Vater als Vorarbeiter die Fabrikarbeiter beaufsichtigte, machte seinen Dienst weiter. Birot duldete es stillschweigend. Zu Josephine zu gehen und mit ihr zu sprechen, vermied er. Wenn er die Fabrik kontrollierte, stand er unauffällig an dem Fenster der Konservenverlötungshalle, von dem aus man hinüber zu ihrem rosa Haus sehen konnte. Dort war alles still, wie ausgestorben, als sei das Haus verlassen.

Vielleicht ist sie wirklich weg, dachte Birot hoffnungsvoll. Aber als er Babou, der alles wußte, fragte, erfuhr er, daß Josephine durchaus nicht weggegangen war und sich in ihr Schicksal fügte. Wie ein Raubtier im Käfig saß sie in ihrem Zimmer und wartete auf ihre große Stunde der Vergeltung.

Coulbet hatte am Morgen nach diesem unseligen Abend angerufen und René beruhigt. »Du mußt das verstehen, du Sünder! Für Josephine ist alles so plötzlich gekommen.«

»Für mich auch. Als ich Petra in Hamburg durch das Fenster sah, schlug es bei mir ein. Reisebüro *Erdkreis-Tours*, und dahinter diese goldenen Haare. Kannst du mir das nachempfinden?«

»Nein«, antwortete Coulbet sauer. »Ich hatte nie was mit einem Reisebüro zu tun!«

»Du bist ein Klotz ohne jegliche Fantasie!«

»Es ist etwas anderes, René«, sagte Coulbet ernst, »ob sich jemand blitzartig verliebt, oder ob jemand blitzartig aus dem Bett geworfen wird. Dir fehlt anscheinend jegliche Fantasie, sich Josephines Schock vorzustellen. Ihren tiefen seelischen Riß.«

»Sie wußte, daß wir nie heiraten würden.«

»Trotzdem warst du für sie das Liebste und Höchste auf dieser Welt. Das hat man nun zerstört.«

»Sag mal, bist du Josephines Anwalt, Robert?«

»So gesehen – ja. René, laß ihr Zeit. Dieser ganze Zirkus von Voodoo trifft uns doch nicht. Da lachen wir doch drüber.«

Wütend hatte Birot aufgelegt. Coulbets Worte waren durchaus keine Beruhigung.

Aber nun war drei Tage lang nichts mehr geschehen, und René wagte es, Petra allein im Haus zu lassen.

Sie benutzte die Zeit, ihr neues Zuhause endlich einmal in Ruhe anzusehen. Sie ging durch alle Räume, von den Vorratsräumen bis unter das Dach, blickte durch eine Dachluke über die abseits liegende Fabrik und die verstreuten bunten Holzhäuser der Arbeiter mit ihren Gärtchen und Ställen und beschloß, sich diese Siedlung, die ja auch René gehörte und die er ihr am nächsten Sonntag zeigen wollte, nun allein anzusehen.

In der Fabrik rasselten die Maschinen, als sie daran vorbeikam. Die Arbeiter, denen sie begegnete, zogen die Mützen und grinsten breit, was Höflichkeit und Wohlwollen ausdrücken sollte. Auch die Frauen und die Alten, die vor den Häusern oder in den Gärten saßen, nickten ihr zu, die Kinder liefen zusammen und starrten sie an. Das ist sie also, die neue Madame! Tatsächlich, sie hat goldene Haare! Von ganz weit her kommt sie. Wie sie allen zulächelt, gar nicht stolz. Sie muß eine gute Madame sein, da hat Babou schon recht.

Vor dem rosa gestrichenen Holzhaus blieb Petra stehen. Ein Mädchen saß auf der hölzernen Treppe, die zur Eingangstür führte und starrte sie mit großen schwarzen Augen an. Ihre langen schmalen Hände kneteten unruhig einen Zipfel ihres bunt bedruckten, langen Rockes, wie sie von den Kreolinnen gern getragen werden. Welch ein schönes Mädchen, dachte Petra unwillkürlich. Sie nickte ihm zu, aber das Mädchen gab keine Antwort.

Nun habe ich sie vor mir, dachte Josephine in diesem Augenblick. René ist nicht da, ich kann sie umbringen und wegbringen, und niemand hier, auch wenn es alle sehen, wird mich verraten. Sie werden schwören, Madame nie im Dorf gesehen zu haben. Und alle Probleme sind gelöst. Auch Coulbet wird ins Leere rennen...

Josephines Augen, ihr starrer Blick, hielten Petra fest. Anstatt weiter durch das Dorf zu gehen, kam sie auf das rosa Haus zu und blieb nahe vor Josephine stehen.

»Guten Tag!« sagte Petra und lächelte wieder. »Sie haben ein schönes Haus.«

»Ja«, antwortete Josephine knapp. Es klang, trotz ihrer hellen Stimme, etwas rauh. Sie duzt mich nicht, dachte sie, wie es sonst alle Herrinnen tun bei Negern und Kreolen. Sie will zeigen, daß sie Achtung vor jedem Menschen hat, auch wenn er nicht ihre verdammte weiße Farbe hat. Wie raffiniert sie das macht, aber mich fängt sie damit nicht ein.

Ich hasse dich, ich hasse dich, ich hasse dich! Sieh dir nur alles hier an. Du wirst wenig Freude dran haben. Und nur eine kurze Zeit.

»Ihr Vater arbeitet drüben in der Fabrik?« fragte Petra.

»Ich habe keinen Vater mehr. Auch keine Mutter. Das ist *mein* Haus!« Sie erhob sich, strich den Rock gerade und zog die Bluse straff über ihre schönen Brüste. »Wollen Sie es besichtigen?«

»Wenn ich darf.«

»Ich lade Sie ein, Madame.«

Josephine ging voraus, riß die Tür auf und ließ Petra an sich vorbei ins Haus treten. Im Türrahmen blieb sie stehen und überlegte, ob sie die Tür offen lassen sollte oder hinter sich verriegeln.

Ich mache sie zu, dachte sie. Es kann sein, daß sie schreit, wenn ich sie töte. Es muß schnell gehen, sie darf es fast gar nicht merken, es muß lautlos sein. Früher nahm man dafür eine Schlinge, warf sie von hinten schnell über den Kopf und zog zu. Ein bißchen Zappeln, ein verröchelndes leises Stöhnen, das war alles. Nur mußte man kräftige Arme haben und harte Hände. Du blonder Engel, ich habe gute Arme!

Josephine schloß hinter sich die Tür und lehnte sich dagegen.

Durch das Fenster mit der Spitzengardine – eine Spitzengardine ist der größte Stolz einer kreolischen Hausfrau – fiel das Sonnenlicht wie gefiltert in feinen, glitzernden Streifen und erhellte den Raum nur mäßig. Dieses Halbdunkel war kühler als die Luft draußen.

Was nehme ich, dachte Josephine mit einer sie selbst erschreckenden Kälte. Wo ist ein Strick? Nein, ein Strick ist zu dick, das Würgen dauert zu lange. Dünn muß er sein, mit dem Zuziehen der Schlinge gleichzeitig ins Fleisch schneiden. Die Chinesen verwendeten dafür eine seidene Schnur. Eine Nylonschnur tut es auch . . . aber wo habe ich eine so dünne Schnur?!

Langsam ging Petra im Zimmer herum und betrachtete es genau. Sie ließ den Schaukelstuhl wippen – nimm die Hände von Renés Geschenk, zischte Josephine innerlich, die Hände weg! – und setzte sich dann in den Korbsessel. »Darf ich?« fragte sie dabei.

»Sie sitzen ja schon, Madame.«

Jetzt ist es einfach, von hinten an ihren Hals zu kommen, dachte sie dabei. Wenn sie sitzt, kann sie sich noch weniger wehren, und es fällt nicht auf, wenn ich herumlaufe und hinter sie trete.

»Sie mögen mich nicht, nicht wahr?« fragte Petra plötzlich. »Ich spüre das. Alle hier sind freundlich, nur Sie nicht. Warum?«

Jetzt müßte ich es ihr ins Gesicht schreien! Jetzt! Und sie

töten! Josephine, der ersehnte, der große Augenblick ist •
gekommen!

Sie stieß sich von der Tür ab, fuhr sich mit beiden ge-
spreizten Händen durch das schulterlange, schwarzglän-
zende Haar und kam langsam auf Petra zu.

8

Nach drei Schritten stand Josephine der im Korbsessel sitzenden Petra gegenüber. Ihre Blicke trafen sich, kreuzten sich wie Klingen und drangen unter die Haut des anderen. Petra zog wie frierend die Schultern etwas hoch. Josephine spürte das heftige Klopfen ihres Blutes in den Halsschlagadern. Sie müssen sich blähen, als blase man Luft hinein, dachte sie. Wenn sie nicht blind ist, muß sie es sehen!

»Sie haben einen – merkwürdigen Blick!« sagte Petra stockend.

»Ich will Ihre Frage beantworten, Madame, warum ich Sie nicht mag! Ich . . . ich bin eine Freundin von Josephine. Sie haben von Josephine gehört? Sie wissen, wer sie ist?«

»Ja. Natürlich! Monsieur Birot hat mir alles erzählt.«

»Alles?«

»Ich glaube es wenigstens.« Petra starrte Josephine in die schwarzen, harten Augen. »Sie . . . Sie wissen, wo Josephine jetzt ist?«

»Nein.«

»Als ihre beste Freundin . . .«

»Sie ist aus dem Haus geflüchtet, als Sie in dieses Haus kamen, Madame. Niemand weiß, was sie vorhat, keiner kennt ihre Gedanken. Aber sie müssen voll Rache sein.«

»Ich habe ihr nichts getan. Ich wußte ja gar nicht, daß es sie gab. Wie kann sie Rache für etwas nehmen, was ich nie gewollt habe.« Petra legte den Kopf etwas zurück und blickte an die hellgelb gestrichene Holzdecke. Ihre Kehle lag völlig frei. Jetzt ein scharfes Messer, dachte Josephine und atmete schwer. Ein einziger, schneller, tiefer Schnitt, und alles ist vorbei. Nur das Blut wird man sehen, so viel

Blut kann man nicht wegwischen, es zieht in die Holzdielen ein, und Kommissar Coulbet wird keine Mühe haben, mich zu überführen. Nein, es muß unblutig sein, spurenlos ... ein bleibendes Rätsel ... »Deshalb will ich mit ihr sprechen.«

»Was wollen Sie, Madame?« fragte Josephine atemlos.

»Mit dieser Josephine sprechen. Von Frau zu Frau. Über alles, was uns belastet. Vielleicht lernen wir uns verstehen.«

»Das ist unmöglich.«

»Was ist unmöglich?«

»Daß Sie jemals Josephine sprechen können. Was könnten Sie ihr schon sagen? Sie sind in Kürze Madame Birot ... da gibt es kein Gespräch mehr.«

»Sie sind eine Freundin von Josephine.« Petra senkte den Kopf und sah Josephine wieder groß an. Diese schönen blauen Augen, dachte Josephine. Diese verfluchten, meerblauen Augen unter den goldenen Haaren. Der Teufel hole dich! »Würden *Sie* mir helfen?«

»Wie denn?«

»Versuchen Sie, Josephine zu finden. Ihnen ist es vielleicht möglich, Sie wissen die Orte, wo sie sich aufhalten könnte. Und wenn Sie sie gefunden haben, sagen Sie es mir, und ich fahre zu ihr.«

»Sie haben keine Angst, Madame?« Josephines Stimme war belegt vor Erregung.

»Nein. Wovor?«

»Das ist ein fremdes Land für Sie, Madame. Es sind andere Menschen als Sie.«

»Aber es sind Menschen.«

»Ihre Ansichten vom Leben sind anders als die der Europäer. Wir lieben das Leben, ja, wir genießen es, aber ebensowenig fürchten wir den Tod.« Josephine beugte sich zu Petra hinunter, ihr Atem glitt über ihren Nacken. »Es könnte sein, daß Josephine Sie einfach tötet, ohne Sie vorher anzuhören. Sie kennen Josephine nicht!«

170

»Das eben will ich nachholen.« Wieder begegneten sich ihre Blicke. »Helfen Sie mir dabei? – Wie heißen Sie?«

»Mariette«, sagte Josephine schnell.

»Wenn Sie wissen, wo Josephine ist, Mariette, aber es mir nicht sagen wollen... bitte gehen Sie zu ihr und fragen Sie sie, wo wir uns allein treffen können.«

»Ich... ich will es versuchen, Madame.« Josephine atmete ein paarmal tief durch. Sie trat hinter Petra zurück, kam um den Sessel herum und setzte sich in den Schaukelstuhl. Während sie hin und her schaukelte, dachte sie wieder an René und an den Tag, an dem er ihr den Stuhl geschenkt hatte, und wie sie auf seinem Schoß gesessen hatte und sie sich schaukelnd liebten. Vorbei das alles durch diese Frau dort drüben. Sie muß sterben. Es gibt nichts anderes, was mich befreit. »Viel Hoffnung habe ich nicht.«

»Sagen Sie Josephine, ich lasse sie *bitten*.«

»So sehr lieben Sie Monsieur?«

»Ja, Mariette.«

»Genauso hat Josephine ihn geliebt, Madame.«

»Ich weiß es. Und darum müssen wir miteinander sprechen...«

Wie betäubt blieb Josephine in ihrem Haus zurück, als Petra wieder hinaus in die Sonne trat, die Holzstufen hinunterging und weiter durch das kleine Dorf wanderte. Die Frauen und die Alten grüßten sie wieder freundlich und ehrerbietig, aber mit fragenden, lauernden Blicken. Es hatte sich im Dorf sofort herumgesprochen, daß Madame bei Josephine im Haus gewesen war.

Am Ende des Dorfes setzte sich Petra an den Rand eines über die Felsen springenden Baches und sah den nackten Kindern zu, die lachend und kreischend wie alle Kinder unter den kleinen, von großen Steinen gebildeten Wasserfällen herumtobten. Dann ging sie den Weg zurück, sah Mariette wieder vor ihrem Haus sitzen und winkte ihr zu.

Josephine-Mariette winkte zurück, mit verschlossenem Gesicht zwar, aber sie reagierte. Das Kinn auf beide geballte Fäuste gestützt, starrte sie Petra nach, haßte ihren Gang, die Form ihrer schlanken Beine, die Linien ihres Körpers und vor allem ihre blonden Haare. Warum schweigt Onkel Jules, dachte sie. Warum tut er nichts? Prallt der Voodoo-Zauber von ihr ab? Ist er ein alter, lahmer Mann geworden, der nur noch vom früheren Ruhm lebt? Es muß etwas geschehen, noch bevor René sie heiratet. Sie hat Mut, wie erstaunlich ist das! Sie ist ein echter Gegner, das macht alles leichter. Es wird ein ehrlicher Kampf sein.

Am Abend, als René aus Fort de France zurückkam, zufrieden mit den abgeschlossenen Vorverträgen für einen neuen Exportmarkt, war die Terrasse festlich gedeckt. Der Swimming-pool und der Park waren beleuchtet wie bei einer großen Party, und der schwarze Diener trug seine weiße Festtagsuniform, die noch Renés Vater entworfen hatte. Er hatte so etwas Ähnliches bei einer Reise durch Indien gesehen und war davon begeistert gewesen. So entstand eine Fantasieuniform, auf die jeder Domestique wahrhaftig stolz sein konnte, weil man darin aussah wie ein General. Aus der Küche zog der Duft von Braten und Gewürzen.

René hatte aus Fort de France einen riesigen Blumenstrauß mitgebracht. Langstielige rote Rosen, es waren die einzigen Blumen, die nicht im Birotschen Park blühten.

»Was ist denn los?« rief er, nachdem er Petra mehrmals geküßt hatte. Rosette, die Zofe, lief schon mit dem Rosenstrauß weg, um ihn in eine Vase zu stellen. »Du lieber Himmel, habe ich einen wichtigen Tag vergessen? Deinen Geburtstag, den Tag, an dem wir uns kennenlernten, die Stunde des ersten Kusses? Liebling, was feiern wir heute?!«

»Einen kleinen Sieg, René.« Sie drückte ihn in den Sessel, goß den eisgekühlten Champagner, den sie bereitgestellt hatte, in die Gläser, reichte Birot ein Glas und prostete ihm zu. »Ich habe mit Josephine gesprochen. Mir gegenüber nennt sie sich Mariette.«

Es war verständlich, daß das herrliche Abendessen René nicht mehr schmeckte.

Die Überraschung war voll gelungen: André Casarette brauchte fast eine Minute, um zu begreifen, daß es mit seiner Einsamkeit vorerst vorbei war. Er stand bis zum Ende dieser Gedanken wie angewurzelt vor dem Stolleneingang, und erst ein neuer Hustenanfall, bei dem er sich wieder krümmte, als müsse er die Lunge herausspucken, löste seine Erstarrung.

»Da sind Sie ja endlich«, sagte Jean Aubin und hörte damit auf, eine Luftmatratze mit einem Fußblasebalg aufzublasen. »Mann, haben Sie eine Lungenarie drauf. Gesund scheint Ihr Beruf nicht zu sein! Sie sollten eine Filtermaske tragen, wenn's da drinnen so gewaltig staubt. Dürfen wir Sie zu einer kreolischen Bohnensuppe einladen? Scharf wie die Weiber von Ricauds *Pigalle de Martinique* nach Mitternacht!«

»Was wollen Sie hier?« fragte Casarette mit mühsamer Beherrschung. Mehr war nicht zu sagen, der Urwald gehört jedem. Hier kann jeder sein Zelt aufschlagen, ohne zu fragen.

»Zunächst seien wir höflich und stellen wir uns vor: Ich heiße Jean Aubin, Kunstmaler aus Marseille, Träger des Ersten Preises mit dem Gemälde ›Marseille nach dem Gewitter‹...«

»Nach dem Regen«, verbesserte Jeanette.

»Ein Gewitter ist immer mit Regen verbunden, meine Süße! Sehen wir es nicht so eng.« Aubin zeigte auf Jeanette, die wieder in dem großen Suppentopf rührte und den Geschmack prüfend an der hölzernen Kelle leckte. »Das ist Jeanette, mein Püppchen. Also Hände weg von ihr, mein Freund. Sie ist auch mein Modell, und vorweg ist zu sagen, daß ich sie hier vor dieser grandiosen Naturkulisse als Akt malen werden. Also nackt! Sollte Sie das zu sehr aufregen, empfehle ich Ihnen, sich aus dem Berg große Steine mitzubringen, die Sie dann zertrümmern können. – Und wer sind Sie, Monsieur?«

»André Casarette«, antwortete Casarette finster.

»Und Sie haben sich vorgenommen, den Piton Marcel zu unterhöhlen?«

»Ich bin Geologe.« Casarette kam langsam näher. »Sie wollen hier bleiben?«

»Aber ja! Ich sage Ihnen, wir irren hier durch die Gegend, um das richtige Motiv zu finden, hoppeln über diesen Mistweg und wollten schon umkehren, da sehe ich die Lichtung, sehe eine Hütte, sehe Zivilisation und halte an. ›Eine Fata Morgana!‹ rufe ich, ›Jeanette, kneif mich mal!‹ – Aber es blieb Tatsache: Hier wohnt ein Mensch! Und dann der Rundblick – das ist es, was ich suche, habe ich gedacht. Das wird ein Bild, das den Namen Aubin in die Kunstszene katapultiert.« Aubin neigte den Kopf etwas zur Seite und musterte Casarette. »Oder stört es Sie, daß wir hier unser Zelt aufschlagen? Ich könnte mir denken, auch Sie brauchen ein bißchen Ablenkung. Immer nur Steinstaub und Papageiengekreisch.« Aubin sah sich um und machte eine weite Bewegung. »Mann, leben Sie bescheiden, um nicht zu sagen: beschissen! So was von Hütte verachteten sogar die Ureinwohner. Genial ist Ihre Wasserleitung, die habe ich bereits bewundert. Mein Vorschlag: Wir bekommen von Ihrem Wasser was mit und dürfen hier bleiben, und für Sie kocht Jeanette mit. Keine Angst vor Vergiftung: Jeanette beherrscht die große Kunst so vieler professioneller Köche: Sie kann vorzüglich Konserven öffnen und aufwärmen.«

Casarette überlegte, was man darauf erwidern konnte. Gastfreundschaft war hier selbstverständlich, eine Urform des Lebens auf Martinique, die Grundlage allen Zusammenlebens. Vor allem im Urwald war Kameradschaft unentbehrlich. Man mußte diesen Besuch also schlucken. Es gab nur das Mittel, sie wegzuekeln, durch Unhöflichkeit zu vertreiben. Aber dieser verrückte Maler sah nicht danach aus, daß er sich wegekeln oder vertreiben ließe. Es blieb also abzuwarten, wie sich alles entwickelte. Verzweifelt wurde nur die Lage von Bataille.

»Die Komplikationen fangen schon an«, sagte er und kam näher. Er nickte Jeanette zu, hob die dreckigen Hände und grinste breit. »Mademoiselle, ich kann Sie nicht gebührend begrüßen. Ich müßte mich wie jeden Abend baden... dort, in dem Holzzuber. Was machen wir nun?«

»Genieren Sie sich, Casarette? Du lieber Himmel, Sie sind nicht der erste nackte Mann, den Jeanette sieht! Benehmen Sie sich wie immer. Ich bin sogar bereit, Ihnen den Rücken einzuseifen.«

»Ich werde mich umdrehen!« sagte Jeanette, »oder aus dem Wagen den Besteckkorb holen. Soviel geballte Männlichkeit auf einmal ist kaum zu verkraften.«

Sie stand auf, ging zu dem neben dem Zelt geparkten Wagen und verschwand dahinter. Casarette begann das verschwitzte Hemd abzustreifen und stieg aus der Hose. Aus der Holzrinne ließ er das Wasser in den Trog laufen und lief in die Hütte, um Handtücher und einen Bademantel zu holen. Aubin blies weiter die Luftmatratzen auf.

Das hätten wir, dachte er zufrieden. Er nimmt uns auf. Was blieb ihm auch anderes übrig? Gespannt bin ich, wie er das Funkgerät erklären wird, wenn es sich meldet. Coulbet hat herausgefunden, daß Casarette tatsächlich ab und zu mit dem vulkanologischen Institut spricht, aber nicht mehr in den letzten drei Wochen! Mit wem hat er also gestern in Verbindung gestanden? Für Coulbet ist diese Frage noch kein Grund, Casarette ins Verhör zu nehmen. Ein freier Franzose kann hinfunken, wohin er will, solange man ihm nicht beweist, daß er damit Unrecht schafft.

Casarette stieg in den Bottich, seifte sich ein, tauchte ein paarmal prustend unter und stieg dann in seinen Bademantel. Mit den Handtüchern rubbelte er sich ab.

»Nein! So was!« rief Aubin begeistert. »Süße, komm wieder hervor! Sieh dir das an! Ein völlig neuer Mensch. Er hat ja lichtbraune Haare, wer hätte das gedacht. André, Sie sahen aus wie ein fahlgrauer Greis! Sie sind ja ein noch junger Mann!«

»In einem Jahr schon vierzig.« Casarette trat an den Suppenkessel und blickte hinein. »Wie lange wollen Sie hierbleiben?«

»Das kommt auf das Bild an. Wenn ich den richtigen Drall bekomme, drei Wochen.«

»Für ein Bild?!«

»Tizian malte an einem Bild vierzig Jahre.« Aubin sah Casarette mit schief geneigtem Kopf an. »Sie wollen uns schnell wieder loswerden, nicht wahr? Und ich habe gedacht, Sie fallen uns um den Hals. Endlich Menschen! Wie lange leben Sie schon hier im Urwald?«

»Ein Jahr.« Casarette blickte hinüber zu Jeanette, die den Kofferraum auspackte. »Haben Sie Ihre ganze Wohnungseinrichtung mitgebracht, Aubin?«

»Ich bin ein Künstler mit Lebensstil.« Aubin tat sehr gleichgültig, aber er beobachtete Casarette sehr scharf, als er jetzt seinen ersten scharfen Schuß losließ. »Aber Sie haben ja recht, so ganz aus der Welt sind Sie ja nicht. Ihr Funkding da – oder was es ist – hat ein paarmal gerappelt.«

Casarette bemühte sich, gleichgültig auszusehen. »Sie sind drangegangen?«

»Gott behüte! Erstens waren das Ihre Anrufe und zweitens verstehe ich von Funk und solchen Dingen überhaupt nichts. Ich hätte Ihnen sicherlich die ganze Einrichtung unbrauchbar gemacht.«

»Ab und zu ruft die vulkanologische Forschungsanstalt an. Wir trauen dem Mont Pelée nicht.«

»Sie meinen, er könnte wieder spucken? Himmel, das gäbe ein Bild!«

Casarette verzichtete auf eine Antwort, ging in seine primitive Hütte und kam nach wenigen Minuten in Jeans und einem kurzärmeligen Hemd zurück. Während des Umziehens suchte er angestrengt nach einer Möglichkeit, den Besuch schnell loszuwerden. Nur Ruhe, sagte er sich dann, während er sich kämmte und sein Gesicht im Spiegel betrachtete. Keine Panik, mein lieber André. Morgen sieht alles ganz anders aus. Du bist ein gut gebauter Mann, du hattest bisher bei den Weibern immer Vorfahrt. Warum sollte es bei dieser Jeanette anders sein? Das wäre für Aubin ein Grund, schnellstens wieder seine Sachen einzupacken und weiterzuziehen. Versuchen wir es also über diesen Weg. In spätestens drei Tagen ist Aubin ein schnaubender Stier und stampft davon.

Jeanette war dabei, den großen Klapptisch, den sie mitgebracht hatte, zu decken. Als speise man gleich im Park einer Villa, war alles vorhanden: Eine weiße Tischdecke, Servietten, Geschirr, Bestecke, geschliffene Gläser, eine bauchige Keramikschüssel für die Suppe, eine Schale für das Obst zum Nachtisch, eine Menage mit Salz, Pfeffer, Öl und Essig zum Nachwürzen der Speisen, sogar eine Blumenvase stand auf dem Tisch mit einer einzelnen, großblütigen rosa-gelb-blau geflammten Orchidee.

»Da bleibt mir die Spucke weg!« sagte Casarette ehrlich überrascht. »Es fehlt nur noch ein Streichorchester für die Tischmusik.« Er gab Jeanette die Hand, zog diese plötzlich an sich und hauchte einen Kuß auf den Handrücken. Jeanette war so überrascht, daß sie ihre Hand nicht mehr zurückziehen konnte. Aubin starrte Casarette irritiert an.

»So was im Urwald...« sagte er dann.

»Wenn schon Kultur, dann richtig!« Casarette grinste breit. »Der erste Dank gebührt der Hausfrau. Mein lieber

Aubin, ein guter Franzose verliert weder in Wüste oder Urwald seine Bewunderung für eine schöne Frau.«

»Amen!« Aubin warf einen Seitenblick auf Jeanette. Das gefällt ihr, knirschte er innerlich. Da leuchten ihre Augen! Da wippt sie mit dem Steiß! Da drückt sie ihre Brust raus! O Casarette, du Halunke, das kann noch deftig zwischen uns werden! Laut sagte er: »Wie man sich täuschen kann, André. Ich habe gedacht, Sie sind nur an Steinen interessiert.«

»Wieso Steine?« fragte Casarette verschlossen.

»Als Geologe! Ich könnte mir denken: Da graben Sie einen besonders markanten Brocken aus, finden heraus, daß er fünfzig Millionen Jahre alt ist und beginnen zu träumen. Was war vor fünfzig Millionen Jahren? Wie sah die Welt damals hier aus? Watschelten hier auch Dinosaurier herum?«

»Sie haben von Geologie keine Ahnung, Aubin!«

»Nicht einen Hauch!« Aubin setzte sich, tätschelte Jeanette den Hintern, damit seinen Besitzanspruch kundgebend, was sie mit einem bösen Blick bedachte, und zeigte auf den Stuhl neben sich. »Nehmen Sie Platz, André. Meine Süße wird gleich die Suppe ausschenken. Vertragen Sie eigentlich kreolische Bohnensuppe? Es geht da die Sage von einem Mann, der aß vier Teller und hat dann in der Nacht doch glatt das Hausdach weggepustet. Denken Sie an Ihre leichte Hütte...«

Es wurde ein geselliger Abend. Aubin erzählte von Marseille, Jeanette von ihren Trampreisen und Casarette von den Aufgaben eines Geologen und Vulkanologen. Zweimal in dieser Zeit meldete sich das Funkgerät. Casarette winkte ab und blieb sitzen. Du Vollidiot von Bataille, dachte er verbittert. Ich habe dir doch gesagt: Halt die Schnauze, bis ich mich von selbst melde.

»Keine Lust!« sagte er und lachte etwas zu laut. »Wieder die Burschen vom Institut. Haben auch Langeweile. Rufen ab und zu an und erzählen die neuesten Witze oder das, was sie am Abend vorher mit den Frauen in Fort de France angestellt haben. Pardon, Mademoiselle, aber es ist so.« Er machte im Sitzen eine Verbeugung zu Jeanette und griff nach einer saftigen Mangofrucht.

»Und wenn's nun dringend ist?« fragte Aubin.

»Was soll denn dringend sein?«

»Vielleicht wackelt der Berg?«

»Das würde ich zuerst hier spüren.«

Die Nacht brach schnell herein, wie das in den Tropen so üblich ist. Eine kurze, unendlich flammende Phase des Sonnensterbens, eine Welt voll Glut und Farben, dann die Nacht, als wäre sie ein Tuch, das man über die Erde zieht. Die Felsen und der Wald atmeten die Hitze des Tages aus, ein unbeschreiblicher Duft hing wie eine Wolke in der warmen Luft. Tierlaute, die Aubin auch nicht kannte, belebten den nächtlichen Urwald. Auf dem Tisch brannte jetzt eine trübe Gaslampe, umflattert von einigen riesigen Faltern.

»Trinken wir noch einen?« fragte Aubin und gähnte ungeniert. »Ich habe weißen Rum da und Maracujasaft. Wir sollten unser Kennenlernen feiern.«

»Wenn ich Sie damit nicht beleidige – bitte heute nicht, Jean! Ich bin todmüde. Die Arbeit im Berg ist eine Knochenarbeit.«

»Müssen Sie das denn, André? Ist das Aufgabe von Geologen?«

»Nein. Es ist meine eigene Methode, knochenbrechend, aber wirksam und genau. – Hauen wir uns hin.«

Casarette küßte Jeanette wieder die Hand, was Aubin für übertrieben und geradezu blöd hielt, und ging in seine Hütte. Ein Licht flammte auf, sicherlich eine Batterielampe, und Aubin drehte sein Gaslicht aus. In der fahlen Dunkelheit standen sich Jeanette und er gegenüber.

»Er gefällt mir nicht«, sagte Aubin leise.

»Mir gefällt er sehr.«

»Nur, weil er dir die Hand ableckt! Der Bursche hat zwei Gesichter. Sei vorsichtig, Liebling.«

»Huch! Schon eifersüchtig?« sagte sie kokett.

»Quatsch! – Geh ins Zelt, Geliebte, und richte das Liebeslager.«

»Rindvieh!«

Aber sie ging, und Aubin setzte sich wieder auf seinen Klappstuhl, genoß die helle, warme, duftende Nacht und dachte an Casarette. Der Bursche war undurchsichtig – das stimmte. Er war ein Geologe, ein sehr guter sogar, er hatte in Frankreich sogar einen Namen in seinem Fach durch eine Buchveröffentlichung, in der er fast romanhaft das Paläosoikum beschrieb. Das Publikum übersah natürlich dieses erdgeschichtliche Buch, aber die Fachwelt merkte sich den Namen André Casarette. Seine Berufung nach Martinique war eine ehrenvolle Aufgabe – das alles stimmte. Was nicht in dieses reine Bild paßte, war sein Verschwinden in der totalen Wildnis und seine geheimen Funkkontakte. Mit wem sprach er und – das war die ganz große Frage – was gab es von hier, aus dem Urwald im Bergmassiv, nach draußen zu berichten? Wer rief Casarette an? Was wollte er von ihm? Es konnte völlig harmlos sein, natürlich, und wenn es harmlos war, hatte man jetzt die Gelegenheit, ein solches Gespräch zu belauschen.

Als Aubin vorhin sagte, der Funkapparat habe zweimal gerappelt, war das ein Bluff gewesen. Nichts hatte sich gerührt, aber Casarette war darauf eingegangen, fabelhaft beherrscht, ohne ein Zeichen von Überraschung oder lauernder Vorsicht. Und doch hatte er reagiert – in den Augenwinkeln hatte es gezuckt, und Aubin hatte es genau gesehen.

Nachdenklich ging er langsam zu seinem Zelt, kroch hinein und legte sich neben Jeanette auf die Luftmatratze.

»Was ist?« fragte sie, als er schwieg, beugte sich über ihn und sah ihm in die Augen.

»Nichts, mein Liebling.«

»Willst du mir noch immer erzählen, daß so ein verrückter Jachtbesitzer von dir ein Urwaldbild bestellt hat?«

»Ja. Warum sind wir sonst hier?«

»Genau das sollst du mir jetzt sagen, Jean!«

»Um zu malen.«

Sie legte sich neben ihn auf den Rücken, verschränkte die Arme hinter ihrem Nacken und blickte wie er gegen die niedrige Zeltdecke. »Du bist sicher, daß ich dich liebe?« sagte sie nach einer Weile.

»Aber bombensicher, Liebling.«

»Den Maler Jean Aubin?«

»Nein! Den Menschen Jean Aubin. Wenn ich mal umschwenke und Bildhauer werde, müßte ja dann alles von vorn beginnen.«

»Laß diesen Unsinn bitte, Jean! Wie können sich Menschen ehrlich lieben, wenn sie nicht die Wahrheit über sich wissen?«

»Ein wahres Wort! Also, pack aus, mein Liebling! Was verschweigst du mir?«

»Es hat keinen Sinn!« Jeanette löschte die kleine Batterielampe neben sich. »Jean, ich liebe dich wirklich! Aber ich kann nicht mit einem Mann leben, von dem ich nicht weiß, wer und was er ist. Versuch, das zu verstehen.«

In dieser Nacht konnte Aubin schlecht einschlafen. Sie hat ja recht, dachte er, sie hat ja so recht! Verdammt, man muß die Dinge hier so schnell wie möglich in Ordnung bringen.

Nun, da man doch nicht so schnell weiter nach Barbados fahren konnte, sah Bataille ein, daß es sinnvoller wäre, sich an Land blicken zu lassen. Er sprach über Funk mit einem Mann, der Marie völlig unbekannt war und von dem sie noch nie etwas gehört hatte, und sie hörte es auch nur durch Zufall, als sie an der angelehnten Tür der Funkkabine vorbeiging. »Ja, heute abend, Monsieur le Comte –«

sagte Bataille. »Wir treffen uns zufällig in *Le Josephine*, im *Hôtel L'Impératrice*. Salut.«

Ein paar Minuten später verkündete Bataille der Überraschung spielenden Marie die große Neuigkeit: »Ma Chérie... heute abend gehen wir endlich an Land! Ich mußte umdisponieren. Wir haben ein paar Tage Zeit, Martinique zu genießen. Das wolltest du doch immer. Na, wie bin ich zu meinem Schatz?!«

»Du bist fabelhaft!« rief Marie, stieß einen wohlüberlegten Juchzer aus, fiel Roger um den Hals und küßte ihn leidenschaftlich. So oft Bataille sie manchmal mit Wonne in das Weltall hätte schießen können, vor allem, wenn ihre grenzenlose Dummheit ihn völlig entnervte, in solchen Augenblicken, wenn sie ihn küßte und er ihren üppigen Körper spürte, war er froh, sie bei sich zu haben und liebte sie wirklich. Es war ihm selbst unerklärlich, da er sich immer wieder sagte: Sie ist nichts als ein Stück herrlich geformtes Fleisch! Aber dann gab es Augenblicke, wo er dachte: Sie gehört zu mir wie mein Atem.

Mit ihrem kleinen Beiboot, einem schnittigen Motorrenner, fuhren sie hinüber zum großen Landesteg des *Douane et Immigration Plaisance* – dem Zoll und der Fremdenpolizei – ließen Pässe und Schiffspapiere kontrollieren und durften dann Martinique betreten. Arm in Arm bummelten sie darauf den Boulevard Alfassa hinunter, die berühmte Uferstraße, von der man einen Blick über die Baie des Flamands und hinüber zur Ponte du Bout und zur Bucht von Trois-Ilets hat, der zum Schönsten zählt, was diese Welt zu bieten hat. Wer hier einmal gestanden hat, wenn im Abendrot das Meer aufflammt, die Segel der Boote golden werden und die Bäume und Palmen einen violetten Hauch bekommen, der behält dieses Bild in sich wie einen unvergänglichen Traum.

Im Restaurant *Le Josephine* empfing man Bataille und Marie Lupuse mit der Eleganz eines Etablissements, das weiß, welchen vorzüglichen Ruf es hat. Zufällig war ein

Tisch in einer Nische frei, von der man das Speisezimmer fast völlig überblicken konnte, und der Chef des Restaurants kam selbst herbei und begrüßte Bataille mit distanzierter Ehrfurcht. Im Laufe der Jahre hat man einen geübten Blick für die Gäste, die hereinkommen, wobei die Damen an der Seite der Herren nicht immer einen Hinweis geben können. Oft haben die seriösesten Messieurs an ihrem Arm eine – na sagen wir es höflich – sehr exotische Blüte. Bataille schnitt da gut ab... Marie Lupuse war zwar auffällig mit ihren Formen, aber man sah dem Paar an, daß es nicht zufällig zusammengehörte.

Bataille ließ sich die große Karte geben und blickte über den Rand hinweg in das Lokal. Es waren noch drei Tische frei... die anderen Gäste waren Bataille unbekannt. Franzosen, Amerikaner, Deutsche, Holländer, Schweizer, aber kein Kreole oder gar ein Schwarzer. Gerade, als er die Karte sinken lassen wollte, um seine Bestellung aufzugeben, betrat ein einzelner Gast das Restaurant. Er trug einen grauen Maßanzug, ein rosa seidenes Hemd, eine dezente silbergraue Krawatte und hatte das rötliche Haar sichtlich mit Dauerwellen zu Locken drehen lassen. Was aber besonders an ihm auffiel und wirklich außergewöhnlich war, blitzte um seinen Hals: eine lange goldene Kette, an der ein ebenfalls goldenes Lorgnon baumelte. Daß ein Mann ein solches sonst nur von Frauen der exaltierten Gesellschaft bevorzugtes Brillenglas benutzte, war wirklich auffällig.

Der neue Gast sah sich etwas hochmütig um, übersah den sofort mit einer Verbeugung grüßenden Chef des Restaurants, schritt würdevoll an Batailles Tisch vorbei zu einem der freien Tische und stolperte über Batailles etwas in den Gang ragenden rechten Schuh. Konsterniert hob der Gast sein Lorgnon an die Augen und musterte Bataille.

»Pardon!« sagte er schnarrend. »Entschuldigen Sie, daß ich Ihren Fuß belästigt habe. Sind Sie verletzt? Spüren Sie Schmerzen?«

Der zweite freie Tisch wurde jetzt von zwei Herren besetzt, die gerade hereingekommen waren und offensichtlich Franzosen waren. Sie unterhielten sich lebhaft und achteten nicht auf die Szene ein paar Tische weiter. Bataille sprang sofort auf und straffte sich.

»Monsieur, ganz meine Schuld!« sagte er voll Selbstanklage. »Wie kann ich Ihren Schreck besänftigen? Erlauben Sie mir, Sie zu einem Glas Champagner einzuladen. Oder ist Ihnen ein Cocktail lieber?«

Der elegante Gast betrachtete durch sein Glas Marie Lupuse, machte eine stramme, fast militärische Verbeugung und riß sich zu einem Lächeln hin. »Henri Comte de Massenais –« stellte er sich vor. »Wenn Madame die Einladung goutieren . . .«

Marie starrte den Grafen entgeistert an. Noch keine drei Stunden war es her, daß Roger mit dem Comte gesprochen hatte, und jetzt taten beide so, als sähen sie sich zum erstenmal. Sie nickte deshalb nur und schielte zu Bataille hinauf, der sich erst setzte, als der Graf Platz genommen hatte. Der Chef des Restaurants brachte sich mit einer neuen Verneigung wieder in Erinnerung.

»Zuerst eine Flasche Moët!« sagte Bataille. »Ist es recht, Comte de Massenais?«

»Superb!« Der Graf wartete, bis der Chef weggegangen war, dann begann er leise glucksend zu lachen und blinzelte Bataille zu. »Vorzüglich, Roger, wie Sie mitspielen!« sagte er in vernünftigem Ton. Und zu Marie, die ihn ungläubig anstarrte: »Das war ein Scherz, Madame, ein kleines Spielchen, das Roger und ich so gern spielen. Seitdem ich diese Macke vor mir hertrage, gelte ich als der feinste Mann von Martinique. Die Welt will betrogen sein. Achtung, da kommt der Champagner!« Comte de Massenais hob das Lorgnon an die Augen und musterte kritisch die Flasche. »Ist sie eisgekühlt?«

»Wie Sie es lieben, Monsieur le Comte«, versicherte der Maître.

Der Graf nickte hoheitsvoll auf die Gläser, die jetzt gefüllt wurden. Die zwei Franzosen einen Tisch weiter bestellten einen Hummer Thermidor und einen trockenen Weißwein aus dem Gebiet des Chablis. Sie unterhielten sich laut über das Golfspiel.

»Cheerio!« sagte Bataille leise, als sie die Gläser hoben. »Es war unmöglich, früher zu kommen. Genügen Ihnen zehn Stück?«

»Es sollten zwanzig sein, Roger!«

»Guadeloupe war heiser!« Bataille lachte in sich hinein. »Sie haben so gebettelt, daß ich ihnen mehr gegeben habe.« Sie stießen mit den Champagnergläsern an und tranken dann mit der steifen Haltung sich versöhnender Offiziere. »In zwei Wochen wird Riccardo Valese herüberkommen und mehr mitbringen. Bis dahin müßt ihr leider rationalisieren.«

Marie Lupuse blickte von Bataille zu dem Grafen und stellte ihr Glas hart auf den Tisch. »Was ist hier eigentlich los?« fragte sie lauter, als sie wollte. Bataille sah wieder die Kehrseite seines Glücks mit Marie: Das dämliche Stück wird immer mehr zu einer Gefahr!

»Es ist am besten, du hältst den Mund und lächelst nur«, sagte er gepreßt. »Henri Comte de Massenais ist ein Reeder auf Martinique. Ihm gehören drei Ausflugsschiffe, drei Hochseeangel-Kreuzer und vier Segelschiffe. Stimmt's?«

»Nein.« Massenais hob sein Lorgnon wieder vor die Augen und musterte Marie mit sichtbarem Wohlgefallen. »Drei Ausflügler, sechs Hochseeangel-Jachten und fünf Segler.«

»Gratuliere. Das ist schon eine Großreederei! Und sonst, Henri?«

»Zu den Behörden habe ich die besten, ja freundschaftlichen Beziehungen. Auch zur Polizei. Der Präfekt ist oft mein Gast, er angelt zu gern Marline und Haie. Und der Leiter der Zollbehörde? Er ist ganz geil auf Sägefische!«

Der Comte trank noch einen Schluck Moët. »Ich kann zufrieden sein. – Wann kommt die Ladung an Land?«

»Morgen.« Bataille beugte sich etwas vor. »Nur zur Information: Sind 470000 Dollar vorhanden?«

»Welche Frage!« Der Graf tat beleidigt. »Unter Freunden...«

»Freundschaften bleiben draußen, wenn man Geschäftsräume betritt.«

»So ist er, der gute Roger!« sagte Comte de Massenais klagend und blinzelte Marie zu. »Ich bewundere Sie, Madame, daß Sie bei ihm so lange aushalten.«

Einer der Franzosen, zwei Tische weiter, stand jetzt auf und ging hinaus zur Toilette. Aber in der Vorhalle schwenkte er ab und betrat eine der gepolsterten Telefonzellen des *Hôtels L'Impératrice*. Er versicherte sich, daß die Tür auch dicht geschlossen war und wählte dann eine kurze Nummer.

»Wir sind im *Le Josephine*. Etwas Merkwürdiges ist geschehen: Der Comte de Massenais kommt auch ins Restaurant, stolpert über einen Fuß von Bataille, und es sah so aus, als wolle er sich daraufhin mit ihm duellieren. Bataille lädt ihn als Genugtuung zu einer Flasche Moët ein, und nun sitzen sie zusammen an einem Tisch und scheinen sich zu vertragen.«

»De Massenais?« sagte eine Stimme im Telefon. »Das ist absurd. Das ist wirklich nur ein Zufall! Was tun Sie jetzt?«

»Wir haben ein Essen bestellt.«

»Was?«

»Hummer Thermidor.«

»Sind Sie verrückt, Alain?!«

»Es ist noch das Billigste auf der Karte, Monsieur.«

»Eine Hühnersuppe hätte es auch getan!«

»Nicht im *Le Josephine*.«

»Sie schädigen den Staat, Alain! – Bleiben Sie jedenfalls in der Nähe.«

»Und wenn sie in ein Nachtlokal weitergehen?«

»Dann folgen Sie ihnen. Welche Frage!«

»Das kostet noch mehr als ein Hummer Thermidor, Monsieur.«

»Sie brauchen ja keinen Dom Pérignon zu saufen, Alain! Es gibt auch billige, aber gute Weine.«

Der Franzose, der Alain genannt wurde, legte auf und ging ins Restaurant zurück. Der zweite Gast war gerade dabei, den soeben servierten Hummer zu zerteilen. Er blickte kurz auf, nickte und Alain nickte ebenso kurz zurück.

Zwei Tische weiter bestellte Bataille ein sechsgängiges Diner und ließ sich wegen des Weins beraten. Bei einem Umsatz von 470 000 Dollar ist ein üppiges Abendessen durchaus angebracht.

Mamissi Wata war ein Mensch, den im Leben kaum etwas erschrecken konnte. Schon ihr Priesteramt für die Wassergöttin und die Nixe Wata war so angefüllt mit erschreckenden Opfern und Ekstasen, der Umgang mit den Göttern und ihren Geheimnissen war so menschenfern und weltentrückt, daß es eigentlich nichts mehr gab, was ihr das Herz zusammenkrampfen ließ.

Jetzt aber spürte sie, daß sich ein kalter Stein auf ihr Herz legte und das Atmen behinderte. Sie sah Jules Tsologou Totagan mit weiten Augen an, strich mit beiden Händen über ihren massigen Körper und schnaubte erregt durch die breite, flache Nase.

»Wem willst du opfern?« fragte sie gepreßt.

»Dem Totengott.« Jules ging langsam zurück zum Kofferraum, beugte sich hinein und holte zunächst zehn Voodoo-Eisen heraus. Es waren Spieße, die man in die Erde stößt und deren Kopf wie geöffnete, krallenförmige Hände aussehen. In sie hinein legt man die Geschenke für die Götter, Hahnenköpfe, Früchte, Gemüsebrei, Obst.

Jules trug die Spieße zum Strand, steckte sie in einem

weiten Kreis in den Sand und schleppte dann vom Kofferraum in diesen Kreis Säcke, Kartons, Schüsseln und Eimer herbei. Über zwanzigmal lief er hin und her und schnauzte Mamissi Wata an, als sie ihm helfen wollte, die geheimnisvollen Sachen zu tragen.

Über eine Stunde dauerte darauf der Aufbau. Grell bemalte oder weiß getünchte Voodoo-Puppen saßen ebenfalls rund im Kreis zwischen den Opferspießen, ein Teil des Strandes war mit Glasscherben von Flaschen, Gläsern und Schüsseln übersät, die Jules aus drei großen Säcken ausgeschüttet hatte, drei Hähne in ihren Holzkäfigen schrien ängstlich und warfen sich gegen die Gitterstäbe, als ahnten sie, was ihnen bevorstand. Das Zicklein lag mit zusammengeschnürten Beinen im Sand und stierte klaglos in die Sonne.

Jules Totagan reckte sich, schloß die Augen und streifte seine Kleidung ab bis auf ein knappes, rotes Lendentuch. Mamissi Wata staunte. Trotz seines Alters hatte Jules noch einen guten Körper, etwas knochig und faltig in der Haut, aber durchaus männlich und mit noch nicht verkümmerten Muskeln. Er hatte das Altern gut überstanden. In diesem Augenblick schämte sich Mamissi Wata Danielle Paquier ihrer unförmigen Dicke, vor allem, als sie jetzt daran dachte, wie hübsch und schlank sie gewesen war, als Jules sich bemühte, sie in sein Bett zu bekommen, und sie ihn ausgelacht und verspottet hatte.

Zum letzten Mal kam Jules vom Kofferraum seines Wagens zurück und brachte eine runde Baumtrommel, mit Ziegenhaut bezogen, mit. Er blieb vor Mamissi Wata stehen und zog das Kinn an. »Kannst du noch die Rhythmen?« fragte er. »O je, wie willst du die Trommel zwischen die Beine klemmen. Da paßt ja nichts mehr hin!«

»Gib sie mir!« sagte Alice Anamera, bevor Mamissi Wata aufheulen konnte und sich überlegte, ob sie Jules in das verdammte Gesicht spucken sollte. Die ganze Zeit über hatte Alice mit leeren Augen im Sand gehockt, fast unbeweglich, den Blick hinaus aufs Meer gerichtet. Jetzt war sie aufgestanden und streckte die Arme vor. Jules nickte, übergab ihr die Trommel und trat in seinen magischen Kreis.

Leise, in einem wiegenden Rhythmus, begann Alice mit den flachen Händen auf das Ziegenfell zu schlagen. Feierlich schritt Jules Totagan in seinem Kreis herum. Mit Maismehl aus einem irdenen Topf streute er vor den Voodoo-Eisen und den Voodoo-Puppen die heiligen Zeichen, die geheimnisvollen Vévés auf den Boden, magische Figuren, die zur Anrufung der Götter gebraucht werden. Diese Symbole zwingen die Götter herbei, und einer der Götter wird dann, wenn die Opfer gut genug sind, Besitz von Jules ergreifen und durch seinen Mund die Wahrheit und die Zukunft sprechen.

Siebenundsiebzig Vévés streute Jules für die Petro-Götter und einundzwanzig Vévés für die Rada-Götter. Dann schlug er die Hände vor sein Gesicht und verharrte wie versteinert. Das Trommeln wurde lauter, härter, zwingender, schneller. Mit geschlossenen Augen stand Alice nahe am magischen Kreis und schlug mit den Händen auf die Ziegenhaut.

Jules Totagan begann zu tanzen. Mit zunächst staksigen Schritten hüpfte er im Kreis herum, die Hände noch vor dem Gesicht, und es war erstaunlich, daß er immer im Inneren des Kreises blieb und keines seiner vielen Vévés berührte. Mamissi Wata faltete die Hände über dem riesigen Leib. Jetzt ruft er den Geist Leglesou, den Unverwundbaren, dachte sie mit einem leichten Schauder. Der Geist, den nichts verletzen kann, der selbst dem Feuer widersteht.

Immer schneller, immer fordernder, immer antreibender klang die Trommel. Jules Körper verfiel in Zuckungen. Er riß die Hände herunter, breitete die Arme aus, und plötzlich begann er zu schreien, dumpf, wie aus unendlichen Tiefen, und dann schriller werdend bis zum ohrenzerreißenden Kreischen. Er bückte sich, am ganzen Körper zuckend, riß einen Hahnenkäfig auf, packte den schreienden Hahn mit beiden Händen, die zu Eisenklammern wurden, wirbelte mit ihm herum, schwenkte das Tier wie eine Fahne, stieß einen neuen gellenden Schrei aus, öffnete weit den Mund, steckte den Hahnenkopf zwischen seine Zähne und biß zu. Blut rann ihm aus dem Mund, und als er den abgebissenen Hahnenkopf in eines der Voodoo-Eisen spuckte, spritzte das pulsende Blut des Tieres über sein Gesicht und über seinen Körper.

Noch dreimal tötete Jules auf diese Art einen Hahn, und immer wilder, immer ekstatischer schlugen Alices Hände auf die Trommel. Jules war jetzt aller Welt entrückt, tanzte mit ungeheuren Zuckungen im Kreis herum, blutbeschmiert vom Kopf bis zu den Füßen, und ein plötzlicher, langgezogener Schrei verkündete, daß nun Leglesou, der Unverwundbare, in seinen Körper gefahren war. Nun war er der unbesiegbare Geist und nicht mehr der Mensch Jules Totagan, nun war er ein Teil des Gottes geworden, und alles, was er tat und sprach, kam von jetzt an vom Übermächtigen.

In höchster Ekstase, in vollkommener Trance, tanzte Jules mit nackten Füßen durch den Haufen der Glasscherben, warf sich rücklings in das zersplitternde Glas, wälzte sich darin wie ein Schwein in einer morastigen Sule und sprang wieder auf... unverletzt, ohne eine einzige Wunde, ohne einen Schnitt. Mamissi Wata fiel auf die Knie. Leglesou, der Unverwundbare, war wirklich in Jules, man sah es jetzt. Und die Trommel wirbelte, als solle sie die ganze Welt in einen wilden Taumel reißen.

Jules Totagan, über und über mit dem Blut der Hähne besudelt, wirbelte wie besessen – und das war er ja – um die eigene Achse, riß ein langes Messer, das vor einer Voodoo-Puppe im Sand stak, aus dem Boden, sprang zu dem Zicklein, beugte sich mit wilden Zuckungen über das Tier und schnitt ihm mit einem einzigen Hieb die Kehle durch. Dann nahm er das Zicklein wie ein Kind auf beide Arme, trug es im Kreis herum und bespritzte die Voodoo-Spieße mit dem hellen, sprudelnden Blut. Noch einmal schüttelte sich sein Körper in wilden Krämpfen, er warf das tote Tier weg in den Glashaufen, sank auf den Boden, wälzte sich und breitete die Arme aus. Die Trommel unter Alices Händen dröhnte, dann gab es einen kreischenden Laut: Das Ziegenfell war zerborsten. Mamissi Wata, nun selbst in wilden Zuckungen, fiel mit dem Gesicht nach vorn in den Sand.

Die plötzliche Stille war lähmend. Und in diese Stille hinein hörte man Jules' ferne, entrückte, völlig fremde Stimme, die Stimme des Geistes Leglesou, die aus dem All zu kommen schien:

»Es ist ein weißer Mann... ein älterer weißer Mann... Land sehe ich... ein weites Land... Felder... ein Ort mit einer Kirche... das Meer ist nicht weit... aber er lebt nicht am Meer... weit ist das Land... im Osten... zwei Städte auf einer Linie... voneinander entfernt... dazwischen das Land... fruchtbar... Zuckerrohr, Ananas... viele Menschen um ihn herum... gutes Land...«

Totagans Zuckungen verebbten. Mamissi Wata lag auf dem Gesicht und schlug mit der Stirn in den Sand. Alice Anamera kniete neben der zerplatzten Trommel, die Augen geschlossen, das Baumwollkleid naß vom Schweiß, ein Bild der Versteinerung.

Mit einem Seufzer kam Jules in diese Welt zurück. Er setzte sich auf, blickte sich im Kreis um, betrachtete die getöteten Tiere, die dargebrachten Opfer, das Blut, das überall war und die betende Mamissi Wata, die wie ein bunter Fleischberg im Sand lag. Langsam stand Jules auf, ging aus dem magischen Kreis hinaus, schritt zum Meer, ging in die Wellen hinein und wusch das Blut von seinem Körper. Als er zurückkam, saß Mamissi Wata im Sand und starrte ihn an, als sei er noch der unverwundbare Gott.

Alice kniete neben ihr und hatte ihre Schulter umklammert.

»Wir finden ihn!« sagte Jules mit fester Stimme. »Im Osten, im fruchtbaren Land, wo Zuckerrohr und Ananas wachsen. Zwei Städte voneinander entfernt, aber auf einer geraden Linie, und nahe ist das Meer. Wir finden ihn! Es gibt nur wenige Weiße in dieser Gegend. Bleibt es dabei, Danielle, daß ich ihn haben kann?«

»Du hast ihn, Jules!« rief Mamissi Wata laut. »Nimm ihn dir! Opfere ihn für dich! Wen willst *du* töten?«

»Nicht ich! Voodoo soll es tun!« Jules Totagan faßte Mamissi Wata unter. Zusammen mit Alice stemmten sie sie von der Erde hoch. Dann lächelte er und legte den Arm um Danielles fette Schulter. »Es ist eine weiße Frau. *Diesem* Zauber wird sie nicht widerstehen!«

9

An Schlaf war in dieser Nacht nicht zu denken. Sie lagen nebeneinander in dem prunkvollen Doppelbett mit dem Baldachin aus kreolischer Spitze darüber – ein Schlafzimmer, einer Königin würdig – und tranken, meist stumm und in kleinen Schlucken, eine Flasche Champagner.

Das Abendessen war kurz gewesen, trotz der Kunst der schwarzen Köchin, aus einer einfachen Schweinelende ein kulinarisches Kunstwerk zu machen. René würgte ein paar Bissen herunter, schob dann den Teller zurück und sagte gepreßt: »Entschuldige, Liebling, aber mir ist der Hals wie zugeschnürt.« Dann trank er zwei große Gläser Wein wie Wasser, verließ die Terrasse und ging ins Haus. Als er nach zwanzig Minuten nicht wiedergekommen war, winkte Petra dem Diener, abzuräumen und suchte René erst im Salon, dann in der Bibliothek und im Arbeitszimmer. Sie fand ihn im Schlafzimmer. Er lag angezogen auf dem Bett und rauchte einen Zigarillo.

Als sie eintrat, hob er kurz den Kopf und ließ ihn dann in das Kissen zurückfallen. Sie blieb an der Tür stehen und lehnte sich dagegen.

»Was hast du?« fragte sie. »Fühlst du dich nicht wohl?«

»Durchaus nicht.«

»Hast du Magenschmerzen?«

»Warum?«

»Du hast das Essen abgebrochen.«

Er hob wieder den Kopf, richtete sich dann auf und starrte sie eine Weile stumm an. »Ich habe dich immer für ein ungewöhnliches Mädchen gehalten«, sagte er dann, »aber seit heute weiß ich, daß du eine der mutigsten Frauen bist, die ich kenne.«

»Und das erschüttert dich so?« Sie stieß sich von der Tür ab und kam näher, setzte sich neben René aufs Bett und nahm seine Hand. »Es wäre alles viel einfacher gewesen, wenn du mir vorher von Josephine erzählt hättest.«

»Ich hatte Angst, Petra, einfach Angst.« Er legte den Kopf gegen ihre Schulter und umfaßte ihre Hüfte. »Angst, daß du dann sagen würdest: Nein, dahin komme ich nicht! Ich komme nicht nach Martinique!«

»So wenig Vertrauen hast du zu mir? Wenn etwas Vergangenheit geworden ist, wirkliche Vergangenheit, ist die Gegenwart um so freier. Aber ist es Vergangenheit?«

»Was hat dir Josephine erzählt?«

»Nichts von dir. Wie konnte sie es auch? Sie ist doch Josephines Freundin Mariette.«

»Mein Gott, du weißt gar nicht, in welcher Gefahr du warst!«

Petra schüttelte den Kopf. Sie zog sich aus, duschte sich kalt, und als sie zurückkam ins Schlafzimmer hatte René die Flasche Champagner geholt und wartete auf sie im Bett.

»Was willst du tun?« fragte er, nachdem sie das erste Glas getrunken hatten.

»Ich werde Josephine in dem Glauben lassen, daß ich sie für Mariette halte.«

»Und dann?«

»Sie hat versprochen, mit ihrer Freundin Josephine zu sprechen. Sie wird mir mitteilen, was Josephine gesagt hat. Darauf bin ich gespannt.«

»Das kann ich dir auch jetzt schon sagen.« René schüttete die Gläser wieder voll. »Drohungen! Verwünschungen! Sie sollen dich so in Angst versetzen, daß du mit dem nächsten Flugzeug nach Deutschland zurückfliegst.«

»Sie wird sehen, daß ich es nicht tue! Glaubst du, daß sie dann die Mariette-Maske fallen läßt?«

»Nein.« René atmete ein paarmal tief durch. »Sie werden dich durch den Voodoo-Zauber vernichten!« Er sah, daß sie ihn verständnislos anstarrte und stellte das Glas zur Seite. »Es... es ist so viel zu sagen und zu erklären, Liebling. Ich bitte dich zunächst um Verzeihung.«

»Wofür?«

»Daß dir so manches, was in den letzten Tagen hier geschehen ist, verschwiegen worden ist. Daß Robert Coulbet gleich am ersten Abend bei uns erschien, war kein Zufall. Ich hatte ihn angerufen. Wegen der Puppe, die du in deiner Schiffskabine gefunden hast.«

»Diese lustige Schnitzerei?«

»Lustig!« Renés Stimme wurde hart und bitter. »Sie war die erste Drohung des Voodoo. Eine... eine sehr ernste Drohung.« Er vermied das Wort tödlich, weil er ihr fassungsloses Gesicht sah. »Die Puppe sollte dich darstellen...«

Sie begriff plötzlich, lehnte sich zurück und preßte die Hände gegen ihre Brüste. »Das Beil im Herzen, René...« stammelte sie entsetzt.

»Ja.«

»Sie... sie wollen mich wirklich umbringen?«

»Nicht direkt. Das Geheimnis der Rachegötter soll es tun. Beim Voodoo-Zauber rufen sie die Götter an, opfern ihnen, weihen ihnen einen Fetisch und geben ihm Namen und Gesicht dessen, der bestraft werden soll. Sie stechen eine lange Nadel in das linke Bein und der Verfluchte wird sein linkes Bein verlieren. Sie stechen ins Herz, und der Verdammte wird elend sterben, ganz gleich, wo er ist, und wenn er hundert Kilometer weit entfernt ist.«

»Und das glaubt ihr?! Das glaubst selbst du, René?«

»Ich bin aufgewachsen mit diesem schrecklichen Zauberkult. Ich habe zuviel Unerklärliches gesehen und gehört. Als ich die Voodoo-Puppe sah, die du vom Schiff mitbrachtest, blieb mir fast das Herz stehen! Ich habe sofort Coulbet gerufen, und nun ist er dabei, den zu überführen, der dir diesen Fetisch ins Bett gelegt hat.« Er streichelte ihr über das starre Gesicht und dachte unwillkürlich an die Zeitungsausschnitte, die für Petra eine ganz klare Warnung sein sollten: Deine Vorgängerin hat man mit aufgeschlitztem Leib gefunden. »Du hast auf dem Schiff nichts bemerkt?«

»Gar nichts, René!«

»Und wie soll das weitergehen mit Josephine?«

»Wir werden uns über ihre ›Freundin Mariette‹ einmal verständigen, früher oder später.«

»Du kennst die Kreolinnen nicht. Sie sind menschliche Vulkane! Wenn sie aufbrechen, ist das ein Naturereignis, unaufhaltsam wie der Ausbruch des Mont Pelée.«

»Ihr... ihr habt euch sehr geliebt?« Ihre Stimme war ganz klein, wie bei einem unsicheren Kind.

»Warum darüber sprechen? Gerade jetzt?«

»Ich kann besser mit ihr sprechen, wenn du mir die Wahrheit sagst.«

»Es war eine... eine stürmische Liebe, ohne Ziel und für Josephine hoffnungslos. Sie wußte es von Anfang an. Und sie mußte damit rechnen, daß einmal eine Madame Birot ins Haus kommen würde.«

»Wenn ich es nicht gewesen wäre, hätte sie jede andere auch gehaßt und verfolgt?«

»Jetzt weiß ich das. Ich hätte das nie geglaubt. Petra«, er hielt ihre beiden Hände fest und spürte, wie sie zitterte. »Sei nicht so vertrauensselig. Sei nicht so sinnlos mutig. Josephine ist gefährlich. Die Menschen hier haben die Eigenschaft, im Haß unmenschlich zu werden.«

Es wurde eine lange, schlaflose Nacht; erst gegen Morgen schlief Petra ein, kuschelte sich wie schutzsuchend eng an René, und er spürte, wie ihre Nerven vibrierten und ihr Mut, ihre zur Schau getragene Furchtlosigkeit nur eine Lüge waren.

Coulbet muß etwas tun, dachte René verbissen und drückte die schlafende Petra fest an sich. Er kann und darf nicht warten, bis etwas geschieht! Warum verhaftet er nicht diesen Onkel Jules?

In jener einsamen Stunde beschloß René Birot, sich selbst aktiver einzuschalten und zu Jules Totagan zu fahren. Nicht mehr verteidigen, dachte er, nein, angreifen! Zuerst zuschlagen! Schneller und stärker sein als dieser verdammte Voodoo-Zauber!

Es war der Augenblick, in dem sich René klar wurde, daß er bereit war, als letzte Konsequenz zu töten.

In der Abteilung II c der Kriminalpolizei von Martinique war das große Staunen ausgebrochen. Daß man dem Ozeanbummler Bataille samt seiner ungeheuren Sexy-Frau Marie Lupuse nicht traute, war nach einer Überprüfung aller Häfen, die er mit seiner Yacht *Carina II* angelaufen war, selbstverständlich geworden.

Sowohl die britischen wie die amerikanischen Behörden, die Niederländer und auch die selbständig gewordenen Inselregierungen notierten nach der Weiterfahrt von Bataille auf ihren karibischen Paradiesen ein sprunghaftes Ansteigen des in den letzten Jahren immer kritischer werdenden Rauschgiftproblems. Es tauchten in den Bars und Nachtclubs, ja selbst in den renommierten Hotels und am Strand Heroin und Kokain auf, und die kleinen Dealer, die man faßte, allesamt hundsarme Kerle aus den Slums, die für ein Handgeld die *Ware* anboten, schwiegen eisern, aus begründeter Angst. Der Fall James Reeder auf St. Croix verbreitete sich über alle karibischen Inseln, als fiele Feuer vom Himmel: James, ein Mulatte, hatte es sich im Gefängnis von Christiansted, der Hauptstadt von St. Croix, die man die schönste Kleinstadt Westindiens nennt und deren Altstadt in ihrer Gesamtheit unter Denkmalschutz steht, anders überlegt und hatte kundgetan, daß er bei Straffreiheit aussagen wolle. Am nächsten Vormittag sollte er vom Staatsanwalt persönlich verhört werden. Am frühen Morgen lag er erwürgt in seiner Zelle, und niemand konnte das Geheimnis lösen, wie man einen Gefangenen in einer verschlossenen Einzelzelle töten konnte. Der Gouverneur von St. Croix erklärte das Phänomen nur mit der Feststellung, »Wir haben es hier mit der Mafia zu tun!« Das war etwas wie eine Kapitulationserklärung.

In Martinique hatte man die Berichte der einzelnen Inseln, die Bataille angelaufen war, zusammengestellt. Sie ergaben eine erdrückende Indizienkette, aber eben auch nur Indizien! Sie reichten nicht aus, die *Carina II* zu beschlagnahmen und auseinanderzunehmen. Man konnte Roger Bataille nur beobachten und geduldig warten, bis er sich eine Blöße gab oder einen Fehler beging. Vor allem war man gespannt, wohin Bataille von Martinique aus fahren würde; wenn auf dieser nächsten Insel dann auch Heroin in größeren Mengen auftauchte, konnte niemand mehr an einen Zufall glauben.

Nun aber wurden die Behörden unsicher. Bataille war im Restaurant *Le Joséphine* mit dem Comte de Massenais in Verbindung getreten, und das paßte nun gar nicht in das Bild, das sich die Polizei von Martinique mittlerweile von Bataille gemacht hatte. Der Graf war einer der letzten Grandseigneurs der Insel, unbescholten wie die Justitia selbst, wohlhabend und geachtet, Reeder bekannter Schiffe, ein wenig exaltiert, aber jeder Mensch hat ja so seinen persönlichen Tick, und wenn der Comte de Massenais mit seinem goldenen Lorgnon herumlief und sich kleidete wie ein Dandy, dann war das eben seine ureigene Note, über die man still hinweglächelte. Massenais war Mitglied aller exklusiven Clubs auf Martinique und Guadeloupe, gehörte sogar irgendeinem Ritterorden an, dessen Mitglieder an Feiertagen, wie etwa an Fronleichnam oder während des Osterfestgottesdienstes, in weißen, wallenden Ritterumhängen mit einem stilisierten violetten Kreuz auf dem Rücken herumliefen, ein breites Schwert in einer ziselierten Silberscheide umgürtet. Kurzum, de Massenais mit möglichen dunklen Geschäften Batailles in Zusammenhang zu bringen, war völlig absurd.

Und doch schien es so, trotz des Stolpern des Grafen über den Fuß von Bataille, als würden sie sich schon länger kennen.

Bei der Polizei in Martinique lief am Morgen nach der Begegnung im *Le Joséphine* die Routinearbeit an, obwohl sie jeder im Zusammenhang mit dem Grafen für völlig sinnlos hielt. Es kam auch das dabei heraus, was jeder wußte: de Massenais war rein wie eine weiße Frangipaniblüte. Wer aber eine Frangipani kennt, weiß, daß sie an den Rändern ihrer weißen Blütenblätter gelbe oder rosa Streifen tragen kann.

Und der Comte de Massenais hatte solch einen rosa Streifen: Mit dem Ankauf von drei neuen Schiffen hatte er sich finanziell übernommen. Die Bankkredite und deren Zinsen drückten, die Schiffe waren nicht ausgebucht, die sonst so zahlreichen Amerikaner blieben dieses Jahr aus, weil die Hochzinspolitik der US-Regierung das Geld knapper werden ließ. Gewiß, es war eine nur vorübergehende Flaute, aber sie hatte den Grafen voll getroffen.

Der Leiter der kleinen Sonderkommission auf Martinique schüttelte den Kopf.

»Wir alle kennen den Comte, meine Freunde. Es ist völlig abwegig, auch nur daran zu denken, daß er sich in die Hände eines Bataille begibt, um aus seinen vorübergehenden Schwierigkeiten herauszukommen! Nicht ein de Massenais! Jede Bank würde ihm die Zinsen stunden.«

»Wenn in Amerika sogar Senatoren auf der Gehaltsliste der Mafia stehen, warum sollte ein Comte nicht auch neue Geldquellen erschließen?« Coulbet, der bei der Besprechung als Gast zugegen war, blätterte in seinem schwarzen Notizbuch. »Wir wissen, daß Bataille mit seinem vorzüglichen Funkgerät in regem Sprechverkehr mit unserer Insel steht. Aber wer ist der Partner? Wer verfügt über eine Funkeinrichtung?«

»Auf der Insel gibt es Hunderte von Sprechfunkgeräten. So einen Walkie-Talkie kann sich ja jeder kaufen! Das ist kein Argument gegen de Massenais.«

»Warten wir ab. Ich bin gespannt, ob der Comte in den nächsten Tagen an Bord der *Carina II* geht! Natürlich als harmloser Gast!« Coulbets Stimme war voll Spott. »Neue Freundschaften muß man pflegen.«

»Er wird sicherlich einen Besuch machen!« Der Leiter der Sonderkommission verzog säuerlich das Gesicht. »Und wenn wir Roberts Sarkasmus richtig verstehen, müßte man dann den wieder an Land kommenden Comte kassieren und visitieren.«

»Es könnte nichts schaden!« Coulbet lächelte mokant.

»Und wer hält dann später bei dem öffentlichen Skandal den Kopf hin? Martiniques angesehener Reeder de Massenais von übereifriger Polizei verhaftet! Können Sie sich die Schlagzeilen in den Zeitungen vorstellen, meine Herren?«

»Und wenn die Schlagzeilen lauten: Heroin im Werte von zig Millionen Francs bei Comte de Massenais gefunden! Hat die Polizei jahrelang geschlafen?! Wer tritt dann vor und sagt: *Ich* bin der Schläfer?«

»Was, zum Teufel, also sollen wir tun?«

»Die Augen offenhalten.«

»Welch ein unbekannter, ungeheuer nützlicher Rat!« Der Leiter der Sonderkommission schob sich auf seinem Stuhl mit einem Stoß von der Tischkante weg. »Wir müssen an Bataille heran! Wir müssen seine Yacht auseinandernehmen! Aber wie?«

»Durch einen Froschmann«, sagte Coulbet gemütlich.

»Wie bitte?« Die Kollegen von der Sonderkommission starrten Coulbet fassungslos an.

»Es ist schrecklich, wie fantasielos doch die Polizei ist, auf der ganzen Welt.«

»Das hast du schon mal gesagt, Robert.«

»Und man kann es nicht oft genug wiederholen.« Coulbet faltete die Hände vor dem Bauch. Er saß da wie ein gemütlicher, zufriedener Rentner, der alles hat, was er als guter Franzose zum Leben braucht: Ein Weißbrot, einen Käse und einen guten Rotwein. »Batailles Yacht müßte in eine Werft abgeschleppt werden, damit man sie dort gründlich untersuchen könnte. Wie aber kommt eine intakte Yacht auf eine Werft?«

»Die Frage der Woche!« sagte der Chef der Sonderkommission spöttisch.

»Man nehme einen Froschmann, gebe ihm das richtige Werkzeug mit und lasse ihn unter Wasser an der Yacht ein Leck anbringen.« Coulbet lächelte in die erstarrte Runde. »Wer eine noch einfachere Methode kennt, Finger hoch!«

»Wir können doch nicht amtlich ein Schiff versenken!«

»Wir? Wer ist wir?! Ein Froschmann unbekannter Nationalität und unbekannter Motive! Das rechtfertigt einen massiven Einsatz der Ordnungskräfte! Terror unter Wasser vor Martinique. Da können sich die Journalisten die Finger wundschreiben. Und jeder Einsatz der Polizei ist berechtigt!«

»Robert, du bist ein gerissener Hund«, sagte der Leiter der Sonderkommission emphatisch. »Und die Yacht von Bataille schleppt unser Polizeiboot dann in die kleine Reparaturwerft des Comte de Massenais ab.«

»Der Horizont bei der Polizei wird lichter!« Coulbet nickte erfreut. »Wir haben einen unanfechtbaren Grund, das einem Sabotageakt zum Opfer gefallene Schiff zu beschlagnahmen, um Spuren zu sichern. So schnell kann Bataille gar nichts zur Seite schaffen, wie wir bei der *Carina II* auftauchen. Und dann zerlegen wir die Yacht!«

»Das alles ist ungesetzlich.«

»Es gibt für mich auch kein Gesetz mehr, wenn es gegen die Mafia geht!« sagte Coulbet hart und erhob sich. »Vor meinem Gewissen kann ich verantworten, sie mit ihren Waffen zu bekämpfen. Hunderttausende Heroinopfer fordern mich dazu auf!«

Er verließ grußlos die Sonderbesprechung, und alle sahen ihm betroffen nach. Sie hatten den freundlichen, witzigen, eleganten Robert Coulbet so noch nicht erlebt.

Schon früh am Morgen war André Casarette auf den Beinen, stand unter der Tür seiner primitiven Hütte und starrte mißmutig hinüber zu dem Zelt des verrückten Malers und seiner so ungewöhnlich hübschen Begleiterin. Er hatte sich vorgenommen, heute nicht in seinen Stollen zu gehen, sondern den Tag zu nutzen, diesen Jean Aubin von hier wegzuekeln. Außerdem mußte er in der Nähe des Funkgerätes bleiben, falls sein Partner, dieser ungeduldige Idiot, wieder wissen wollte, was eigentlich los sei.

Jetzt fehlt nur noch Coulbet, dachte Casarette wütend. Ein Jahr lang war Ruhe, hatte nie ein Mensch sich in diese Einsamkeit, in diese Wildnis aus Lavagestein und Urwald verirrt, hatte er arbeiten können und gefahrlos sein großes Ziel näher kommen sehen: Ein Leben vielleicht in Florida, auf einem der Kays vor der Küste, dort, wo Hemingway gelebt hatte, oder auf Hawaii, ein junger Millionär mit einem Schiff und schönen Mädchen, mit glücklichen Tagen, die sich aneinanderreihten wie eine endlose Perlenkette. Ein Leben in völliger Sorglosigkeit, geschenkt von einem Berg, den alle fürchteten und der 1902 zum Mörder an Tausenden von Menschen geworden war. Das große Millionengeheimnis des André Casarette, nur durch Zufall entdeckt...

Er wusch sich, machte Feuer in der gemauerten Herdstelle und überlegte, während das Kaffeewasser kochte, wie man Aubin und sein Mädchen weggraulen könnte. Am einfachsten und sichersten schien es Casarette Jeanette zu umgarnen: Wenn er Aubin durch Eifersucht bis zur Weißglut reizte, konnte man annehmen, daß er seine Sachen packte und sich eine neue Stelle im Urwald für sein dämliches Gemälde suchte. Vor einer anderen

Auseinandersetzung hatte Casarette keine Angst – er war kräftig, sportlich, durch die Arbeit im Stollen mit harten Muskeln bestückt. Wo er hinschlug, stand so schnell niemand wieder auf. Aubin war kein Schwächling, nein, so sah er nicht aus, aber Casarette wußte, daß er bei einem Schlagabtausch ein sicherer Sieger sein würde.

Auch Jeanette schien eine Frühaufsteherin zu sein. Kaum hatte sich Casarette vor seiner Hütte zum Frühstück hingesetzt, als sich der Zelteingang teilte und sie herauskam. Sie trug einen hellgrauen Trainingsanzug, rannte viermal mit kreisenden Armen um das Zelt und kam dann zu Casarette hinüber.

»Das tut gut!« sagte sie. »In so einem Zelt ist's doch verdammt eng. Guten Morgen.«

»Auch so.« Casarette sah sofort einen Anhaltspunkt, um nach Plan aktiv werden zu können. »Da könnte ich Ihnen einen tollen Vorschlag machen: Ziehen Sie um in meine Hütte. Da ist Platz genug. Außerdem könnte eine Hausfrau in diesem Chaos bei mir nicht schaden.«

»Soll das ein Antrag sein?« fragte sie keck und umrundete in leichtem Dauerlauf den an seinem Knüppeltisch sitzenden Casarette.

»Nehmen wir es an. Was dann?«

»Und Jean?«

»Das ist eine Frage, die nicht ich beantworten kann.«

»Ich habe nie auf Komfort Wert gelegt.« Jeanette setzte sich Casarette gegenüber auf einen roh gezimmerten Stuhl. »Aber was Sie mir hier zu bieten haben, übersteigt meine Bescheidenheit. Ich könnte auf Dauer hier nicht leben.«

»Auf Dauer ist es ja auch nicht, Jeanette.«

»Ein Jahr sind Sie doch schon hier.«

»Aber kein neues Jahr mehr!« Casarette machte eine weite Handbewegung. »Ich lade Sie ein, daraus ein Paradies zu machen. Nur Frauen können das.«

Aus dem Zelt kroch jetzt Aubin. Er sah mißmutig aus,

reckte sich und blickte hinüber zur Hütte. Jeanette nahm die Gunst des Augenblicks, Aubin zu ärgern, sofort wahr, lachte laut und girrend, sprang auf, legte den Arm um Casarettes Schulter und hüpfte dann fröhlich zu dem großen Wassertrog. Verunsichert starrte Casarette ihr nach. Nicht so Aubin. Er knirschte mit den Zähnen, strich sich die schlafzerzausten Haar aus der Stirn und schlenderte zu Casarette hinüber. Jeanette hatte unterdessen ihr Trainingsanzug-Oberteil abgestreift und wusch sich ungeniert den Oberkörper im kalten Gebirgswasser. Dabei prustete sie und quietschte hell. Casarette grinste breit.

»Ein Mädchen wie ein erquickender Trunk in der Wüste«, sagte er, als Aubin mit umflortem Blick vor seinem Frühstückstisch stand.

»Es wäre aber nicht ratsam, davon einen Schluck zu nehmen!« erwiderte Aubin.

»Sie sehen so böse aus, Jean?«

»Ich weiß nicht, wann Jeanette aus dem Zelt gekommen ist. Ich habe fest geschlafen. Wie lange springt sie hier schon rum?«

»Messen Sie Jeanettes Leben mit der Stoppuhr nach? Was soll das überhaupt? Sie kann doch tun und lassen, was sie will! Gut, sie ist Ihr Modell, ich will nicht fragen, ob sie auch Ihre Geliebte ist – das wäre ein erschreckender Mangel an Geschmack – aber wie auch immer: Sie ist Ihnen keine Rechenschaft schuldig.«

»Sagt sie das?«

»Nicht direkt, aber so etwas spürt man.«

»O je! Sie machen in Gefühl, Casarette!«

»Wenn Sie das stört, ziehen Sie weiter. Ich habe Sie nicht gerufen.« Casarette schüttete sich den dampfenden Kaffee in einen hohen Emaillebecher und ließ drei Stückchen Zucker hinterherfallen. »Sie können mir nicht übelnehmen und es mir auch nicht verwehren, daß Jeanettes Anblick meinen Blutdruck erhöht. Sehen Sie doch hin: Diese Brüste, diese Hüften... Oder betrachten Sie das alles nur mit den neutralen, sterilen Augen eines Malers?«

»Wann fangen Sie mit Ihrer Arbeit an, André? Wann kriechen Sie in Ihren Berg?«

»Heute überhaupt nicht.« Casarette schlürfte den starken, süßen Kaffee. »Haben Sie nicht gesagt, Sie wollten Jeanette wie eine Nymphe im Urwald malen? Als Akt? Das will ich nicht versäumen. Wo bekommt man so etwas schon zu sehen?!«

»Ihre Anwesenheit könnte mich stören, Casarette!« sagte Aubin dumpf.

»Und ich möchte Sie daran erinnern, daß dies mein Platz ist!«

»Das gibt Krach, mein Lieber!«

»Ich bin darauf vorbereitet.«

Vom Wassertrog kam jetzt Jeanette herüber. Ihr nackter Oberkörper glänzte, die Wassertropfen auf ihrer Haut glitzerten in der Sonne wie winzige Kristalle. Sie sah wirklich überwältigend aus. Casarette sog die Luft durch die Nase ein.

»Da soll einer fromme Lieder singen«, sagte er begeistert. »Sie müßten mich schon mit Stahlfesseln irgendwo festbinden, Aubin, um dieser Versuchung nicht zu unterliegen!«

Jeanette war jetzt am Tisch, stieß Aubin einen Ellenbogen in die Seite und sagte mit einem perlenden Lächeln: »Na, schon wach, du Bärchen? Himmel, kann der schnarchen! Das müssen Sie in Ihrer Hütte gehört haben, André! In Ihren Ohren muß das doch klingen, als bewege sich der Berg, und im Inneren grollt und rollt die Lava.«

»Ich schnarche nicht!« sagte Aubin gepreßt. »Machen Sie's gut, Casarette.«

»Was heißt das? Wollen Sie doch weiterziehen?«

»Nein, Kaffee trinken.«

»Der Tisch ist groß genug. Nehmen Sie Platz.«

»Danke! Wir haben unseren eigenen Tisch.« Aubin

wandte sich ab und ging hinüber zu seinem Zelt. Nach kurzem Zögern folgte ihm Jeanette. Sie sah ein, daß sie es nicht zu weit treiben durfte in diesem Spiel.

»Du bist unhöflich –« sagte sie aber, als Aubin die Klappstühle wütend aufklappte und auf den Boden knallte. »Aber wenn du willst, fahren wir gleich weiter. Muß es gerade dieser Platz sein?«

Aubin nickte und half ihr, den Tisch zu decken. Noch kann ich dir das alles nicht erklären, dachte er. Aber es wird einmal, und zwar sehr bald, die Zeit kommen, wo ich über alles mit dir sprechen darf. Und davor habe ich Angst. Jawohl, ich habe Angst vor deiner Reaktion, wenn du erfährst, daß ich dich bewußt belogen habe. Ich heiße zwar wirklich Jean Aubin – aber sonst stimmt gar nichts mehr an mir.

Und im übrigen, dachte er wütend, werde ich diesem Casarette das Nasenbein einschlagen, wenn er dich anfaßt, Jeanette! Ich habe – unter anderem – auch Boxen gelernt, Judo und Karate. Es gehörte zu meiner Ausbildung. Und jetzt werden wir uns um das Frühstück kümmern, mein Liebes, und versuchen, dahinterzukommen, was dieser so harmlose Geologe Casarette nun wirklich hier in der Einsamkeit tut! Ein Jahr lang, man sieht, es ist ihm blendend bekommen.

»Wollen Sie Honig?« rief Casarette von seinem Tisch herüber, als Jeanette und Aubin saßen und Baguettescheiben mit Marmelade beschmierten. »Echter Urwaldhonig! Aus Hibiskus und Bougainvilleas, gemischt mit Kakaoblüten und Vanille! So einen Honig bekommen Sie auf der ganzen Welt nicht!«

»Danke! Wir haben alles!« erwiderte Aubin.

»Dann nicht.« Casarette trank seinen riesigen Emaillebecher leer, spülte ihn aus und ging in seine Hütte zurück. Aubin ist ein sturer Sack, dachte er. Aber er ist zu knakken. Er platzt vor Eifersucht. Wenn es mir gelingt, Jeanette zu küssen, wird er platzen und weiterfahren. Das ist die simpelste Art, ihn loszuwerden. Die komplizierteste wäre, ihn und die schöne Jeanette samt Auto und Campingausrüstung verschwinden zu lassen. Verschollen im Urwald . . . falls man nach ihnen suchen sollte. Und wo sollte man mit dem Suchen anfangen?! Es gab keine Spuren mehr von ihnen. Wer gräbt schon zugeschüttete Höhlen aus?

Er stellte sich ans Fenster und beobachtete Jeanette und Aubin, wie sie gemütlich ihr Frühstück einnahmen. Natürlich konnte er nicht hören, wie Jeanette leise zu Aubin sagte: »In der Nacht bin ich aufgestanden, mußte mal hinaus, und . . .«

»Hab' nichts gehört!« sagte Aubin und kaute seine Baguettescheibe.

»Das habe ich gemerkt.« Sie beugte sich etwas über den Tisch vor. »Warum schläfst du auf einem Kopfkissen, unter dem eine Pistole steckt?«

Das war der Augenblick, in dem der Bissen in Aubins Mund zu einem harten, dicken Kloß wurde.

Die Gegend, die Jules Tsologou Totagan im Trancezustand gesehen hatte, konnte nur das Gebiet im Dreieck Vert-Pré – St. Joseph – Le Robert liegen. Hier lagen auch die großen Plantagen für Zuckerrohr und Ananas, Vanille und Zimt, und Jules rief von der Drogerie der Mamissi Wata Danielle Paquier einen guten Freund in Le Robert an und fragte, welche weißen Farmer es in diesem Landstrich gebe.

Die Auskunft war nicht ertragreich. Der Freund nannte ein paar Namen, aber Jules spürte in seinem Inneren, daß keiner von diesen der Mann war, der Alice Anamera so zugerichtet hatte.

»Wir fahren sie alle ab, die Farmen«, sagte er und starrte über das Meer. Danielle hatte nach dem Voodoo-Zauber einen riesigen Topf voll Fleisch mit kreolischen Bohnen gekocht, und als Jules sah, wie Mamissi Wata dreiviertel des Topfes allein verschlang, wunderte er sich nicht mehr, daß aus einem hübschen, schlanken Mädchen in dreißig Jahren so ein Gebirge aus Fleisch und Fett geworden war.

»Alice und ich werden ihn finden. Und dann gehst du nach Hause, Alice, und vergißt diesen Tag.«

»Ich möchte dabei sein, Onkel Jules.« Ihre großen schwarzen Augen glänzten fiebrig. Noch sah man, trotz aller Mittel aus Danielles geheimer Priesterapotheke, die Reste der Mißhandlungen auf ihrer bronzefarbenen Haut. Vor allem ihre linke Brust zeigte noch deutlich, als blaue tiefe Abdrücke, die kräftigen Zähne des Mannes.

»Es ist kein Anblick für Mädchen«, sagte Jules verschlossen.

»Ist es etwas anderes, als wenn du ein Tier tötest?«

»Nein!« Jules blickte ernst auf Alice. »Nein, es ist ja ein Tier! Daß es wie ein Mensch aussieht, ist nur eine Laune der Natur.«

»Wie willst du ihn opfern, Onkel Jules?«

»So, wie man den Göttern immer opfert.«

»Ich möchte, daß du mir ein Messer gibst und ich dir dabei helfe.«

»Das ist nicht möglich. Du bist nicht dem Voodoo geweiht. Das Opfer wäre umsonst.«

»Ich will ihn nicht opfern, ich will ihn nur schreien hören, lauter, als ich geschrien habe. Ich will in seinen Augen die Todesangst sehen, und dann werde ich mich umdrehen und weggehen.« Ihre Augen glühten, über das wunderbar feine, zarte Gesicht lief ein Zucken. »Erst dann kann ich vergessen.«

»Wir wollen sehen, Alice.« Jules Totagan löffelte den Rest der dicken Bohnensuppe aus der Schüssel, zündete sich dann eine Zigarre, Marke *Embassadeur* an, und setzte sich vor die Drogerie auf eine Bank. Er blickte über Strand und Meer und dachte an die schöne weiße Frau aus Deutschland, an der die vernichtende Kraft seines Voodoo-Stockes wirkungslos abgeprallt war. Nur noch ein paar Tage, Josephine, mein kleiner bunter Vogel, ein paar Tage Geduld nur noch. Sie wird nie die Madame Birot werden! Vom Pferd wird sie stürzen und sich das Genick brechen, oder ein umstürzender Baum wird sie erschlagen, oder ihr Auto wird explodieren, oder ihr Boot wird im Sturm kentern. Wer weiß, was der Gott bestimmt? Vielfältig ist sein Fluch, und immer wird es so aussehen, als sei es ein Unfall, ein Zufall, ein rätselhaftes Schicksal. Nur Geduld, meine kleine Josephine...

Schon in der Morgendämmerung des nächsten Tages fuhren sie mit Totagans Wagen von Le Diamant nach Norden zur Atlantikküste und hielten in Le Robert am Hintereingang des Restaurants *Tong Yen*, einem vietnamesischen Lokal, das berühmt war wegen seiner Küche und vor allem seiner *soupe maison*, die aus Hühnerfleisch, Krabben, Langusten und Champignons bestand. Im *Tong Yen* arbeitete als Gemüseputzer ein dicker Kreole, den Jules einmal vor Jahren von einem Magengeschwür geheilt hatte. Während eines Voodoo-Zaubers hatte er ihm eine lange silberne Nadel in den Bauch gestoßen, und auf das andere Ende der Nadel einen abgebissenen Hahnenkopf gespießt. Der Kranke hatte laut gestöhnt, die Augen verdreht und war in eine tiefe Ohnmacht gefallen. Als er aufwachte, hatte er keine Schmerzen mehr. Eine Woche später röntgte man ihn im Hôpital Civil von Fort de France. Auf dem Röntgenbild sah man nicht ein Fleckchen mehr von einem Magengeschwür. Seitdem verehrte der Geheilte Jules Totagan wie eine Verkörperung des Gottes und küßte die Erde, auf der Jules vor ihm gestanden hatte.

Der Gemüseputzer fiel auch sofort auf die Knie, als er Totagan sah, und begann einen monotonen Singsang, bis Jules ihn mit der Spitze seines Voodoo-Stockes im Nacken berührte. Der dicke Kreole fiel auf sein Gesicht und schien wie vom Blitz getroffen.

»Beschreibe, Alice, wie er aussah!« sagte Totagan. »Vergiß nichts.«

»Ich... ich weiß es nicht mehr...« stammelte Alice. Sie lehnte sich gegen die Hofmauer und schloß die Augen.

»Erinnere dich!«

»Er war ein älterer Mann, mit schwarzen Haaren, breiten Schultern, ein Weißer... seine Nasenspitze war nach unten gebogen... an der linken Hand trug er einen goldenen Ring mit einem dicken blauen Stein... wenn er sprach, zog sich seine Unterlippe links etwas nach unten... ja, ich sehe es wieder... es muß eine kaum sichtbare Narbe sein, die er am Mund hat... und wenn er geht, pendelt er mit den Armen...«

Sie schwieg abrupt, schlug die Hände vor ihr Gesicht und begann zu weinen. Jules Totagan berührte wieder mit der Spitze des Voodoo-Stockes den wie tot Daliegenden.

»Wer ist es?« fragte Jules. »Kennst du ihn? Hast du ihn schon mal gesehen? Denk nach! Die Weißen kommen oft in dein Restaurant. Wer könnte es sein?«

Für ein paar Augenblicke hielt nun sogar Totagan den Atem an. Der dicke Kreole hob den Kopf und stierte in die Gegend.

»Murat«, sagte er dann tonlos, als sei er in einer anderen Welt. »Pierre Murat kann es sein... Er hat einen schiefen Mund, wenn er lacht... er ist ein Weißer...«

»Wo?«

»Die Plantage heißt *La Reine d'Ananas*... bei Glotin liegt sie... drei Plantagen... Zuckerrohr, Ananas, Bananen... Pierre Murat...«

»Die Götter lieben dich, mein Bruder«, sagte Jules Totagan feierlich und strich mit dem Voodoo-Stock langsam über den Rücken des Liegenden. »Dein Lohn ist ihre beschützende Güte.«

Noch lange lag der Kreole auf dem Boden, als Jules und Alice längst weitergefahren waren nach Vert-Pré, von wo aus sie über Wege durch die Felder den kleinen Ort Glotin erreichen konnten. Ein paarmal hielt Jules an und fragte die Landarbeiter, denen sie begegneten:

»Kennt ihr Pierre Murat?«

Und sie antworteten, immer mit Ehrfurcht in der Stimme: »Meint ihr den Patron von *La Reine*?«

»Ja. Diesen!«

»Ein harter, strenger Mann. Aber er zahlt gut.«

Und in der Nähe von Glotin, in einer Siedlung aus bunt gestrichenen Holzhäusern, die bereits Murat gehörte, spuckte eine alte Kreolin aus und kreischte: »Der Satan hole ihn! Meine Enkelin hat er geschwängert. Wo ist sie jetzt? In einem Puff in Fort de France. Der Himmel stürze über ihm ein!«

»Der Himmel sieht alles, Schwester!« sagte Jules Totagan feierlich. »Er wird nicht einstürzen, aber er hat Blitze, die erschlagen.«

Am späten Nachmittag erreichten sie das große, weiße Farmhaus des Pierre Murat. Eine Allee aus großen Fächerpalmen führte hinauf, wie zu einem Schloß. Der Wächter, der in einer Art Wachhaus neben der Zufahrtsstraße saß, kam heraus, als Jules seinen Wagen bremste.

»Wohin?« fragte er streng.

Jules hielt wortlos seinen Voodoo-Stab vor sich hin. Ein Zittern flog durch den Körper des Wächters, seine Augen weiteten sich, aber getreu seiner Aufgabe breitete er die Arme aus. »Name...« stammelte er. »Name... ich muß euch anmelden...«

Mit einem gewaltigen Hieb schlug Jules den schweren geschnitzten Stab auf den Kopf des Wärters. Der Mann brach in die Knie, Blut stürzte aus seinem Mund, dann fiel er auf die Seite und starb. Ungerührt stieg Jules in seinen Wagen zurück.

»Er weiß, wer ich bin und verbietet mir den Weg... wie kann man dann noch leben?« sagte er, gab Gas und rollte die Allee hinauf.

Pierre Murat saß um diese Zeit auf der Terrasse hinter

dem Haus, trank seinen geliebten Calvados und genoß, wie seit Jahren, den Sonnenuntergang über den Bergen. Als er Schritte hinter sich im Salon hörte, drehte er sich nicht um. Er nahm an, es seien Felix und Alain, die kreolischen Diener, die das Abendessen vorbereiteten.

10

In gewissen Augenblicken, zu denen etwa ein Sonnenuntergang auf Martinique gehörte, konnte Pierre Murat sogar ein Romantiker sein. Niemand würde ihm das zutrauen. Er war ein bulliger, strenger Mensch, der seine Plantagen kontrollierte wie einstmals die Kolonialherren; bei ihm schien die Zeit stehengeblieben zu sein, nichts war da von der Freiheit des Individuums, von der Selbstbestimmung, von einem Hauch von Sozialismus und Menschenwürde. Er bekam das ein paarmal zu spüren bei den seltenen Streiks, die politische Einpeitscher, vor allem aus dem kommunistischen Lager, auch auf Martinique anzettelten. Seine Plantagen waren die ersten, die still lagen. Aber Murat kümmerte das wenig. Er wartete das Ende des Streiks ab, und wenn die Arbeiter wieder erschienen, warf er sie hinaus, aus der Farm, aus ihren kleinen, bunt bemalten Holzhäusern, in denen sie als seine Arbeiter mietfrei wohnten, aus ihrer Umgebung, in die sie sich eingelebt hatten. Und niemand konnte etwas dagegen tun. Zwar erschienen dreimal Gewerkschaftsfunktionäre bei ihm, aber das war nun völlig falsch, denn bei dem Wort Gewerkschaft reagierte Murat wie ein Stier auf ein rotes Tuch.

Zweimal prügelte er die kreolischen Gewerkschaftsfunktionäre aus dem Haus, eigenhändig, mit einer kurzstieligen Lederpeitsche, einmal – da waren die Arbeitervertreter sogar Weiße – verzichtete er auf diese Art der Argumentation, bot einen höllischen Rum an, machte die Volksvertreter sinnlos besoffen, zog sie nackt aus und legte sie an die Hauptstraße. Sie kamen nie wieder. Zwei von ihnen zogen sogar, vom Spott vertrieben, nach Guadeloupe.

Viermal wurden bereits Attentate auf Murat verübt, immer erfolglos, und je mehr man Murat anfeindete, um so härter und unnachgiebiger wurde er. Es war eine höllische Kraftprobe, und Murat gewann sie. Die Neger und Kreolen brauchten die Francs, die man auf seinen Plantagen verdienen konnte, Murat gab ihnen Essen und ein Haus und eine gewisse Sorglosigkeit der Zukunft gegenüber, wenn man nur alles tat, was er befahl. So beugte man sich ihm in der alten Sklavenansicht: Lieber schlecht leben, als elend sterben. Vor allem die schönen Töchter der Landarbeiter dachten so. Wenn Murat sie zu sich rief – und jeder wußte, was dann in dem weißen Herrenhaus geschah – weigerte sich keine. Man wußte: Der strenge Herr konnte auch großzügig sein, wenn es ihm besonders gut gefallen hatte. Dann bekam man einen Batzen Geld zum Abschied, oder ein Schmuckstück, oder einen Gutschein, mit dem man im firmeneigenen Kaufhaus einkaufen konnte, oder der Papa wurde Vorarbeiter.

Heute abend hatte Murat seine kurze romantische Stunde, als die Sonne glutrot über Bergen und Meer stand. Er trank genußvoll seinen Calvados, war mit dem vergangenen Tag zufrieden und hatte sich vorgenommen, heute allein zu Bett zu gehen und tief zu schlafen. Für morgen erwartete er Marie Hélène, die Tochter des Verwalters der Ananasplantage, von dem er wußte, daß er jedesmal Morddrohungen ausstieß, wenn Murat seine Tochter rief. Aber gerade das machte es für Murat besonders reizvoll, mit Marie Hélène die Nächte zu verbringen. Sex in Todesnähe, das regte Murat ungemein an.

Träge lehnte er jetzt den Kopf zurück und lauschte ins Innere des Hauses. Felix und Alain schienen den Tisch gedeckt zu haben, es war still im Speisesalon.

»Was ist?« rief er mit seiner strengen Stimme. »Wo seid ihr, ihr Hundesöhne?!«

Er konnte nicht ahnen, daß Alain und Felix in der Küche auf dem Boden lagen, die Gesichter fest auf die Kacheln

gepreßt, wie gelähmt durch die Berührung mit dem Voo-
doostab, den Jules Totagan ihnen über den Schädel gehalten hatte. Sie waren augenblicklich gebrochen, als sie den
Voodoo-Houngan hatten eintreten sehen und ihn erkann-
ten, das Antippen seines Stabes versetzte sie in völlige
Willenlosigkeit.

So hinderte niemand mehr Jules und Alice Anamera,
durch das Haus zu gehen und die hintere Terrasse zu betreten. Das Abendrot warf seinen blutigen Schimmer auch
über den sitzenden Pierre Murat. Es war die richtige Stimmung und die richtige Farbe für seine nun ausweglose Situation.

»Guten Abend, Monsieur«, sagte Jules höflich mit seiner tiefen Stimme.

Mit einem Ruck sprang Murat aus dem Sessel und warf
sich herum. Zunächst sah er nur den Alten, einen hochge-
wachsenen, muskulösen kreolischen Greis, der sich auf
einen geschnitzten Stock stützte, aber beim zweiten Blick
erkannte er hinter diesem Alten die zarte Gestalt von Alice
und ihre großen, weitaufgerissenen Augen. Sie trug wieder das befleckte, über den Brüsten zerrissene Kleid, das
sie in der Garage von Fort de France angehabt hatte und
das er ihr über den Kopf gezerrt hatte, als er über sie her-
gefallen war.

»Ist er das, mein Töchterchen?« fragte Jules ruhig und
zeigte mit dem geschnitzten Stock auf Murat.

»Ja. Er ist es, Onkel Jules!« antwortete Alice mit ruhiger,
fester Stimme.

»Was ist denn das?!« brüllte Murat sofort los. »Wie
kommt ihr hier rein?! Schläft denn hier alles? Felix! Alain!
Ihr Hurensöhne! Alain ---«

Er wollte ins Haus laufen, aber da schnellte Totagans
Stock vor und war wie eine unüberwindbare Schranke.
Murat prallte einen Schritt zurück und ballte die Fäuste:

»Aha! So ist das? Kassieren will man?! Das Onkelchen
kommt mit, um den Wert festzulegen? Na, wie ist der

Preis? Was kostet so eine kleine Blumenhure? War nicht besonders gut, das Püppchen, bin anderes gewöhnt... noch keinerlei Erfahrungen, nur ein Stückchen Fleisch... Onkel Jules, du kannst nur ein Zehntel des sonstigen Preises verlangen.«

Er wollte schnell in eine Hosentasche greifen, nicht nach hinten, wo die Geldbörse war, sondern nach links, wo er immer den kleinen Revolver trug, eine kurzläufige Smith & Wesson, die er mit Dum-dum-Munition geladen hatte, diesen bestialischen Patronen, denen man die Spitze abgekniffen hat und die handgroße Löcher reißen.

Aber Murat kam nicht mehr an seine Waffe. Blitzschnell schlug Totagan zu. Der Voodoo-Zauberstab traf krachend die Hand Murats, es gab einen knirschenden Laut, Murat brüllte dumpf auf und lehnte sich gegen die Hauswand. Sein Unterarm war durch den harten Hieb gebrochen worden. Unbeweglich, wie eine Statue, stand Jules in der untergehenden Sonne.

»Felix! Alain!« brüllte Murat. »Hierher! Ruft die Polizei! Gebt Alarm!« Er knirschte mit den Zähnen, verzog vor Schmerzen das Gesicht und stützte mit der gesunden Hand den gebrochenen Arm. Aber im Haus rührte sich niemand. Erst langsam begriff Murat, in welcher Lage er war. Es waren vielleicht zwei stille, aber unendlich lange Minuten, die er dazu brauchte. Doch als ihm klar war, daß niemand ihm zu Hilfe kam, daß im Haus, in seinem Haus, das fast eine Festung war, etwas Unvorstellbares geschehen sein mußte, daß er allein war gegen einen alten Mann, der ihm mit einem dicken geschnitzten Stock den Unterarm zertrümmert hatte, mit einem einzigen Schlag, und der nun dastand, regungslos, wie eine geschnitzte Götterfigur gegen den blutroten Himmel der untergehenden Sonne, da fiel auch die Stärke des großen Plantagenherren von ihm ab. Er wurde ein in die Enge getriebener, geschlagener Mensch, der verzweifelt nach einem Ausweg suchte.

»Was verlangt ihr?« fragte er mit mühsam fester Stimme. »Ihr verdammtes Lumpenpack! Tausend Francs? Und das Versprechen, nichts zu melden? Das ist mehr als genug für die paar Minuten in der Garage...«

»Sie haben Alice zerbrochen, Monsieur«, sagte Jules Totagan mit tiefer, ruhiger Stimme und größter Höflichkeit.

»Du alter Narr! Frag sie mal, wie oft sie's schon getrieben hat.«

»Alice war unberührt, Monsieur.«

»Das kannst du dem Wind erzählen, und der bläst es weg... so viel ist das wert!«

»Sie haben Alice Gewalt angetan, Monsieur. Ihre Seele ist zerstört bis ans Ende ihrer Tage. Nie mehr wird sie so fröhlich sein wie vorher. Ihr Lachen ist verstummt. Ihre Augen sind für immer getrübt. Sie wird mit den Tränen leben.«

»Das ist ein bühnenreifes Plädoyer!« schrie Murat, von Schmerzen zerrissen. Sein Arm brannte wie im lodernden Feuer. »Zweitausend Francs für das arme Seelchen. Aber keinen Sou mehr! Gehen wir ins Haus. Ich habe das Geld im Tresor.«

Erst im Haus sein, dachte Murat dabei. Das ändert alles. Im Arbeitszimmer, gleich neben dem Telefon, ist der Knopf für die Alarmanlage. Ein Druck, und die Sirenen heulen los, das Rotlicht kreist auf dem Dach, und in der Polizeistation von Vert-Pré flackert das Alarmlämpchen über meinem Namen. Allein die Sirenen werden sie verjagen. Damit rechnen sie nicht, daß die ganze Umgebung alarmiert wird.

»Gehen wir ins Haus!« sagte er noch mal und stieß sich von der Wand ab. Aber Totagans Voodoo-Stab bildete wieder eine Barriere zwischen ihm und der Terrassentür. Murat prallte zurück. Der Schmerz im Arm machte ihn fast besinnungslos. Es muß etwas geschehen, ein Arzt muß her, sonst verliere ich die Hand... der Arm schwillt an, als würde er aufgeblasen... sind das sich stauende innere Blutungen? Plötzlich ergriff ihn Todesangst und Verzweiflung. »Ich muß das Geld holen!« brüllte er. »Begreifst du das denn nicht?! Das Geld ist im Tresor.«

»Wir nehmen kein Geld für zerstörte Seelen, Monsieur«, sagte Jules höflich und mit einer behäbigen Ruhe. »Wie könnte man so etwas auch bezahlen?«

»Was willst du dann?!«

»Sie, Monsieur.«

»Mich?« Murat riß Mund und Augen auf. »Was heißt das? Du... du bist ja verrückt!«

»Es heißt, Monsieur, daß ich Ihnen als Christ noch die Zeit geben kann, zu beten. Dann gehören Sie *meinem* Gott.«

Über Murats Körper kroch die Kälte des Entsetzens. Er war lange genug auf Martinique, um zu wissen, was dieser Satz bedeutete. Er hatte viel von dem Voodoo-Zauber gehört, hatte sogar von Voodoo-Messen zurückgekommene, von Krankheiten geheilte Landarbeiter seiner Plantagen besichtigt und sie mit Spott übergossen, aber er selbst war nie mit dem Voodoo in Berührung gekommen. Er wußte nur eins aus den Erzählungen seiner kreolischen oder schwarzen Arbeiter: Voodoo ist eine Macht, der man nicht entrinnen kann, wenn sie einen gepackt hat. Es ist eine göttliche Kraft, die alles beherrscht. Und wie alle Weißen hatte auch Murat mitleidig gelächelt und immer wieder gesagt: »Und ihr wollt politisch sein mit Selbstbestimmungsrecht und so weiter? Euch fehlen doch dreihundert und mehr Jahre Entwicklung! Voodoo-Zauber... und so was will mitreden wollen!« Aber die Arbeiter hatten ihn nur mit starren Gesichtern angesehen und waren schweigend auseinandergegangen.

»Hilfe!« brüllte Murat plötzlich auf. Die nackte Angst zerriß ihn. Mit voller Lunge schrie er los, bis sich seine Stimme überschlug. »Hilfe! Hilfe!«

Aber nichts geschah. Im Haus, um das Haus herum, überall war nur lähmende Stille. Nun war auch der Glutball der Sonne versunken, ein violetter Schimmer lag über dem Land, das Leichentuch der Nacht breitete sich aus. Um den Gipfel des Mont Pelée in der Ferne ballten sich dichte Wolken, die noch rosa schimmerten. Er zieht seine Schlafmütze an, sagten die Eingeborenen.

»Hilfe!« brüllte Murat und krümmte sich dabei vor Schmerzen.

»Monsieur, wir sind allein!« sagte Totagan ruhig. »Nur der Himmel hört uns, und der Himmel schweigt. Knien Sie nieder.«

»Zehntausend Francs!« schrie Murat und sah dabei Alice an. Sie stand neben Onkel Jules, hielt ihr zerrissenes Kleid über den Brüsten zusammen und erwiderte seinen flehenden Blick mit einer Kälte, die ihm die Ausweglosigkeit der Lage zeigte. »Was hier geschieht, ist doch absoluter Wahnsinn!«

»Monsieur, es macht mich fröhlich, das zu tun, was ich tun muß!« sagte Jules Totagan mit seiner tiefen, ruhigen Stimme. »Tröstet es Sie, wenn ich Ihnen sage, daß Sie noch eine Aufgabe zu erfüllen haben? Sie werden den Rachegott so mild stimmen, daß er mir hilft, das Unrecht, das auch ein Weißer an meiner Nichte Josephine verübt hat, zu sühnen.«

Zum letztenmal stieg eine verzweifelte Kraft in Murat hoch. Er versuchte einen Ausbruch, stürzte nach vorn zur Tür des Salons, mit einem tigerhaften Sprung, dabei von den Schmerzen im Arm zerrissen ... aber Onkel Jules war noch schneller. Sein Voodoo-Stab schnellte vor, traf Murat an der Schulter und warf ihn in die Knie. Der zweite Schlag traf seinen Kopf. Mit dem Schrei »Hilfe!!!« auf den Lippen, brach Murat zusammen und verlor das Bewußtsein.

Im gleichen Augenblick schnellte Alice vor wie eine Schlange zum Biß. Sie warf sich auf Murat, ein Messer blitzte in ihrer rechten Faust, und stumm, mit geschlossenen Augen, lautlos stieß sie die lange Klinge in den Körper, immer und immer wieder, bis Totagan sich über sie beugte, an der Schulter zurückhielt und wie begütigend sagte: »Es ist gut so, Töchterchen. Komm, es ist vorbei. Du hast deine Ehre wieder.«

Niemand hinderte Onkel Jules daran, als er Murat über seine Schulter legte, das Haus verließ und den blutigen Körper in den Kofferraum des Wagens legte. Niemand würde ihn auch verraten, das wußte er, am wenigsten die Diener Felix und Alain. Die Rache des Voodoo wäre fürchterlich und unabwendbar.

Ein wenig starr, aber so ruhig, als wäre nichts geschehen, ging Alice in die Küche, wusch sich das Blut Murats von den Händen und ging wieder hinaus. Felix und Alain lagen noch immer wie gelähmt auf dem Boden, das Gesicht auf die Kacheln gepreßt. Murats verzweifelte Schreie nach Hilfe hatten sie gehört, und sie hatten gedacht: Er hat's verdient. Wie viele wünschen ihn in die Hölle? Was hat er uns alle gequält! Wie hat er unsere Weiber und Töchter behandelt?! Nun schreit er um Hilfe. Wer aber will ihm helfen? Wie würde es ihm später gedankt? Murat kennt keine Dankbarkeit. Nur noch grausamer wird er werden. Ja, ruf um Hilfe, Herrchen, winsele um dein Leben, hab endlich einmal Angst. Voodoo ist bei dir, und da kann niemand mehr dir helfen.

Ohne daß Totagan noch jemand von Murats Leuten sah, verließ er die Plantage und fuhr zurück nach Süden. Neben ihm hockte Alice mit leeren Augen und hatte die Hände über den Brüsten gefaltet.

»Nun ist deine Seele wieder frei, Alice«, sagte Totagan väterlich.

»Ja, Onkel Jules.«

»Bist du glücklich?«

»Nein.«

»Warum nicht?«

»Ich habe gemordet, Onkel Jules. Ich habe einen Menschen umgebracht.«

»Du hast ihn nach einem alten Gesetz bestraft, weiter nichts.«

»Aber er ist tot!«

»So ist das Gesetz.«

»Durch meine Hände...« Sie legte den Kopf zurück gegen die Lehne und schloß die Augen. »Bei der nächsten Beichte muß ich es sagen.«

»Ach ja, du bist ja eine Christin!«

»Wie du, Onkel Jules!«

»Das ist nur ein Mantel, Alice. Ich gehöre dem Voodoo.« Er sah sie von der Seite an. »Du willst es dem Priester sagen?«

»Ich muß es, Onkel Jules.«

»Und der Priester wird sagen: Geh sofort zur Polizei und erzähle alles! Was wirst du tun? Sie werden dich lebenslang einsperren! Keine Milde, Alice. Du bist eine Eingeborene. Eine Kreolin! Du hast immer unrecht.«

»Auch mein Priester ist ein Kreole«, sagte Alice Anamera leise. »Ich weiß nicht, was wird.«

Sie fuhren ziemlich schnell durch die Nacht nach Le Lamentin, wo sie die Straße nach Rivière Salée und Le Diamant erreichten. Es war sehr dunkel, und sie waren fast allein auf der Chaussee, nur wenige Wagen kamen ihnen entgegen oder überholten sie sogar. Die Finsternis deckte sie zu.

Und das war gut so, denn so sah niemand, daß aus einer Ritze Blut aus dem Kofferraum auf die Straße tropfte und eine dünne rote Spur hinter ihnen herzog.

Wie es die Sonderkommission von Martinique geahnt hatte, so geschah es: Comte de Massenais stattete der Yacht *Carina II* einen Besuch ab. Der Polizei war nicht zu verübeln, wenn sie sich jetzt die Haare raufte.

Wie sollte man sich verhalten? Was sollte man tun? Was

war richtig und was war grundfalsch? Wo fing die große Blamage an?!

Wer wagte es, dem Comte nach seiner Rückkehr in die Taschen zu sehen?

Die Entscheidung mußte schnell fallen. Bataille gab auf dem Hinterdeck seiner Yacht ein kleines intimes Fest, wohl wissend, daß er von Land aus mit starken Ferngläsern beobachtet wurde. Marie Lupuse bediente in ihrem knappsten Bikini, der eigentlich bei so wenig Stoff überhaupt nicht mehr nötig war, und Bataille drapierte Hummer und Champagner so demonstrativ auf dem Tisch, daß der an einem Fernrohr stehende Polizeileutnant Philipp Dechamp neidvoll sagte: »Bei aller Achtung vor dem Gesetz, wir haben den falschen Beruf erwischt, mes amis.«

Der Leiter der Sonderkommission überwand sich und rief nach langem Nachdenken doch noch Robert Coulbet an. Er traf auf einen mißgelaunten Kommissar. Aus den Bergen, von dem Camp des Geologen Casarette, kam keine Nachricht, und sie war längst überfällig. Irgend etwas war da schiefgelaufen, und das beunruhigte Coulbet. Hinzu kam, daß auch noch René Birot sich gemeldet und atemlos mitgeteilt hatte, daß Petra nun doch mit Josephine zusammengetroffen sei, wobei sich Josephine als eine Freundin der Rachsüchtigen ausgegeben habe.

»Es gibt wirklich noch Wunder!« sagte Coulbet sarkastisch. »Petra lebt noch? Da kann man ja direkt Hoffnung haben, daß alles nur ein Schießen nach Spatzen gewesen ist. Und sie wollen nun gemeinsam Josephine suchen?«

»Ja.«

»Das mußt du unbedingt verhindern, René! Um Gottes willen, laß Petra nie allein mit Josephine auf Suche gehen!«

»Ich werde sie nicht aus den Augen lassen, Robert.«

Coulbet war tief in unangenehme Gedanken versunken, als nun auch noch die Sonderkommission anrief. Der Chef räusperte sich erst einmal, ehe er sagte: »Comte de

Massenais ist zu Gast auf der *Carina II*! Sie fressen Hummer und saufen Champagner.«

»Ein so gutes Geschäft muß gefeiert werden, mein Lieber«, antwortete Coulbet spöttisch. »Das gehört sich so.«

»Sie kennen den Comte besser als ich, Robert. Was würden Sie in meiner Lage tun?«

»Ihn bei seiner Rückkehr an Land freundlich empfangen und sagen: ›Mein lieber Graf, nun drehen Sie mal Ihre Taschen rum! Ziehen Sie die Schuhe und alles andere aus, unser Polizeiarzt wird Ihnen gleich in den After blicken, und es würde mich nicht wundern, wenn die Absätze Ihrer Schuhe hohl wären und man sie wegdrehen könnte.‹«

»So was können Sie nur raten, wenn Sie weit weg sind vom Schuß! Und wenn der Comte sauber ist? Nichts im Absatz, keine Kapseln im Darm, kein Tütchen in den Taschen, was dann?«

»Dann sagen Sie mit aller Höflichkeit eines französischen Beamten: ›Pardon, mon Comte, das war ein Irrtum. Der Mensch irrt, solang er lebt.‹ Das hat mal ein Dichter gesagt, wer, weiß ich nicht mehr.«

»Können sie sich vorstellen, wie de Massenais dann reagiert? Eine Beschwerde beim Gouverneur wäre das geringste.«

»Dieses Risiko muß man auf sich nehmen, mein Lieber.« Coulbet starrte mißmutig auf ein Foto an der Wand. Es zeigte einen Schwanenteich, in einem kleinen Ort in der Bretagne. Noch zwölf Jahre, dachte er, dann gehe ich nach Frankreich. Als Pensionär. Dann war ich verdammt lang genug in diesem höllischen Paradies Martinique. Ein kleines Haus, ein Gärtchen mit Gemüsebeeten und Rosensträuchern, ein Glasballon voll rotem Landwein, am Sonntagmorgen mit Freunden ein Boule-Spiel... »Wollen Sie wirklich einen Rat haben, mein Lieber?«

»Ich rufe Sie nicht an, um mit Ihnen ein Schwätzchen zu halten!« sagte der Chef der Sonderkommission sauer.

»Lassen Sie den Comte, wenn er nachher an Land kommt, ungehindert passieren.«

»Aber...«

»Massenais ist nicht von gestern! Selbstverständlich wird er nach seinem ersten Besuch bei Bataille nichts mitbringen! Er rechnet mit einer Überwachung und will Sie bis auf die Knochen blamieren. Auch beim zweitenmal wird er leer sein. Aber beim drittenmal würde ich zugreifen! Ich wette, daß der Comte von jetzt ab Stammgast bei Bataille sein wird. Und immer geht dann ein bißchen mit an Land. Das summiert sich ganz schön. Ich würde erst beim dritten oder gar vierten Landgang zuschlagen. Auch auf die Gefahr hin, daß dann bereits einige Tütchen Heroin und Kokain verteilt sind. Ohne Opfer geht es nicht. Ist das ein Rat?«

»Ich werde darüber nachdenken, Robert«, sagte der Chef der Sonderkommission dankbar. »Werden Sie auch da sein?«

»Nein. Ich habe etwas von einem Jagdhund. Ich rieche eine neue Spur, und der muß ich nachlaufen. Viel Glück!«

»Danke, Robert!«

Wenn Coulbet geglaubt hatte, damit seien die Probleme an diesem Vormittag komplett, hatte er sich geirrt. Ein neuer Anruf riß ihn aus seinen Gedanken. Aber es war nicht eine Nachricht aus dem Urwald am Mont Pelée, sondern der leitende Kommissar des I. Kommissariats, Julien Prochet.

»Wir haben einen Toten, Robert«, sagte er ohne Einleitung.

»Gratuliere. Endlich habt ihr was zu tun!« antwortete Coulbet mit kollegialem Spott.

»Und einen Vermißten.«

»Welch ein Festtag für euch!«

»Der Wächter von Pierre Murat, von der Plantage südlich von Vert-Pré, wurde heute morgen gefunden. Neben seiner Wachbaracke, mit eingeschlagener Hirnschale.

Und Murat selbst ist verschollen! Das sieht alles sehr mies aus!« Julien Prochet hüstelte etwas. »Wir sind mit drei Wagen hier draußen. Ich rufe von Murats Arbeitszimmer aus an. Keinerlei Spuren, alles ist wie geleckt. Das Hauspersonal muß einen Reinheitsirrsinn entwickelt haben. Und es weiß von gar nichts. Es stiert dumm in die Gegend. Die beiden Diener Felix und Alain machen sogar einen besoffenen Eindruck, obwohl sie stocknüchtern sind. Murat muß ein Faible für Verrückte haben. Jeder seiner Diener trägt an einer Lederschnur einen getrockneten Hahnenkopf als Schmuck um den Hals.«

Über Coulbets Schulter lief plötzlich ein eisiger Schauer. Seine Hand umkrallte das Telefon.

»Was tragen sie? Hahnenköpfe?!«

»Getrocknete. Mumifizierte. Total verrückt!«

»Ich komme sofort!«

»Robert, so war das nicht gemeint. Ich dachte nur, es interessiert dich. Was regt dich denn so auf?!«

»Bis gleich, Julien!« Coulbet atmete ein paarmal tief durch. Der Druck in seinem Inneren aber ließ nicht nach. Julien Prochet war ein junger Beamter. Kaum ein Jahr auf Martinique. Von Voodoo hatte er kaum eine Ahnung, und wenn man ihm davon erzählte, lächelte er wie alle seiner Generation und dachte sich: Diese Alten! Leben noch im vergangenen Jahrhundert! Aber die Zeit hat sie überrollt.

»Was macht ihr jetzt?«

»Die Verhöre laufen. Aber keiner weiß etwas. Wenn nicht der erschlagene Wächter wäre, könnte man dem Personal glauben, daß Murat öfter für ein paar Tage verschwindet und dann plötzlich wieder im Haus ist. Es kann aber auch wirklich sein, daß zwischen dem Mord und dem Verschwinden Murats gar kein Zusammenhang besteht.«

»Ich bin gleich da, Julien!«

Es dauerte dann doch fast zwei Stunden, bis Coulbet auf der Plantage von Pierre Murat erschien, weil bei Le Lamentin ein umgestürzter Lastwagen mit Bananen die

Straße versperrte und eine Menge Volk wild schreiend der Verkehrspolizei das Unglück zu erklären versuchte. Sobald man Coulbet erkannte – und wer kannte ihn nicht auf Martinique? – hingen sie wie Trauben an seinem Jeep und versicherten, ein Hund sei schuld an allem. Der Fahrer sei ihm ausgewichen, und dann sei der Wagen umgekippt. Es war kein Weiterkommen. Coulbet verlor beinahe eine halbe Stunde.

Im großen weißen Herrenhaus von Pierre Murat untersuchten die Beamten jeden Fleck. Draußen, in der Garage, lag auf einer ausgehängten Tür der erschlagene Wächter. Der Polizeiarzt kam aus der Garage, als Coulbet mit quietschenden Reifen bremste.

»Nanu? Du hier?« fragte er erstaunt. »Wie der Barbier von Sevilla: Figaro hier – Figaro dort – Figaro oben – Figaro unten... Man ruft mich, man ruft mich... Alle auf einmal.« Der Arzt lachte laut über Coulbets saures Gesicht. »Oder ist das nur ein Zufall?«

»Nein!« Coulbet ging ein paar Schritte auf die Garage zu. »Mord?«

»Ich habe noch nie erlebt, daß sich jemand selbst die Hirnschale so einschlägt. Das war ein fürchterlicher Schlag mit einem harten Gegenstand.«

»Was könnte es sein?«

»Ein großer Schraubenschlüssel etwa... eine Eisenstange...«

»Auch ein dicker Knüppel?«

»Möglich. Das muß aber schon ein fester Stock sein!«

»Aus Mahagoniholz. Eisenhart!« Coulbet ging in die Garage, warf einen Blick auf den toten Wächter und kam sofort wieder hinaus. »Er lag draußen an der Einfahrt?«

»Ja, neben seinem Häuschen.«

»Und wer hat ihn gefunden?«

»Frag danach Prochet. Soviel ich weiß, der Vorarbeiter, der zu Murat bestellt war.«

Im Haus saß Julien Prochet in Murats Bibliothek und

blätterte in den Papieren, die auf dem Schreibtisch lagen. Er sprang sofort auf, als Coulbet eintrat.

»Das wird hart!« sagte er. »Alles sieht so aus, als wollte Murat nicht für ein paar Tage auf Tour gehen. Hier sind Papiere, die genaue Termine enthalten.«

»Und der Vorarbeiter, der den Wächter gefunden hat, war auch bestellt.«

»Das weißt du also schon?« Prochet setzte sich wieder. »Man könnte das so rekonstruieren: Jemand will Murat an den Kragen, überwältigt den Wärter, dringt ins Haus und schleppt – warum auch immer – Murat weg. Dabei stimmt nur manches nicht: Wieso hat sich Murat, ein so bulliger Kerl, nicht gewehrt, und wieso hat niemand von dem Personal im Haus auch nur einen Laut gehört?«

»Weil sie alle lügen, Julien!« Coulbet rieb die Hände gegeneinander, seine Handflächen waren feucht vor Aufregung. »Wo sind die beiden Diener?«

»Felix und Alain? Die Hahnenkopfträger?«

»Ja.«

»In der Küche.«

»Ich sehe sie mir mal an. Bitte, laß mich mit ihnen allein.« Er ging hinunter in die Küche und traf die beiden Kreolen am Tisch sitzend, steif wie geschnitzte Puppen.

Coulbet setzte sich ihnen gegenüber an den Küchentisch und faltete die Hände. Sein Blick haftete auf den getrockneten Hahnenköpfen an den Lederschnüren um ihren Hals.

»Ihr kennt mich?« fragte Coulbet ganz sanft.

»Ja, Monsieur le Commissaire«, antwortete Felix. Alains Augenlider begannen leicht zu flattern.

»Das ist gut, Felix. Das erspart mir lange Erklärungen.« Coulbet beugte sich etwas vor. »Warum habt ihr die Voodoo-Kette umgelegt? Als Schutz? Sollen die Götter euch beistehen gegen die Weißen? Braucht ihr Schutz? Wenn jemand hier auf der Insel etwas von eurem Voodoo versteht, dann bin ich es. Das wißt ihr. Euer oberster Houngan, Jules Tsologou Totagan ist mein Freund. Er hat mir sogar geholfen, einen Mörder zu finden.« Coulbet beugte sich noch weiter über den Tisch und tippte auf Alains getrockneten Hahnenkopf. Der Kreole zuckte zusammen, als sei Coulbets Zeigefinger ein Messer, das in ihn eindrang. »Was hat Voodoo hier mit Monsieur Murat zu tun?«

Felix und Alain schwiegen. Ihre Gesichter waren Masken.

»Ich will es euch sagen.« Coulbet lehnte sich wieder zurück. »Murat ist ein Opfer des Voodoo, das wißt ihr genau! Warum gerade Murat, das wird sich klären lassen. Und der Wächter stand eben im Weg, das war sein Pech. Ihr habt gesehen, wie Monsieur Murat weggeschleppt wurde! Ich weiß, ich weiß, ich könnte euch jetzt den Kopf aufmeißeln, ihr würdet keinen Ton sagen. Aber das ist auch nicht mehr nötig. Nur einer hat auf Martinique die Macht, mit dem Voodoo über Leben und Tod zu regieren. Nur: Warum Pierre Murat? Aber bei dieser Frage könnt ihr mir nun wirklich nicht helfen.«

Er ließ die beiden versteinerten Kreolen in der Küche sitzen und kehrte in die Bibliothek zurück. Julien Prochet ließ gerade das Tonband ablaufen mit den Ergebnissen der Verhöre.

»Zum Kotzen, Robert!« sagte er. »Alle müssen gestern blind und taub gewesen sein. Wie war's bei Felix und Alain?«

»Sie müssen ihre Zunge verschluckt haben. Was hast du vor?«

»Ermittlungen gegen Unbekannt wegen Mordes. Suchaktion auf der ganzen Insel nach Pierre Murat. Scheußlich, sage ich dir. So etwas hat es auf der Insel noch nicht gegeben.«

»Doch. Als man Birots Verlobte mit aufgeschlitztem Leib im Farnwald fand. Das war damals mein Fall. Und er ist noch ungelöst. Ich fahre wieder, Julien.«

»Wo kann ich dich erreichen?«

»Bis zum späten Nachmittag nicht. Ich bin über Land.« Coulbet holte tief Atem. »Es kann aber sein, daß wir alle am Abend mehr wissen. Viel mehr. . . .«

Er ließ einen staunenden und ratlosen Prochet zurück, fuhr auf geradem Wege von Vert-Pré über Gros Morne und Morne-Rouge in das Gebirge und in die wilde Einsamkeit, in der Jules Totagan sein Haus gebaut hatte. Je näher Coulbet dem Ziel seiner Fahrt kam, um so langsamer fuhr er. Schließlich blieb er an einer Ausbuchtung stehen und zündete sich einen Zigarillo an.

Was hatte er gegen Jules in der Hand? Nichts! Nur einen Verdacht! So war es immer, wenn er Totagan fassen wollte, seit Jahren. Es gab keine Beweise, nur Hinweise, und das ist ein großer Unterschied! Er konnte zum Beispiel sagen: Gib mir mal den Voodoo-Stab her, aber es war sicher, daß er keinen Blutfleck daran fand. Und wenn, dann war es Tierblut, Hahnenblut, das heilige Blut eines Götteropfers. Er könnte auch sagen: Ich weiß, daß du gestern nacht bei Murat warst und ihn mitgenommen hast. Aber Jules war auf so einfache Art nicht zu bluffen. Es war überhaupt nicht an ihn heranzukommen, wenn man nichts Konkretes in der Hand hatte. Ein Mann wie Totagan würde schweigen, auch wenn man ihn bis zum Lebensende einsperrte. Er würde auch schweigen, wenn man ihn, nach Art seiner Vorfahren, zu Tode foltern würde.

Coulbet hob fröstelnd die Schulter und fuhr langsam weiter.

Jules Tsologou Totagan war nicht im Haus. Die Tür war wie immer nicht verriegelt, Coulbet konnte ungehindert eintreten, sah sich um und hatte den Eindruck, daß Jules in den letzten Tagen hier nicht gewohnt hatte. Staub lag auf dem Tisch, außerdem roch es muffig-feucht.

Zum wiederholten Male durchsuchte Coulbet das Haus, vor allem gründlich die beiden Voodoo-Kammern mit den Zauberwerkzeugen, den Mixturen, den heiligen Ketten und geweihten Puppen, den Opfereisen und den mumifizierten Tierköpfen. Er fand nichts Neues, ging aus dem Haus und setzte sich enttäuscht auf die Bank vor die Tür.

Jules war also sicherlich schon ein paar Tage nicht hier, dachte Coulbet. Das könnte zutreffen, wenn man annimmt, daß er Murat beobachtet hat, ehe er ihn mitnahm. Aber warum Murat? Wo gab es eine Verbindung zwischen Murat und Birot? Was hatte Murat mit Josephines Rache an Petra zu tun? Hier gab es keine Logik mehr, aber Jules, das wußte Coulbet, handelte nur nach den Gesetzen der Logik. Alles hatte seinen Sinn, und alles erfüllte einen Zweck. Murat aber stand außerhalb.

Trotz allem aber spürte Coulbet, daß die Dinge einem Höhepunkt zutrieben, den niemand mehr verhindern konnte. Auf jeden Fall durfte man jetzt René und Petra nicht mehr aus den Augen lassen. Wie die Dinge auch laufen, sie haben nur eine Richtung: die Vernichtung von Petra Herwarth. Und sie mußte erfolgen, bevor René sie in der neuen Kathedrale von St. Pierre heiratete, in etwa sechs Wochen, wie er bekanntgegeben hatte. Die Vorbereitungen für eine Hochzeitsfeier, wie sie Martinique selten zu sehen bekam, waren bereits im Gange, die Einladungen waren verschickt. In diesem Zeitraum mußte es also geschehen!

Aber was geschehen sollte, das konnte auch Coulbet sich nicht ausdenken. Vor den Schreckensmöglichkeiten des Voodoo versagte alle Fantasie.

Coulbet fuhr zurück nach Fort de France, rief sofort bei René Birot an und hatte Petra am Apparat. Es muß sein, dachte er, es ist nicht mehr die Zeit, Rücksicht zu nehmen und um die Dinge höflich herumzureden. Sie wird schon längst gemerkt haben, daß es auf dieser Erde keine Paradiese mehr gibt. Auch Martinique ist kein Paradies!

»Petra –« sagte Coulbet mit nüchterner Stimme. »Hier Robert. Robert Coulbet.«

»Der schönste Mann von Martinique«, erwiderte sie lustig. Coulbet lächelte nicht einmal, so ernst war es ihm. »René ist in der Fabrik. Was gibt es?«

»Gehen Sie keinen Schritt mehr allein aus dem Haus!«

»Mein Gott – was ist denn los?!«

»Ich habe Gründe genug, anzunehmen, daß Josephine Sie in Kürze ausschalten will.«

»Josephine? Dazu hätte sie doch neulich Gelegenheit gehabt.«

»Ich bin orientiert. Trauen Sie dem Frieden nicht. Er ist trügerisch. Es braut sich etwas zusammen. Seit heute nacht haben wir einen Ermordeten und einen Vermißten.«

»Im Zusammenhang mit mir?« fragte sie leise. Ihre Stimme war plötzlich belegt.

»Ich vermute es.« Coulbet kratzte sich den Nasenrücken. »Nur weiß ich nicht, wie das alles zusammenpaßt. Es ist ein Puzzlespiel, bei dem mir einige wichtige Teile fehlen, damit ich das Ganze erkennen kann.«

»Wer... wer ist der Tote?«

»Ein kreolischer Landarbeiter.«

»Und der Vermißte?«

»Ein bekannter Farmer. Pierre Murat.«

»Den Namen habe ich auf unserer Gästeliste zur Hochzeit gelesen. Aber wieso hat das mit mir zu tun?«

»Ich weiß fast mit Gewißheit, daß hinter diesen Verbrechen eine Kulthandlung des Voodoo steckt. Das ist ja das Ungeheure: Was wir als Verbrechen ansehen, ist für den Voodoo eine religiöse Tat, göttergewollt, göttergeweiht. Petra, ich bitte Sie mit allem Nachdruck: Bleiben Sie, wenn es möglich ist, die nächsten acht Tage zu Hause, seien Sie nie allein, auch, wenn Sie auf dem eigenen Grundstück spazierengehen, im Garten, zur Fabrik, in das Dorf... nie allein sein! Ich weiß nicht, was passiert, ich weiß nur, es wird etwas passieren. Sagen Sie bitte René, er soll mich sofort anrufen, wenn er zurückgekommen ist. Versprechen Sie mir, Petra, nichts mehr allein zu tun?«

»Ich verspreche es, Robert.«

Aufatmend, etwas erleichtert, legte Coulbet auf. Er zuckte dennoch zusammen, als das Telefon sofort wieder anschlug. Julien Prochet war am Apparat.

»Robert. Endlich!«

»Was gibt es bei dir, Julien?«

»Eine große Scheiße! Felix und Alain sind nun auch verschwunden.«

»Das habe ich erwartet.«

Einen Augenblick war Prochet stumm. Er war zu überrascht. Dann aber sagte er bitter: »Das war ausgesprochen kollegial ... mir das nicht gleich zu sagen!«

»Felix und Alain sind nur zurück in ihr Dorf, zu ihrer Familie. Das beweist, daß sie mit der Rückkehr von Murat nicht rechnen. Daß sie mehr wissen! Aber sie werden nie etwas sagen. Der Fluch des Voodoo käme über sie. Für dich ist Voodoo nur ein fauler Zauber, nicht wahr, Julien?«

»Ja! Auf Haiti habe ich mal einer Vorführung beigewohnt, Touristenrummel! Mystischer Karnevalszauber! Ich bin dabei, die beiden zu suchen.«

»Wozu? Sie werden in der Zelle sitzen und schweigen. Das bringt nichts. Wir sollten einen anderen suchen. Jules Tsologou Totagan. Er muß seit Tagen unterwegs sein, spurlos, lautlos, und das macht mich mobil! Weißt du überhaupt, wer Onkel Jules ist?«

»Ja, so ein verschrobener Wunderheiler der Kreolen.«

»Ihr oberster Houngan, Julien!«

»Also, ein Obernarr!«

»So kann man es auch sehen. Gott segne deine Jugend, Julien! Die Unbekümmertheit eurer Generation ist umwerfend! Ich hoffe, daß du in ein paar Tagen die Augen öffnest wie eine junge Katze.«

232

Coulbet nutzte den Abend, um ein Bad zu nehmen, zog frische Wäsche an und überlegte, wo er zu Abend essen wollte. Er entschloß sich für das *Typic Bellevue* an der Rue de la Marne. Dort gab es riesige, aber billige Langusten und ein Mango-Sorbet, bei dem Coulbet schwach werden konnte.

Er hatte gerade seinen Schlips umgebunden und die Jacke übergezogen, als wieder das Telefon klingelte. Das ist René Birot, dachte Coulbet. Er muß seine Petra jetzt bewachen wie einen Goldschatz!

Aber es war nicht Birot. Eine Mädchenstimme meldete sich, jung, hell und etwas stockend. Sie sprach ein ausgezeichnetes Französisch. Das war das erste, was Coulbet auffiel.

»Sind Sie Monsieur le Commissaire Coulbet selbst?« fragte die helle Stimme.

»In voller Größe, Mademoiselle.« Sie ist jung, dachte Coulbet. Sehr jung. Eine typische Mädchenstimme. Da kann man nicht Madame sagen. »Was kann ich für Sie tun?«

»Nichts...«

»Das ist wenig! Aber wenn Sie mich anrufen, haben Sie ein Anliegen. Ich habe Ihren Namen nicht verstanden...«

»Ich habe auch keinen genannt...«

»Ah. Deshalb! Holen wir das nach...«

»Nein! – Ich habe ein Geständnis zu machen, Monsieur le Commissaire... Ich sage es Ihnen, bevor der Priester mich dazu auffordert bei der Beichte. Ich will ihm sagen: Ich habe alles gestanden. Hören Sie, Monsieur?«

»Ich höre, Mademoiselle.« Coulbet setzte sich. Irgendwie hatte er das Gefühl, daß seine Knie weich wurden. »Was haben Sie zu gestehen?«

»Ich habe Pierre Murat getötet!«

»Ach!« Coulbet holte tief Luft und starrte gegen die Decke. Nein, sie war noch oben, sie war ihm nicht auf den

Kopf gefallen, obgleich er so ein Gefühl hatte. »Sie haben Pierre Murat getötet?«

»Ja.«

»Wo denn?«

»Auf der Terrasse seines Hauses. Gestern nacht.«

»Und womit?«

»Mit einem Messer. Ich habe vierundzwanzigmal zugestoßen.«

»Sie haben mitgezählt?«

»Er hatte vierundzwanzig Einstiche.«

»Und dem Wärter haben Sie den Schädel eingeschlagen?«

»Nein!«

»Wer war denn das?«

»Ich möchte nur für mich beichten, Monsieur. Ich habe Pierre Murat getötet.«

»Und warum?«

»Er hat mir meine Jugend genommen, meine Ehre.«

»Kurzum: Er hat Sie vergewaltigt?«

»Ja, Monsieur le Commissaire.« Das Mädchen schluckte, Coulbet hörte es deutlich. Und er zweifelte keinen Augenblick ob es ein richtiges Geständnis war. Nur: Sie war nicht allein gewesen! »Das ist alles!«

»Halt! – Wo ist die Leiche?«

»Man wird sie finden.«

»Sie haben doch nicht allein den schweren Körper abtransportiert, Mademoiselle! Ihre Beichte ist halb, das wird Ihnen auch Ihr Priester sagen!«

»Ich habe gestanden, was wollen Sie noch mehr?« Plötzlich weinte das Mädchen, ihr Schluchzen war das einzige, was Coulbet für eine Minute hörte. Dann sagte sie: »Man wird nie erfahren, wer ich bin, Monsieur. Wir waren allein, als er mich vergewaltigte, und wir waren allein, als ich ihn tötete.«

»Das ist gelogen! Voodoo war bei Ihnen!«

»Nein!« Ein Aufschrei war das. Dann brach die Verbindung ab, als habe sie das Telefon weggeworfen. Coulbet wartete noch, aber es gab keinen Laut mehr.

Murat ist tot, dachte er, als er den Hörer auflegte. Erstochen, daran gibt es gar keinen Zweifel mehr. Ich glaube dieser Stimme! Auch das Motiv wird stimmen. Wie oft ist Murat schon verflucht worden von Eltern und Ehemännern. Das weiß man, das hat auch Prochet herausbekommen. Ein glatter Sühnemord, und doch mehr! Warum gibt sie Murats Leiche nicht her? Wer hat den Wächter erschlagen? Wer war bei ihr, der die Gabe hatte, alles zu lähmen, so zu lähmen, daß Felix und Alain sich die Voodooketten mit den Hahnenköpfen um den Hals hängten?! Einen Kerl wie Murat kann man nicht einfach abstechen, nicht ein zartes Mädchen mit so einer kindlichen Stimme! Wer war die große Kraft neben ihr?

Coulbet gab sich innerlich die Antwort, aber er verschluckte sie sofort wieder. Er wußte von dieser Minute an nur eins: Der Endspurt hatte begonnen. Der wahnsinnige Wettlauf mit dem Tod!

Aber für ihn gab es keine Bahn, um mitzurennen.

11

Der Tag versprach dramatisch und doch langweilig zu werden.

Nach dem Frühstück machte sich André Casarette daran, die Wasserleitung zu reparieren. An einer Stelle war die Rinne undicht, es war eine kleine Reparatur, die man in einer Viertelstunde hätte erledigen können, man brauchte den Riß bloß mit etwas flüssigem Kunststoff zuzuschmieren. Oder ein flaches Stück Holz darübernageln. Aber Casarette schien daraus einen Tagesjob zu machen. Er drückte sich draußen, immer in der Nähe seiner Hütte herum, und als es zu blöd wurde, sich wegen eines kleinen Risses so anzustellen, begann er, Holz zu hacken.

Aubin sah ihm eine Zeitlang, auf seinem Campingstuhl sitzend, zu, ehe er sich zu Wort meldete. Jeanette spülte das Geschirr in einem Plastikeimer und verstaute die Lebensmittel wieder in die Kühlbox.

»Wird heute der Berg nicht beobachtet?« fragte er.

»Nein!« antwortete Casarette einsilbig.

»Und wenn er ausgerechnet heute wackelt?«

»Er wackelt nicht!«

»Das hat man im Gefühl, was?«

»So ähnlich.«

»Wenn ich Sie so Holz hacken sehe, erinnern Sie mich an einen Bauern im Val d'Isère. Der hackte auch verzweifelt von morgens bis abends. Aber dem stand ein lausiger Winter vor der Tür. Davor brauchen Sie ja keine Angst zu haben.«

Casarette schluckte den dicken Spott und hackte weiter.

»Ich sitze nachts manchmal ganz gern an einem Lagerfeuer«, sagte er bloß.

»Romantisch!«

»Ja. Ich glaube, daß auch Jeanette es romantisch findet. – Wann malen Sie, Jean?«

»Wenn es mich überkommt.«

»Was heißt das?« Casarette unterbrach seine dumme Hackerei.

»Malen ist etwas anderes, als sich in einen Berg hineinfressen. Ein Künstler braucht Stimmungen, seelische Schwingungen, Intuition, inneren Frieden oder – wenn er nichts zu beißen hat – die Triebkraft des Hungers. Daraus sind unsterbliche Werke entstanden. Denken Sie nur an mein großes Vorbild van Gogh.«

»Ach, der ist Ihr Vorbild? Ausgerechnet der?« sagte Casarette mit dickem Hohn.

»Ich könnte auch Gauguin nennen. Aber wenn ich Sie ansehe, André, bekomme ich keinen künstlerischen Schwung.«

»Dann ziehen Sie doch weiter, Jean!«

»Wo finde ich solch einen Platz wieder? Nein! Ich muß mich an Sie gewöhnen, das ist es. Mit der Zeit wird's schon gelingen.«

»Wie lange rechnen Sie?«

»Weiß ich es im voraus, wann ich Ihre Visage ertragen kann?!«

Casarette legte seine Axt neben den Hauklotz und sah Aubin mit geneigtem Kopf an. »Jean, Sie brauchen es bloß zu sagen, ich tu' Ihnen den Gefallen und schlage Ihnen die Nase ein! Viel fehlt nicht mehr...«

»Ich komme darauf zurück, André. Wo möchten Sie's gerne haben?«

Auch dieses Hahnenkampfgespräch wurde langweilig. Casarette hackte weiter, Aubin sah hinüber zu Jeanette, die in ihrem knappsten Bikini herumlief. Mit ihr hatte es am Frühstückstisch ein böses Gespräch gegeben. Nach ihrer Frage: »Warum hast du eine Pistole unter dem Kopfkissen?« hatte er geantwortet: »Wer im Urwald übernachtet, soll nicht glauben, daß er im Paradies schläft.« Aber sie hatte nachgebohrt: »Aber André ist doch bei uns!« Worauf er gesagt hatte: »Eben!«

Das war keine Erklärung. Sie blieb hart am Problem. »Hast du denn einen Waffenschein?«

»Nein«, log Aubin.

»Und die Pistole?«

»Ach Gott, die kann man überall bekommen. Ich habe sie in Marseille, hinter dem Bahnhof, von einem Händler gekauft, der offiziell mit Seidenblumen handelte.«

»Und keiner hat etwas gemerkt, von Marseille bis Martinique?«

»Wie du siehst. Die Flughafenkontrollen sind sehr oberflächlich. Ich hatte die Pistole zusammen mit der Staffelei in einem Karton. Einem französischen Maler traut man keinen Terrorakt zu. Das Kunstempfinden der Franzosen ist...«

Das war der Augenblick, wo Jeanette beleidigt aufstand und zum Zelt ging. Aubin atmete auf, aber er wußte, daß das Thema damit nicht beendet war. Jeanette war kritisch geworden.

Es hatte damit begonnen, daß sie sagte, er könne nicht malen, sie sehe auf den Bildern aus wie ein Kretin, und was er denn wirklich von Beruf sei, und es hörte nun damit auf, vorläufig, daß sie bei ihm eine Pistole gefunden hatte, auf der er sogar schlief. Ein Mädchen wie Jeanette würde weiterbohren.

»Hatten Sie mir nicht angeboten, mich in Ihren Stollen mitzunehmen?« fragte Aubin nach einiger Zeit. Casarette, der nun nicht mehr Holz hackte, sondern völlig sinnlos einen Stuhl aus Knüppelholz mit einem Klarlack strich, blickte hoch.

»Ich wüßte nicht, daß ich so etwas gesagt habe...«

»Nein? Pardon.«

»Aber wenn Sie wollen, gehe ich mit Ihnen in den Berg.«

»Liebend gern.«

»Es ist gefährlich, Jean.«

»Wenn Sie Tag um Tag darin herumwühlen, muß es erträglich sein.«

»Es rutschen immer wieder Steine nach. Wenn so ein Brocken Sie trifft, ist's nicht meine Schuld. Also: Auf eigene Verantwortung, Aubin!«

Aubin nickte. Er zögerte. Damit hat er einen Freibrief, mich auszuschalten, dachte er. Er schlägt mir eins über den Schädel, kommt aus dem Stollen und jammert, ein Stein habe den armen Revue erschlagen. Wer will das Gegenteil beweisen? Ein raffiniertes Früchtchen, dieser Geologe. Um so mehr erhebt sich die Frage: Was macht er hier? Warum will er allein sein? Was verbirgt sich da im Stollen? Mit wem steht er per Sprechfunk in Kontakt? Nicht allein mit dem Geologischen Institut, das weiß man jetzt. Es muß etwas Ungeheures sein, wenn ein Mann wie Casarette bereit ist, dafür zu töten.

Einen Augenblick dachte Aubin daran, seinen Mittelsmann in Fort de France anzurufen und um eine blitzschnelle Razzia zu bitten. Noch hatte Jeanette sein Sprechfunkgerät nicht entdeckt. Es war eine Spezialkonstruktion, wie sie vom Geheimdienst benutzt wurde: Ein dikker, runder, metallener Drehbleistift, wo die Schreibspitze der Sender und der Drehknopf der Empfänger und das Mikrofon war.

Nein, sagte er sich dann nach kurzem Nachdenken. Das wäre feig. Ich bin als Einzelkämpfer, als unbekannter Maler mit einem ersten Preis, nach Martinique gekommen, mit einem bestimmten Auftrag und mit unfassenden Vollmachten. Bis heute habe ich davon kaum Gebrauch gemacht, und so wird es bleiben. Mein lieber André Casarette, mir wird in deinem Stollen kein Stein auf den Kopf fallen!

Er erhob sich, kam auf Casarette zu und sah ihm eine Weile zu, wie dieser verbissen den Knüppelholzstuhl lakkierte. »Das sollte eigentlich ich tun«, sagte er dann. »Wenn man schon Maler ist...«

»Sehr witzig.« Casarette blickte hinüber zu Jeanette, die sich beleidigt in einen Liegestuhl geworfen hatte. »Im Bikini sieht sie hinreißend aus! Wie sieht sie erst als Akt aus?! Daß Sie mir das so lange vorenthalten wollen...«

»Bis Sie das sehen, wächst Ihnen ein Bart bis zur Erde!«

»Der Herr denkt, aber die Dame lenkt«, sagte Casarette fröhlich. »Sie stehen im Regen. Drehn Sie sich mal um.«

Jeanette hatte das Oberteil des Bikinis abgelegt. Aubins großen Skizzenblock auf den Knien, hielt sie einen Spiegel in der linken Hand, betrachtete sich darin und begann zu zeichnen. Es machte ihr offensichtlich großen Spaß, ihr Gesicht und ihre Brüste zu skizzieren. Casarette schnalzte mit der Zunge.

»Um es Ihnen klar zu sagen, Aubin: Das Mädchen ist zu gut für Sie! Sie hat mehr verdient als einen Trottel!«

»Kriechen wir nun in Ihren verdammten Stollen oder nicht?!« knirschte Aubin. Ihm war völlig klar, daß Jeanette ihn provozieren wollte.

»Jetzt nicht! Auf gar keinen Fall!« Casarette rieb sich die Hände. »Diesen Anblick muß ich ungestört genießen! Nach dem Mittagessen gehen wir in den Berg. Einverstanden?«

Aubin gab keine Antwort, ging hinüber zu Jeanette und stellte sich vor ihr auf. Sie blickte kurz hoch, zog verächtlich die Lippen hoch und sagte strafend:

»Du stehst mir in der Sonne, Picasso II!«

»Was soll der Unsinn?« fragte er gepreßt.

»Unsinn? Sieh dir das an! *Das* ist eine Skizze! Da erkennt man mich wenigstens, das *sind* meine Brüste. Aber was du da auf die Leinwand schmierst... gräßlich!«

Aubin verzichtete auf eine Diskussion über Kunstrichtungen, riß ihr den Skizzenblick vom Schoß, betrachtete die Zeichnung, fand sie hervorragend und ärgerte sich deshalb um so mehr.

»Gib das sofort her!« zischte sie. »Sofort!!«

»Du solltest lieber deine geplanten sechs Kinder kriegen als malen!« sagte Aubin bissig. Dann riß er das Blatt aus dem Block und zerfetzte es. Jeanette fuhr mit einem Schrei hoch, der Casarette alarmierte. Er kam mit eiligen Schritten zum Zelt.

»Was ist los?« rief er schon von weitem. »Wird der Kerl lästig?«

»André bleiben Sie bloß da!« sagte Aubin hart. »Mischen Sie sich nicht ein.«

»Er hat meine Zeichnung zerrissen!« schrie Jeanette. »Einfach zerrissen! Aus purem Neid, weil ich es besser kann als er.«

»Sie Dreckskerl!« knirschte Casarette. Er war nun wirklich wütend auf Aubin. Er brauchte es nicht mehr zu spielen. »Ich habe doch geahnt, daß wir aneinandergeraten! Pardon, Jeanette.«

Er holte aus, obgleich Jeanette sofort schrie: »Nein! Nicht!«. Aber er kam nicht dazu, den Schlag bei Aubin zu landen. Auf rätselhafte, vor allem aber schnelle Weise war Aubin nicht mehr dort, wo er eine Sekunde vorher gestanden hatte. Er stand seitlich von Casarette, fing den Schlag mit seinem Ellenbogen auf und stieß gleichzeitig seine linke Faust Casarette in die Magengrube.

André stöhnte auf, glotzte Aubin verwundert an und warf sich herum. Aber auch der zweite Angriff mißlang. Aubin faßte Casarettes Arm, benutzte ihn als Hebel, und den Schwung ausnutzend, wirbelte er den Geologen durch die Luft und ließ ihn hart auf den Rücken fallen.

»Das war Judo, meine Liebe!« sagte Aubin zu der sprachlosen Jeanette. »Und jetzt kommt Shaolin.«

Mit einem Tritt gegen die Brust warf er den hochkommenden Casarette zurück, packte ihn dann an den Schultern, riß ihn hoch, stieß ihm den Kopf unters Kinn und landete einen Schlag an das Herz. Er benutzte dazu die Handkante und dosierte ihn so, daß Casarette augenblicklich zusammenklappte, aber nicht getötet wurde. So ein Schlag kann absolut tödlich sein.

Wie leblos fiel Casarette auf den Boden. Jeanette wich entsetzt vor Aubin zurück und streckte beide Arme zur Abwehr aus, als er ihr folgen wollte.

»Du... du hast ihn umgebracht...« stotterte sie. »Du hast ihn... Jean, er ist tot! Was bist du bloß für ein Mensch!«

»André wird eine Zeitlang schlafen. Sonst nichts.« Aubin wischte sich die Handflächen an der Hose ab. »Jetzt können wir in Ruhe seine Hütte und den Stollen untersuchen. Du kannst mir dabei helfen.«

»Wer bist du wirklich?! Zum letzten Mal, Jean! Wer bist du?«

»Wen liebst du?« fragte er zögernd zurück. »Den Maler Jean Aubin?«

»Ich liebe dich... ganz gleich, wie du wirklich heißt... Aber weil ich dich liebe, habe ich ein Recht zu wissen, wer du bist.«

»Jean Aubin.«

»O nein!« schrie sie. »Ich spiele nicht mehr mit!«

»Der Name stimmt, Jeanette. Nur bin ich kein Maler.«

»Wenn das eine Maske war, dann war's eine schrecklich dumme! Jeder sieht sofort, daß du nicht malen kannst. Wer ist bloß auf diese verrückte Idee verfallen?«

»Bei dem, was heute als Kunst verkauft wird, war das beste Tarnung, Liebling. Je verrückter, um so glaubwürdiger. Wenn eine mit schwarzen Kreisen bemalte Leinwand als großes Kunstwerk von Museen angekauft wird, sind meine Gemälde auf dem Wege zur Unsterblichkeit!«

»Und wer bist du nun?«

»Ich gehöre einem Verein an – wir nennen uns so, Verein – der überall dort eingesetzt wird, wo normale Untersuchungsmethoden versagen oder Einsätze unserer Art einfach durch das Gesetz verboten sind. Wir haben im Dienst einer gerechten Sache alle Freiheiten. Bei uns zählt nur der Erfolg. Das ist außerhalb der Legalität, aber im internationalen Verbrechen gilt nur der Satz: Vernichten und überleben! Den Namen unseres Vereins kennt niemand, ich bin im Range eines biederen Oberkommissars, werde in einer Gehaltsliste der Sûreté geführt...«

»Du... du bist ein Sûreté-Mann?« stammelte Jeanette.

»Es werden über uns mehr dramatische Märchen erzählt, als wahr sind. Neunzig Prozent sind Schreibtischarbeit.«

»Und die zehn Prozent bist du?«

»Nein. Ich stehe nur auf der Personalliste. Ich bin, wenn man so will, vogelfrei. Ich bekomme eine Aufgabe und löse sie. Wie, das ist mein Problem.« Aubin beugte sich über Casarette, kontrollierte seine Atmung und war zufrieden. »Ich wurde nach Martinique geschickt, als Maler Aubin, als Kunstspinner, nachdem man in Paris herausgefunden hatte, daß die Karibikinseln immer mehr in den Sog des Rauschgifthandels geraten. Heroin und Kokain fließen durch dunkle Kanäle auf die Inseln und beginnen, die Paradiese zu zerstören. Der Wink eines Unbekannten wies uns die Richtung: Hinter allem steckt eine große Organisation, die von der amerikanische Cosa nostra – die man fälschlicherweise Mafia nennt – kontrolliert und geleitet wird. Das aber ist für die biederen Behörden auf den Inseln ein paar Nummern zu groß. Und so hat sich Jean Aubin aufgemacht, sich mal an den Tatorten umzusehen. Und was passiert diesem Riesenrindvieh? Er verliebt sich in ein rotblondes Aas, das Jeanette heißt und doch ein Engel ist! – Willst du mir jetzt helfen?«

»Was... was soll ich tun?« stotterte sie. Ihre Augen waren weit und zeigten, daß sie nur langsam begriff, was hier geschah. »Du bist... du bist...«

»Ich mache jetzt aus Casarette ein festes Paket und du paßt bei ihm auf, daß er nicht versucht, sich zu befreien.«

»Und... und wenn er sich doch befreien will?«

»Dann nimmst du da ein Stück Holz und knallst es ihm auf den Kopf.«

»Nein! Jean, bitte nein...« Sie starrte entsetzt auf den sich langsam wieder bewegenden Casarette. »Und was machst du?«

»Ich sehe mir seine Hütte an und seinen geheimnisvollen Stollen.«

»Und wenn er wirklich nur ein harmloser Geologe ist? – Was suchst du überhaupt bei ihm?«

»Wenn ich das wüßte!« Aubin nickte mehrmals. »Irgend etwas ganz Großes liegt hier im Verborgenen... nur eine Verbindung sehe ich nicht.«

»Zu wem?«

»Zu deinem Gentleman Roger Bataille.«

»Was hat denn der damit zu tun?«

»Du ahnungsloses Lämmchen! Bataille ist die Brücke zu den großen Hintermännern. Aber das erzähle ich dir später. Hilf mir jetzt erst.«

Mit Stricken aus Nylon, die er für den Zeltaufbau mitgebracht hatte, fesselte er Casarette an Armen und Beinen, und zwar auf die Art, wie es die Vietnamesen im Indochina-Krieg getan hatten, den Körper nach hinten zu einem Bogen gespannt und Hände und Füße miteinander verbunden. Eine Selbstbefreiung war fast unmöglich.

Noch während er den letzten Knoten zusammenzog, wachte Casarette aus seiner Besinnungslosigkeit auf. Er röchelte erst etwas, dann zerrte er an den Fesseln. Aubin drehte ihn zu sich um.

»So ist das nun, mein Junge«, sagte er, »wenn man einem Maler seinen Pinsel wegnehmen will!«

»Das wirst du teuer bezahlen müssen!« knirschte Casarette, aber er lag still, weil es völlig sinnlos war, sich gegen diese Fesseln zu wehren. Je mehr er zerrte, um so schmerzhafter wurde sein Rückgrat gebogen.

»Es war Notwehr, das zunächst als Klärung! Wer hat hier wen angegriffen, mein lieber André?«

»Wo hast du diesen mörderischen Schlag gelernt?«

»Auf einer Spezialschule zur Ausbildung einer französischen Sondereinsatz-Truppe.«

»Du bist gar kein verrückter Maler?«

»Erraten!«

»Ein Bulle.«

»Nur im weiteren Sinne!« Aubin ging in die Hocke, um Casarette besser in die Augen blicken zu können. Blanker, kalter Haß schlug ihm entgegen. »Bevor ich jetzt beginne, deine Hütte und deinen geliebten Stollen zu besichtigen – leider ohne deine Führung und die Möglichkeit, einen dicken Stein auf den Kopf zu bekommen – frage ich dich: Hast du mir im voraus etwas zu sagen?«

»Der Teufel hole dich!« stöhnte Casarette. Die Fesseln machten ihm zu schaffen, sein durchgebogener Rücken schmerzte.

»Ich werd's ihm bestellen!« Aubin erhob sich und winkte Jeanette heran. Zögernd kam sie näher. »Paß auf ihn auf, Liebling. Und denk daran, dort liegt ein dickes, hartes, gutes Stück Holz. Nicht zu fest, und mitten auf den Kopf. Da ist die Hirnschale noch am dicksten.«

Er nickte Casarette freundlich zu und ging dann hinüber zur Hütte.

Die Einrichtung war primitiv, nur das Allernötigste war vorhanden, und Aubin fragte sich, wie es ein zivilisierter Mann in einer solchen Umgebung ein Jahr lang aushalten konnte. Ein Faltbett war da, ein Plastikschrank, ein Klapptisch, zwei Stühle, ein paar Kisten, zwei Gewehre hingen an Haken an den Stützbalken, Moskitonetze lagen zu einem Haufen geballt in einer Ecke, eine Waschschüssel war da und Geschirr und Töpfe und Pfannen stapelten sich auf einer hohen Kiste. Das war schon alles. Und das Funkgerät. Es lag neben dem Bett auf einer kleineren Kiste, die als Nachttisch diente. Und dann entdeckte Aubin etwas, worauf er auch bei aller Fantasie nicht gekommen wäre: Unter dem Bett, in einem einfachen Karton, auf dem

Old Nick – Martinique – Rhum Agricole – Distillerie Dillon
stand, verbarg sich ein Stahltresor modernster Bauart mit
einem Zahlenkombinationsschloß.

Aubin rückte den Karton in die Mitte der Hütte, wuchtete ihn auf den Tisch und klopfte dagegen. Massive Stahlwände, ein Tresor, den man so schnell nicht knacken
konnte.

Was wollte Casarette mit einem so sicheren, neuen Tresor im Urwald? Was er darin auch verschlossen hatte, ungewöhnlich war es auf jeden Fall. Und bestimmt verbarg
er darin kein Vermögen an Bargeld.

Aubin kehrte zu seinem Zelt zurück. Casarette tat gerade das Falscheste, was er tun konnte – er hatte begonnen, Jeanette zu beschimpfen. Er nannte sie Hure und
Landstreicherin, und auch sonst zeigte er eine große
Kenntnis in Schimpfworten gemeinster Art. Jeanette war
den Tränen nahe und froh, daß Aubin zurückkam.

»Hör dir das an!« sagte sie hilflos. »Wie er mich nennt.«

»André, stellen Sie mal Ihre Tiraden ab!« Aubin beugte
sich wieder über den Gefesselten. »Ihr hübscher, kleiner
Tresor unterm Bett in dem Rum-Karton enthält bestimmt
nicht Ihr Testament. Was ist drin? Ich bin von Natur aus
neugierig. Verraten Sie die Zahlenkombination?«

»Scheiße!«

»Da bin ich Ihrer Meinung. Nur damit kann ich nichts
anfangen! Soll ich das Ding aufsprengen?«

»Bitte – nein!« Casarettes Blick begann zu flackern.

»O! Sie sagen bitte?! Empfindliche Ware im Stahlkasten?! Heroin?«

Casarette starrte Aubin entgeistert an. »Wenn Sie das
denken, haben Sie einen Hirnschaden!« knirschte er.
»Was soll ich mit Heroin?«

»Ein Kilogramm reines Heroin ist Millionen wert.«

»Damit habe ich nichts zu tun. Ehrenwort!«

»So merkwürdig es klingt: Ihr Ehrenwort nehme ich an.
Was hüten Sie also in Ihrem Tresor?«

»Steine. Seltene Steine. Ich bin schließlich Geologe. Steine aus der Frühzeit der Erdgeschichte.«

»Jetzt darf ich wohl Scheiße sagen, nicht wahr? Wie ist die Zahlenkombination?«

»Die müßten Sie schon aus mir herausfoltern.«

»Das ist nicht mein Stil, André. Ich komme auch so zu meinem Ziel. Bis nachher.«

»Die Pest an Ihren Hals!« schrie Casarette.

»Da haben Sie Pech: Die Pest ist so gut wie ausgerottet.«

Aubin kehrte zur Hütte zurück, versorgte sich mit Casarettes Bergausrüstung und ging zum Stolleneingang. Er setzte den Helm mit dem Stirnscheinwerfer auf, nahm einen starken Handscheinwerfer in die Linke und einen kräftigen Bergpickel in die Rechte und betrat langsam, nach oben sichernd, den Stollen.

Casarette hatte vorbildliche, fachmännische Arbeit geleistet. Der Gang war hervorragend abgestützt, keine Spur von Steinschlag oder der Gefahr, daß das Hangende herunterbrechen könnte, und wieder fragte sich Aubin, wie Casarette mit primitiven Mitteln so etwas leisten konnte. Die Antwort erhielt er am Ende des Stollens, der sich in drei kleine Seitenstollen aufteilte. Dort lagerte modernstes Gerät. Ein Preßlufthammer mit einem Aggregat, Sprengmunition, eine Felsenfräse und ein Schuttwagen auf Kugellagern. Auch schwer beladen war er kinderleicht zu bewegen.

Wenn auch Aubin kein Geologe war, so wußte er in diesem Augenblick doch mit Sicherheit: Das gehört nicht zu der Beobachtung eines Berges über Vulkantätigkeit. Das hat mit Vulkanologie nichts mehr zu tun. Das hier ist eine Grube, ein Bergwerk, eine Mine.

Eine Mine?!

Aubin richtete den harten hellen Strahl des Halogenscheinwerfers in seiner Hand gegen die neu gebrochenen Felsteile. Zentimeter um Zentimeter tastete er die Wand ab, die neuen Sprengungen, die Einbrüche, die mit dem

Preßlufthammer gemacht worden waren. Beim letzten, dritten Seitenstollen erkannte er endlich, worum es sich hier handelte.

Aubin pfiff durch die Zähne. »Das ist 'n Ding!« sagte er anerkennend. »Mein lieber Casarette, da lohnt sich Zähigkeit und Schweigsamkeit.«

Noch einmal leuchtete er das Gebiet ab, fasziniert von dem, was er jetzt sah, nahm seinen Bergpickel und schlug ein winziges Teil des Gesteins ab. Er steckte es in die Tasche, klopfte mit der flachen Hand wie abschiednehmend gegen den Bruch und kehrte dann um in die Sonne.

Casarette lag noch in seiner alten Haltung auf dem Boden, nur hatte Jeanette jetzt einen Sonnenschirm aus dem Auto geholt, ihn aufgespannt und Casarette damit Schatten gegeben. Aubin zog einen der Campinghocker heran und setzte sich.

»Ihre Felsengrube ist ja eine wahre Goldgrube!« sagte er. Casarette seufzte und schloß die Augen.

»Sie haben es entdeckt?«

»Ja. Aber ich wollte es zunächst nicht glauben. Das ist ja unglaublich.«

»Befreien Sie mich jetzt endlich von dieser verdammten asiatischen Fessel?!«

»In dem Tresor haben Sie also die bisherige Ausbeute?«

»Ja. Das Beste vom Besten, in Reinheit, Klarheit, Farbe. So etwas finden Sie nicht mal in Tailand oder Indien.« Casarette atmete heftig. »Was wird nun mit mir?«

»Das entscheide nicht ich. Sie wissen, daß Ihr Fund dem französischen Staat gehört. Wieviel haben Sie davon schon verkauft?«

»Noch nichts. Das Geschäft sollte in den nächsten Tagen stattfinden. In einem Ringtausch.«

»Daher Ihr Funkkontakt mit dem Käufer?«

»Ja.«

Casarette sah keinen Sinn mehr darin, zu leugnen oder keine Antworten mehr zu geben. Der Einsatz von einem

Jahr war verspielt; er wußte genau, daß es keinen Ausweg mehr gab.

»Sie sagten Ringtausch, André. Wollen Sie mir das erklären, oder soll ich das auf eigene Faust herausbekommen? Es dauert dann etwas länger, aber ich bekomme es heraus.«

»Jemand liefert Heroin, bekommt dafür Geld und kauft mit diesem Geld bei mir.«

»Und dieser Jemand heißt Roger Bataille.«

»Das haben Sie gesagt, nicht ich!«

»Und wer Heroin gegen Geld tauscht, trägt den klangvollen Namen Henri Comte de Massenais.«

»Sie sehen, ich brauche gar nichts zu sagen.« Casarette grinste breit. »Wie ist's mit der Entfesselung?«

»Langsam, André, langsam.«

»Was wollen Sie noch mehr wissen, Aubin?!«

»Nichts. Es reicht. Nur, ich möchte nicht, daß ich auf Sie schießen muß, wenn Sie frei herumlaufen und glauben, Dummheiten machen zu können.«

»Mein Ehrenwort – nein!«

»Sehen Sie, diesesmal glaube ich es Ihnen nicht! Ich befreie Sie aus der Bogenspannung, aber Sie bleiben verschnürt, bis meine Freunde hier sind.«

Aubin lockerte die vietnamesische Fessel, ließ Casarette sich strecken, was er mit tiefen Seufzern tat, und sah dann hinauf zu Jeanette. Sie stand neben dem in den Boden gerammten Sonnenschirm und starrte Aubin mit großen, runden, blauen Augen an.

»Ich verstehe gar nichts«, sagte sie. »Was ist denn hier los?«

»André, der kluge Junge, ist bei seinen geologischen Untersuchungen auf eine Edelsteinmine gestoßen, für Martinique etwas völlig Außergewöhnliches und geologisch geradezu Unmögliches. Aber es ist so. Dort im Berg lagert ein Schatz an tiefroten, glasklaren Rubinen, wie man sie kaum noch findet. Ein Millionenvermögen. Und da niemand auf den Gedanken kommen konnte, daß es auf Martinique so etwas gibt, hatte André den richtigen Plan gefaßt: Heimlich die Millionenmine ausbeuten und die Steine illegal verkaufen. Auch wenn es das Geld ist, das man durch Heroin hereinholt! Casarette rechnete sich aus: Noch ein Jahr hier in der Wildnis, und du kehrst in die große Welt zurück als einer der reichsten Männer. André, wo wollten Sie denn Ihr Riesenvermögen durchbringen?«

»Vielleicht auf den Bahamas. Mein Gott, die Welt ist groß!« sagte Casarette sauer. »Es gibt so viele Plätze, wo man leben könnte. Australien, Neuseeland, auch Florida wäre nicht schlecht gewesen.«

»Rubine!« sagte Jeanette gedehnt. »Das ist ja toll.«

»Woher kannten Sie Roger Bataille, André?«

»Wir trafen uns vor einem halben Jahr bei Trinidad. Ich leistete mir den Luxus von drei Wochen Urlaub. Erholung von der Wühlarbeit im Berg. Damals hatte ich schon eine gute Rubinkollektion zusammen und zeigte sie Bataille. Ich ahnte allerdings nicht, womit er sein Geld verdiente, er gab sich als Bankier aus. Und ein Bankier, so dachte ich, hat Verbindungen und einen Riecher fürs Geldverdienen. Bataille war auch sofort begeistert und sagte mir zu, die ganze Ausbeute aufzukaufen. Natürlich zum halben Weltmarktpreis, aber es blieben für mich immer noch Millionen Dollar übrig. Erst viel später erfuhr ich von Batailles Geschäften. Er selbst sagte es mir. Um meine Rubine zu kaufen, mußte er erst genügend Heroin und Kokain absetzen, damit er das Geschäft ohne Partner aufziehen konnte. Hinter ihm steht nämlich die Mafia. Aubin, da beißen Sie sich noch die Zähne aus! Da nutzt Ihnen Ihr Shaolin-Nahkampf gar nichts. Die blasen Sie aus dem Hinterhalt um.«

»Möglich. Sie müssen aber erst einmal wissen, wer ihnen auf der Spur ist.«

»Ihre Informationen sind hervorragend. Sie können Bataille und Massenais aus dem Verkehr ziehen, an die

Bosse der Mafia kommen Sie nicht heran. Die sitzen drüben in den USA! Auf den Bahamas. Auf Haiti. Und es ist wie beim Pilzepflücken: Es wachsen immer wieder neue nach! Immerhin: Meine Gratulation zu Ihrem Erfolg, Jean!«

»Ist das wahr?« sagte jetzt Jeanette mit lauter Stimme. Aubin sah sie erstaunt an.

»Was?«

»Daß die Mafia dahintersteckt?«

»Ja.«

»Dann wechselst du den Beruf.«

»Wie bitte?«

»Klar und deutlich: Ich will nicht eine junge Witwe sein! Entweder Mafia oder ich.«

»Ein Ultimatum?«

»Ja!«

Aubin zog Jeanette an sich, küßte sie und trat dann einen Schritt zurück. »Du Schäfchen«, sagte er zärtlich. »Und wovon sollen wir leben? Ich habe sonst keinen Beruf.«

»Du wirst malen.«

»Mit meinem umwerfenden Talent?«

»Und ich gehe wieder in die Krankenpflege. Jean, Liebling, wir beißen uns schon durch.«

»Sechs Kinder kosten eine Menge Geld, mein Schatz.«

»Es ist ja nicht zum Aushalten!« schrie Casarette auf dem Boden. »Seid ihr endlich fertig mit dem Gesäusel, oder wollt ihr die Nummer eins gleich hier machen?!«

»Er hat recht, Liebling.« Aubin ging zum Zelt, kam mit dem dicken Drehbleistift zurück und schraubte daran. Die Sendespitze fuhr heraus. Casarette nickte anerkennend.

»Ihr verdammten Spezialisten! Ihr habt aber auch immer neue Tricks.«

Ganz kurz sprach Aubin mit Fort de France. Er traf nur den Stellvertreter seines Mittelmannes, der Chef war unterwegs. »Es kommt ein Wagen hoch!« schnarrte es aus dem Mikrofon. »Sollen wir uns um Bataille und Massenais auch kümmern?«

»Nein! Noch nicht! Erst bei der Übergabe der ersten Sendung. Sie sollen sich ihrer Sache völlig sicher sein. Wenn Sie Coulbet sehen, sagen Sie ihm: Ich bewundere seine Nase. Sie ist wie die eines Jagdhundes! Ende.« Aubin steckte den Drehbleistift weg und streckte die Hand aus. »André, was hindert Sie noch, mir die Kombination des Tresors zu nennen?«

»238719.«

»Wie kommen Sie darauf?«

»1923 ist meine Mutter geboren, 1919 mein Vater und 1887 mein Großvater.

»Und hinter so viel Familiensinn stecken nun viele illegale Millionen Dollar! Ihr Pech ist ungeheuerlich, André.«

»Ich sagte es schon: Der Teufel soll Sie holen!«

Es dauerte noch drei Stunden, bis ein Citroen sich knatternd in die Wildnis gequält hatte. Zwei Polizisten grüßten stramm vor Aubin und legten dann Casarette die Handschellen an. Er lief frei herum, Jeanette hatte aus Büchsen ein Essen zubereitet – Kartoffeln, Gulasch und Auberginengemüse – und sie saßen wie gute Freunde am Tisch, als der Polizeiwagen erschien.

»Ich werde oft an Sie denken, Jean!« sagte Casarette zum Abschied. »Sie sind das Raffinierteste, was herumläuft! Aber Sie haben ein Herz, und das findet man selten bei Leuten Ihrer Sorte! Nehmen Sie Jeanettes Rat an, werden Sie Maler. Es wäre wirklich schade, wenn Sie ins Schußfeld einer Mafia-Maschinenpistole gerieten. Adieu, Freunde!«

Es war ein Abschied, der Aubin tatsächlich zu Herzen ging.

Robert Coulbet erschien im Haus von René Birot wie ein Granateneinschlag. Er stürmte die Treppe hinauf, rannte fast den verblüfften Babou um und stürzte in Birots Arbeitszimmer. René diktierte gerade auf Band einige Schreiben an seine neuen Kunden in England.

»Wo ist Petra?« schrie Coulbet ohne Begrüßung.

»Im Garten. Warum?«

»Allein?!«

»Ja. Hier im Garten...«

»Du Vollidiot! Du kennst wie ich den Voodoo! Ich habe dir gesagt: Laß sie nicht aus den Augen, nicht die nächste Woche, auch nicht im Garten! Los! Bewege deinen Arsch! Hol sie zurück, oder geh mit ihr spazieren! Ich kümmere mich um Josephine.«

»Josephine?« Birot blickte auf seine Schreibtischuhr. »Sie müßte jetzt in der Fabrik sein. Seit gestern sitzt sie wieder im Betriebsleiterbüro.«

»Wenn dem so ist, schwöre ich, einen Tag keinen Rum zu trinken!« Coulbet warf sich herum und stürzte wieder davon. Birot lief in entgegengesetzter Richtung zur Terrasse und von dort hinunter in den weitläufigen Garten. Schon von weitem sah er Petras weiße Bluse zwischen den hohen Bougainvillea-Büschen leuchten und atmete auf. Jetzt dreht Coulbet durch, dachte er. Jetzt sieht er überall Voodoo-Gespenster. Dabei scheint es, als ob sich Josephine beruhigt hat und sich in die unabwendbare Lage fügt. Man sollte Coulbet jetzt festhalten und zu ihm sagen: Laß die Zeit arbeiten, Robert. Warte ab.

Coulbet machte sich gar nicht erst die Mühe, in der Fabrik nach Josephine zu fragen, er fuhr sofort zu ihrem rosa Häuschen und stürmte es wie eine reif geschossene Festung. Was er erwartet hatte, konnte ihn nicht mehr erschrecken: Alles sah nach einem überstürzten Weggang aus, ihr Fabrikkleid lag auf dem Boden, ebenso die Arbeitsschuhe. Sie hatte also tatsächlich in der Fabrik gearbeitet, nur war sie plötzlich und ziemlich erregt aufgebrochen. Was Coulbet aber den Ernst der Lage am deutlichsten zeigte, war das Fehlen ihrer hausbeschützenden

Voodoo-Puppe, der bunt bemalten Legba, die das Eindringen böser Geister verhindern soll. Durch die Mitnahme der Legba zeigte Josephine, daß sie das Haus nie mehr betreten würde. Es war allen Eindringlingen schutzlos überlassen.

Coulbets Gedanken jagten. Was bisher nur ein Verdacht gewesen war, wurde jetzt als Tatsache bestätigt: Jules Tsologou Totagan, der große Houngan des Voodoo von Martinique, hatte seine Nichte zu sich gerufen. Der Tag ihrer Rache war gekommen, und Josephine sollte den tödlichen Zauber in seiner Nähe erleben. Das Urteil über Petra war gesprochen, die Vernichtung hatte begonnen.

Es brauchte keine lange Fragen, bis Coulbet wußte, was geschehen war. Ein Bote war gekommen – eine Nachbarin erzählte es mit einem hämischen Grinsen, denn es galt ja, der weißen Polizei ihre Ohnmacht zu zeigen – hatte Josephine aus der Fabrik geholt, sie hatte sich umgezogen und war mit ihm weggefahren. Auf einem Motorrad. Nicht auf der Straße hinunter nach Anse Belleville und Le Prêcheur, sondern über die schmalen Plantagenwege, die man nur mit einem Geländewagen befahren konnte, oder eben mit einem Motorrad. Deshalb war Coulbet ihnen auch nicht begegnet, als er zu Birot gefahren war. Es sah so aus, als sei Coulbet nur um einige Minuten zu spät gekommen.

Er raste zurück zum Haus und traf René und Petra Arm in Arm durch den Garten gehend. Atemlos blieb Coulbet vor ihnen stehen.

»Josephine ist weg!« keuchte er.

Birot begriff noch nicht ganz. »Was heißt weg?« fragte er.

»Für immer!«

»Nein.«

»Ja! Sie hat ihre Legba mitgenommen. Sie wird nicht wiederkommen.«

»Das ist das Beste, was sie tun konnte! Damit ist alles vorbei!« sagte Birot erlöst.

»Du Idiot!« Coulbet wandte sich Petra zu. »Pardon, Madame, aber er ist einer! Er begreift nicht, daß die Stunde Null angebrochen ist. Jules Totagan hat sein großes Götteropfer geholt, ein Menschenopfer!«

»Mein Gott!« Petra umklammerte Renés Schulter. »Das ... das ist doch nicht wahr.«

»Es paßt jetzt alles logisch zusammen.« Coulbet wischte sich den Schweiß aus dem Gesicht. »Ich kenne sogar den Menschen, der geopfert werden soll. Pierre Murat.«

»O Himmel!« sagte nun auch Birot fassungslos. »Murat?! Der Verschwundene. So tu doch was, Robert! Glotz hier nicht rum!«

»Murat ist erstochen worden, von einem Mädchen, das er vergewaltigt hat, und Jules Totagan war dabei und hat den Toten mitgenommen zum Opfer für seine Voodoo-Götter. Er hat Josephine abholen lassen mit einem Motorrad, und irgendwo auf dieser paradiesischen Insel wird in den nächsten Stunden der entsetzlichste Voodoo-Zauber beginnen, den man je gesehen hat. Eine Beschwörung mit dem Ziel, Sie, Petra, zu vernichten! Und – verdammt noch mal, auch wenn ich ein guter Christ bin – ich glaube daran, daß Ihnen etwas zustoßen kann, was ewig ein Rätsel bleiben wird!«

Aus Birots Gesicht war alle Farbe gewichen. Unter der Bräune sah er fahl aus, wie mit kalkiger Erde bestäubt. Er hatte Petra eng an sich gedrückt und legte nun beide Arme schützend um sie.

»Hier, bei mir, kann ihr nichts passieren«, sagte er heiser vor Erregung. »Stimmt es, daß ein Kreuz der beste Schutz ist?«

»Man sagt es, die Missionare haben das verkündet. Aber ob es stimmt?«

»Sofort ins Haus!« schrie René. »Ich lege Petra das Kruzifix aus unserem Schlafzimmer auf die Brust! Ins Haus!«

Sie rannten aus dem Garten fort, die Terrassentreppe

hinauf und in den Salon. Coulbet stürzte zum Telefon, rief seine Dienststelle an und veranlaßte einen Großalarm. Bei allen Polizeistationen schrillten die Telefone, fuhren die Polizeiwagen hinaus. Großfahndung nach Jules Tsologou Totagan. Birot hatte unterdessen aus dem Schlafzimmer das Kruzifix geholt und drückte es Petra in die zitternden Hände. Mehr war nicht zu tun, und die Angst lähmte sie nun alle.

»Ich fahre zurück nach Fort de France«, sagte Coulbet, hastig atmend. »Hier stehe ich nur herum. Wenn man Jules entdeckt, muß ich dort sein, wo er ist! Nur ich kann den Wahnsinn verhindern! Wenn einer mit Totagan sprechen kann, dann ich.«

Birot nickte. Petra saß zusammengekauert in einem der tiefen Sessel, das Kruzifix an sich gedrückt. Ihre Augen waren voll Entsetzen.

»Was... was kann mir passieren?« stammelte sie.

»Das weiß ich nicht. Das weiß keiner.« Coulbet drehte sich weg und rannte aus dem Haus. Draußen, an seinem Jeep, traf er Babou, den schwarzen Chauffeur in seiner weißen Uniform.

»Ich gehe auch zu Madame«, sagte Babou. »Niemand kommt an sie heran, solange ich lebe! Das schwöre ich Ihnen, Monsieur le Commissaire.«

»Du bleibst vor dem Haus!« rief Coulbet. »Du gehst auch nicht hinein! Monsieur wird sofort auf jeden schießen, der hereinkommt, auch auf dich!« Er stieg in seinen Jeep, und plötzlich starrte er Babou voll Mißtrauen an und riß ihn an den Aufschlägen seiner Uniform zu sich heran. »Du glaubst doch an den Voodoo, schwarze Seele?«

»Ich... ich bin getaufter Christ, Monsieur«, stotterte Babou.

»Das ist Jules auch!« schrie Coulbet. »Heraus mit der Sprache: Wie steckst du in dem Wahnsinn drin? Was wolltest du bei Madame? Sie vor den Augen des Monsieur umbringen, im Auftrag des großen Houngan?«

»O nein, Monsieur, nein«, Babou begann zu heulen. »Ich habe nichts damit zu tun, gar nichts.«

»Einsteigen!« Coulbet ließ den riesigen Neger los. Bereitwillig setzte sich Babou neben Coulbet in den Jeep und weinte weiter.

»Ich bin ein treuer Mann«, schluchzte er dabei. »Ein treuer Mann. Ich liebe Madame, ich habe nichts zu tun mit dem Voodoo. Ich bin ein guter Christ.«

Mit heulendem Motor fuhr Coulbet an und raste die Straße hinunter nach Le Prêcheur. Neben ihm klammerte sich Babou an den Holmen des Jeepfensters fest und vergaß das Weinen.

Monsieur le Commissaire konnte noch verrückter fahren als er. Man bekam Angst, wenn man auf die Straße blickte. Er flog die Serpentinen hinunter, als habe der Jeep Flügel statt Räder.

Das Funkgerät am Armaturenbrett rauschte. Es war auf volle Lautstärke gestellt. Und da war plötzlich eine Stimme – auf der Strecke zwischen Le Prêcheur und St. Pierre – die nüchtern meldete: »Hier Wagen 11, Sergeant Galette und Sergeant Papin. Totagan ist gesehen worden auf dem Weg nach Tartane. Wir sind südlich von Trinité und folgen dem Hinweis.«

Coulbet senkte den Kopf und beugte sich über das Steuerrad wie ein Rennfahrer. Tartane, die Halbinsel, die hinaus in den Atlantik reicht. Das *Schwänzchen von Martinique*, wie man auch sagt.

Tartane. Und ganz am Ende der Halbinsel, wild zerklüftet und gefürchtet wegen der Stürme, liegt der *Point du Diable*, der Teufelspunkt, die Spitze des Naturschutzparkes von Tartane.

Der Teufelspunkt! Der einsame Kultplatz des Jules Totagan.

»An alle!« schrie Coulbet in das Mikrofon seiner Sprechanlage. »Hier Coulbet! Niemand folgt Totagan zum Point! Ja, verdammt noch mal, er fährt zum Point! Ich komme!

Und haltet ein Gewehr mit Zielfernrohr bereit. Wer ist am nächsten?«

»Wagen 17 aus Tartane!« kam eine aufgeregte Stimme. »Welchen Wagen fährt Totagan?«

»Wenn er seinen eigenen fährt, einen Peugeot! Haltet ihn nicht an! Riegelt hinter ihm nur die Straße ab. Er ist nicht allein, er hat ein Mädchen bei sich!«

Coulbet stieß die Luft aus wie ein Blasebalg.

Es kam ihm plötzlich vor, als jagte er seinen eigenen Vater.

12

Es war ein richtig schöner Tag gewesen.

Nach einem ausgezeichneten Mittagessen, das er auch gebührend lobte, und Marie Lupuse dabei mehrmals die Hand küßte, hatte der Comte de Massenais sich unter dem Sonnensegel auf einer dick gepolsterten Liege ausgeruht. Dabei gab er sich ganz dem Anblick hin, den ihm Marie in ihrem Nichts von Bikini bot. Bataille war unter Deck, man hörte ihn rumoren, und nur Massenais wußte, was dieser verhaltene Lärm bedeutete.

Wie lange wird das gutgehen mit den beiden, dachte er, etwas träge vom guten Essen. Roger hatte früher die Frauen gewechselt wie seine Krawatten und Hemden, rücksichtslos, abrupt, so wie man ein verschmutztes Wäschestück wegwirft. Aber bei diesem blonden Matratzenbomber hält er erstaunlich lange aus. Man sollte ihn fragen, ob er nicht daran interessiert wäre, Marie auf Martinique zu lassen. An der Seite eines Comte würde es keinen schmerzhaften Abschied von Bataille geben.

Er blinzelte ihr zu, und sie blinzelte zurück, eingedenk der Worte Rogers, freundlich und – im Rahmen des Möglichen – besonders nett zu dem Grafen zu sein. Massenais griff nach dem hohen Glas mit Obstsaft und dem weißen, leichten Rum, den man auf Martinique so vorzüglich herstellt, prostete Marie galant zu und reckte sich ein wenig, wobei seine ohnehin schon knappe Badehose sich noch mehr spannte. Das hatte bisher bei Frauen immer einen nachhaltigen Eindruck hinterlassen.

»Eine Frage unter Freunden, Marie: Lieben Sie Roger?« fragte er kurz entschlossen.

»Ja. Warum?«

»Könnten Sie sich vorstellen, woanders als auf einer engen Motorjacht zu leben?«

»Das schon. Aber warum sollte ich? Roger hat ein großes Haus auf den Bahamas, da sind wir den Winter über.«

»Und Sie haben keine Angst?«

»Wovor?«

»Wenn Roger eines Tages höflich, aber bestimmt zu Ihnen sagt: Mein Liebling, es war sehr schön mit dir. Unvergeßlich. Aber es ist nicht gut, immer nur Milchsuppe zu essen, man muß auch mal eine Gulaschsuppe haben! Wo darf ich dich hinbringen lassen?«

»Das wird er nie, nie sagen!«

»Sind Sie so sicher, Marie?«

»Ja. Wir lieben uns ehrlich – nicht nur für einen Augenblick oder eine Zeitspanne. Ich weiß, daß Roger früher so mit den Frauen umgesprungen ist. Aber er ist anders geworden. Er will sich auch zur Ruhe setzen.«

»*Was* will er?« Massenais richtete sich auf der Liege auf. Es war echte Verblüffung. Das kann doch nicht wahr sein, dachte er. Der Kerl spinnt!

»Er will aus allen Geschäften aussteigen und nur noch sein restliches Leben genießen.«

»Restliches Leben! Roger ist doch kein Greis!«

»Immerhin ist er sechsundvierzig Jahre.«

»Ein Baum im vollsten Saft!« Massenais sah Marie Lupuse nachdenklich an. »Hat er das wirklich gesagt? Sich zur Ruhe setzen?«

»So ähnlich, Comte.« Sie schwieg einen Augenblick. Unter ihnen, im Inneren der Yacht, knirschte es laut, so, als wenn man eine Wand heraushebelte. »Ich höre nächstes Jahr auf, hat er gesagt. Noch ein großes Geschäft, dann gehört die Welt und das Leben nur uns allein! Dann wollen wir auch heiraten.«

Massenais war so verblüfft, daß er sich alle Kommentare sparte. Weiß das blonde Dummchen überhaupt, welche Geschäfte sein Schatz macht? Weiß es nicht, daß man da nicht so einfach aussteigen kann wie aus einem Bus? Daß es völlig unmöglich ist, den Hut zu schwenken und zu sagen: ›Lebt wohl, ihr Lieben! Ab morgen könnt ihr mich alle kreuzweise!‹ Es gibt da ungeschriebene, unumstößliche, ja eherne Gesetze, die besagen, daß man einen solchen Beruf nicht mehr wechseln kann, daß nur der Tod das Vertragsverhältnis auflöst. Aber genau das war ja nicht im Sinne von Bataille. Er wollte leben! Leben ohne die großen Bosse im Rücken? Das wäre ein zu schönes Märchen...

»Viel Glück bei diesen Plänen!« sagte de Massenais zögernd. »Aber ich glaube nicht daran.«

»Warum nicht?«

»Fragen Sie da mal Roger, Marie...« Massenais schob die Beine auf die Planken und setzte sich. »Sie sind eine ungewöhnliche Frau. Und Sie gehen durchs Leben, als sei es ein einziges Fest. Das gefällt mir. Aber was Roger da plant – ich sage es Ihnen ganz ehrlich –, ist fast undurchführbar. Und gefährlich! Ich weiß nicht, welches große Ding er da noch vorhat, ich vermute, auf eigene Rechnung, und das ist geradezu tödlich! Roger ist ja nicht selbständig, er gehört, wenn man so sagen darf, zu einem Konzern! Und der Vorstand dieses Konzerns reagiert äußerst verärgert, wenn man Seitensprünge macht. Ich möchte Sie da heraushalten, Marie. Ich will nicht, daß Sie in diesen Sog hineingeraten.« Er beugte sich im Sitzen etwas vor, seine Stimme bekam einen beschwörenden Klang. »Bleiben Sie auf Martinique!«

»Ohne Roger?«

»Ja.«

»Wie stellen Sie sich das vor, Comte?«

»Es würde mich glücklich machen, Sie meinen Gast zu nennen.«

»Das heißt: Ihre Geliebte zu werden?« fragte sie direkt.

»Ich wollte es nicht so hart ausdrücken.« Massenais strahlte sie an. »Aber Sie sprechen es nun aus. Ja!«

»Aber ich kenne Sie ja erst zwei Tage.«

»Manchmal genügen zwei Minuten, um zu wissen: Hier bist du deinem Schicksal begegnet.«

»Sie übertreiben, Graf.«

Von unten kam jetzt ein kurzes Hämmern. Sie lauschten stumm auf das Geräusch, sahen sich dabei groß an und kamen sich durch diese Blicke näher. Als das Hämmern aufhörte, sagte Marie: »Ich denke, Sie sind Rogers Freund?«

»Eben darum. Roger ist dabei, eine Dummheit zu begehen, die ihn vernichten wird. Wenn ich ihn nicht davon abhalten kann – ich will nachher ernsthaft mit ihm reden–, will ich wenigstens Sie retten!«

»Sie reden immer von Gefahren, Comte. Ich sehe keine! Wo sind sie denn?«

»Das lassen Sie sich von Roger erklären. Ich möchte da nicht vorgreifen. Nur soviel, Marie: Die Gefahr sitzt in Florida.«

Am Niedergang erschien jetzt Bataille. Sein Gesicht war verschwitzt, sein Haar schweißverklebt. An Maries Reaktion sah Massenais, daß hinter ihm eine Veränderung stattgefunden hatte. Er drehte sich im Sitzen um und winkte Bataille zu.

»Kommen Sie mal runter, Comte?« rief Bataille.

Massenais erhob sich und legte sich ein Frottétuch um die Schulter.

»Überlegen Sie es sich, Marie«, sagte er leise. »Nicht erst, wenn Roger wirklich aussteigen will. Überlegen Sie *jetzt!*«

Unten im Salon stand Bataille an dem großen Tisch und hatte einige dünne, weiße Kuverts auf der blankpolierten Platte liegen. Es waren im ganzen zwanzig Briefchen zu je fünfzig Gramm reines Heroin, die beste Ware, die es auf dem Markt gab, nicht gestreckt mit harmlosem Calcium oder gar Puderzucker. Eintausend Gramm weißes Gift, zwei Pfund Wahn und Rausch, Verderben und Elend. Ein

Kilo schleichender Tod. Comte de Massenais strich mit der flachen Hand über die ausgebreiteten Päckchen.

»Ich brauche sie ja nicht nachzuwiegen«, sagte er. »Der Preis wie bisher...«

»Mit zehn Prozent Aufschlag.«

»Oho! Wieso?«

»Es ist das Reinste, was auf dem Markt ist. Sie können daraus die dreifache Menge machen und haben immer noch die beste Ware. Außerdem ist das Risiko höher geworden. Und drittens mache ich die Preise nicht.« Bataille lehnte sich gegen die mit Mahagoni getäfelte Wand. »Sie haben das Geld bei sich, Comte?«

»Natürlich.« Massenais schob die Briefe zusammen zu einem kleinen Haufen. »Wann kommen Sie wieder nach Martinique? Bleibt es bei dem bisherigen Turnus?«

»Nein.« Bataille schüttelte zur Unterstreichung des Neins mehrmals den Kopf. »Das ist meine letzte Fahrt als Lieferant.«

»Dann stimmt es also, was Marie sagt?«

»Was hat sie gesagt?« fragte Bataille ungehalten.

»Sie wollen aussteigen, Roger? Verdammt, Sie kennen doch das Risiko. Ein Abtrünniger ist vogelfrei. Unter uns: Ich kann Sie verstehen. Sie haben an dem Job genug verdient, Sie betreiben auch noch Ihre privaten Nebengeschäfte, es reicht für den Rest des Lebens. Nur, wie nehmen es die Bosse auf?«

»Wenn die meinen Ausstieg erfahren, werde ich unauffindbar sein.«

»Das glauben Sie?«

»Wer weiß, daß Mr. James Whitefield in Christchurch auf New Zeeland einmal Roger Bataille war? Um nur eine Möglichkeit zu nennen. Es kann auch Hongkong, Singapur, Tokio oder Manila sein...«

»Man wird Sie immer an Ihrer auffälligen blonden Begleitung finden.«

»Auch das kann man ändern.«

»Sie wollen Marie aussetzen?«

»Nein. Das Aussehen einer Frau zu verändern, ist das Leichteste, was ich zu bewältigen hätte. Ich mag Marie auch mit schwarzen Locken.«

»Sie werden immer die Angst mit sich herumschleppen – wie Sie auch später heißen mögen und wo Sie auch wohnen. Sie kennen die harten Gesetze der Gesellschaft.«

»Was wollen Sie eigentlich, Comte? Warum reden Sie so?« Bataille legte den Kopf schief. »Wollen Sie nach Florida einen Wink geben? Oder haben Sie Angst, nicht mehr beliefert zu werden? Keine Sorge, es wird ein anderer Lieferant auftauchen.« Bataille stutzte, weil ihm ein Gedanke kam, und sah de Massenais verblüfft an. »Das ist doch nicht wahr, mein lieber Henri: Sie haben sich in Marie verliebt?! Ist es das, was Ihnen auf die Seele drückt?« Er lachte kurz und hart und stieß sich von der Wand ab. »Sie ist so dumm, daß Sie sie nirgendwo vorzeigen könnten. Sie ist nur Körper, und das überreichlich. Mir reicht das völlig, ich will nicht mehr von ihr. Sie ist für mich wie ein Elixier. Schlagen sie sich Marie aus dem Kopf, Henri. Und nun zum Geschäftlichen.«

Der Comte de Massenais blieb noch bis zum Abend an Bord der *Carina II*, feierte das Geschäft und gleichzeitig Batailles Abschied von der Front mit Champagner. In der silbernen Beleuchtung des Mondes bestieg er dann sein schmuckes Motorboot, küßte Marie noch einmal auf die Augen, sagte mit ehrlicher Ergriffenheit: »Viel Glück auf allen Wegen, mögen sie noch so verschlungen sein!« Dann fuhr er hinüber zur Insel. Er legte im Hafen, am Ostquai der Baie du Carénage an, in der Nähe des ›ShipShop‹, wo seine Reederei auch ein Büro zur Vermietung und zum Verkauf von Segelbooten und Motorbooten hatte.

Während er sein Boot gut vertäute, achtete er nicht auf die paar Männer, die trotz der Dunkelheit hier herumstanden und ziemlich sinnlos über das Hafenbecken starrten.

Erst als er den Quai betrat, erschrak er, als einer der Männer auf ihn zutrat und ihn durchaus höflich grüßte.

»Comte de Massenais?« fragte der Mann.

»Ja.« Der Graf sah sich irritiert um. Die anderen Männer waren in Bewegung geraten und bildeten einen weiten Kreis um sie. Es wirkte harmlos, aber es gab auch kein Entrinnen, wenn man etwa weglaufen wollte. Massenais atmete ein paarmal tief durch.

»Was wollen Sie? Ist das ein Überfall?«

»Mein Name ist Aubin«, sagte der Mann höflich. »Jean Aubin. Das sagt Ihnen nichts.«

»Nein. Durchaus nicht. Wollen Sie ein Boot mieten oder kaufen? Um diese Zeit?«

»Das wäre wirklich eine Absonderlichkeit.« Aubin hielt ihm die flache Hand entgegen. »Ich möchte einen Blick in Ihre Taschen werfen, Comte, und in Ihr schnittiges Boot. Wenn Sie mir zeigen, was Sie in den beiden Rocktaschen haben . . .«

»Wie komme ich dazu?« Massenais holte tief Luft. »Sind Sie betrunken, Monsieur Aubin?«

»Die Herren um uns herum haben ein Handikap, Comte: Sie sind Beamte der Kriminalpolizei, einer Sonderkommission zur Bekämpfung des Rauschgifthandels in der Karibik. Sie haben genaue Vorschriften, wie man einen Verdächtigen behandeln kann und darf. Sie haben Grenzen gesetzt bekommen. Bei mir ist das anders. Ich habe keine Vorschriften und deshalb auch keine Grenzen. Mich gibt es eigentlich gar nicht. Ich kann zur Wahrheitsfindung mit Ihnen anstellen, was ich für nützlich halte. Ich allein! Habe ich mich klar ausgedrückt, Comte?«

»Ich protestiere!« schrie Massenais laut. »Als Bürger der französischen Republik habe ich ein Recht, von der Polizei geschützt zu werden! Messieurs, greifen Sie ihn!«

»Das werden sie garantiert, wenn Sie mir Ihren Tascheninhalt ausgehändigt haben.« Aubin wedelte mit den Fingern seiner ausgestreckten Hand. »Bitte, Comte!«

»Ich verlange sofort den Beistand meines Anwaltes!«
schrie Massenais. »Rühren Sie mich nicht an! Das wäre
Körperverletzung! Ich verlange, daß ich zu meinem Anwalt gebracht werde!«

»Es ist so traurig für Sie, Comte«, sagte Aubin betrübt,
»daß mich das alles nicht interessiert. Stellen Sie sich vor,
ich sei unsichtbar. Aber ich versetze Ihnen einen Hieb in
den Nacken, Sie brechen zusammen und fallen hin. Für
die Herren um uns herum sieht es so aus, als seien Sie ge-
stolpert und unglücklich gestürzt – ich bin ja unsichtbar!
Warum bevorzugen Sie diese Komplikation, wenn es höflicher geht?«

»Ich protestiere!« schrie Massenais. Er ging in Abwehr-
stellung wie ein Boxer beim ersten Gongschlag zur Eröff-
nung der Runde. Es war alles sinnlos, das erkannte er sofort, aber er wollte nicht kampflos untergehen. Was wird
hier gespielt, dachte er dabei fieberhaft? Woher wissen sie
alles? Welche Rolle spielt dabei Bataille? Er hat gerade ein
Vermögen kassiert, will er damit abdampfen? Ist das sein
großer letzter Coup? Ein Irrtum, mein kluger Roger.
Wenn schon, dann gehen wir beide ins Gefängnis.

Aubin trat einen Schritt vor. Massenais wich einen
Schritt zurück. Seine Haltung veränderte er nicht.

»Wenn wir so weitermarschieren«, sagte Aubin gemütlich, »fallen Sie nach neun Schritten ins Hafenbecken.
Denken Sie bitte an Ihren Maßanzug, Comte. Jedes Ha-
fenwasser ist dreckig, auch das von Martinique.«

Es bleibt ewig ein Geheimnis, wo bei einem Menschen,
bei jedem verschieden, der Reizpunkt liegt, der ihn kapitulieren läßt; bei Massenais mußte es seine Eleganz sein.
Resignierend ließ er die Fäuste sinken, griff in seine Rocktaschen und holte vier der Heroinbriefe hervor.

»Bitte, Monsieur«, sagte er heiser. »Man muß wissen,
wenn man ehrenhaft die Flagge streicht.«

Aubin trat näher, nahm eines der Briefchen, roch daran
und nickte. »Wieviel?«

»Zwanzig zu fünfzig Gramm.«

»Reines H?«

»Absolut rein.«

»Das reicht, um ganz Martinique high zu machen. Comte, im Namen der französischen Republik...«

»Wozu die Floskeln?« Massenais winkte ab. »Ich bitte um einen Anwalt.« Er sah seinen Gegner lange an. »Woher kommen Sie, Aubin?«

»Aus Paris. Von einer Geistertruppe.«

»Sie kämpfen gegen Windmühlenflügel! Und den Wind können Sie nicht aufhalten.«

»Es genügt schon, wenn diese Mühle sich nicht mehr im Wind dreht.« Aubin machte eine höfliche Verbeugung. »Comte de Massenais, darf ich bitten? Die anderen Herren begleiten Sie zur Präfektur.« Er streckte nochmals die Hand aus. »Bitte Ihren Bootsschlüssel.«

Während der Graf mit den Beamten der Sonderkommission zu den hinter den Schuppen abgestellten Wagen ging, sah Aubin nachdenklich hinter ihnen her. Er blieb allein am Quai zurück, wartete, bis die Wagen abgefahren waren, und stieß dann einen Pfiff aus, wie ein Gassenjunge. Aus dem Schatten des Ship-Shop-Gebäudes löste sich eine Gestalt und rannte zum Quai.

»Das, das war die erste Verhaftung, die ich jemals gesehen habe!« sagte Jeanette und umarmte Aubin. »Einfach filmreif! Ich hatte solche Angst um dich, Liebling. Ist das immer so?«

»Nein. Das war eine Sondervorstellung.« Aubin küßte sie auf die Stirn. »Und jetzt los, mein Kleines, zum nächsten Akt. Hinein ins Boot!«

Er half Jeanette in Massenais' schnittiges Motorboot. Sie trug enge Jeans und einen weiten Pullover und sah von hinten aus wie ein schlaksiger Junge. Gekonnt, als habe sie das immer schon getan, löste sie die Vertäuung und stieß das Boot vom Quai ab. Aubin zündete den Motor. In ruhiger Fahrt glitt das Boot aus dem Hafen hinaus in die weite Bucht von Fort de France. Jeanette kam zu Aubin ans Steuerrad und setzte sich auf den Nebensitz.

»Ich liebe dich«, sagte sie plötzlich.

»Das weiß ich.«

»Verdammt, sei nicht so sicher!« Sie blickte auf die kleine Bugwelle, die der Kiel ins Meer schnitt, und hinüber zu den roten und grünen Positionslichtern der ankernden Yachten und Segelschiffe. Im Mondschein sahen die weißen Schiffskörper aus, als schwebten sie über dem funkelnden Wasser. »Hast du darüber nachgedacht?«

»Worüber?«

»Daß ich keinen Geisterpolizisten heirate.«

»Jeanette...«

»Ich meine es ernst damit, Jean. Ich will nicht in ständiger Angst leben.«

»Das brauchst du auch nicht.«

»Du hörst nach diesem Fall auf?« Es war wie ein Aufschrei.

»Ich muß!« Aubin gab mehr Gas. Das schnelle Boot schoß vorwärts. »In unserem ›Verein‹ dürfen nur Unverheiratete sein – eben wegen der Angst der Frauen! Und weil auch wir zuviel an unsere Frauen denken könnten. Darunter leidet der Dienst. Es ist wie bei den Priestern: Solange wir dabei sind, leben wir im Zölibat.«

»Und du liebst mich so, daß du alles aufgeben kannst?«

»Verflucht, ja! Und jetzt halt den Mund, sonst stoppe ich das Boot und lege dich auf die Planken. Noch bin ich im Dienst! Und denk daran: Marie Lupuse könnte sich wehren wie eine Wildkatze.«

»Soll sie.« Jeanette beugte sich zur Seite und küßte Aubin in den Nacken. »Es wird mir ein Vergnügen sein, sie durch die Luft zu werfen.«

Marie hatte sich für die Nacht schon umgezogen; sie trug nichts außer ein paar Tropfen Frangipani-Parfüm, das man auf Tahiti herstellte. Es war ein Duft, der selbst träge Männer zu Höchstleistungen ansporte. Bataille saß noch in seiner Funkkabine und versuchte wütend, André Casarette in der Wildnis am Mont Pelé zu erreichen. Er wollte ihm mitteilen, daß er nun das Geld beisammen habe, um die gesamte Rubinkollektion zu übernehmen. Das Geschäft konnte morgen besiegelt werden. Aber Casarette ließ nichts von sich hören. Bataille verstand das nicht; es war die sicherste Zeit für ein Funkgespräch.

Immer wieder versuchte Bataille, Casarette zu rufen. Auf den Gedanken, daß etwas geschehen sein könnte, kam er nicht. Der Kerl ist sicherlich in Morne-Rouge und liegt auf einer Kreolin, dachte er wütend. Dabei brennt es jetzt. Morgen nacht will ich auslaufen, hinüber nach Barbados und darauf weiter nach St. Vincent. Dann kommen noch Tobago und Trinidad – und dann die große Freiheit! Das weite, unbeschwerte Leben. Von Caracas werde ich nach San Francisco fliegen und dort die Rubine absetzen, die *Carina II* werde ich in Caracas verkaufen, und wenn Marie und ich dann irgendwo auf dieser schönen Welt wieder auftauchen, wird nichts mehr an Roger Bataille erinnern.

Er schrak auf, weil es an der Bordwand kratzte, so, als schabe ein Boot entlang.

»Idioten!« sagte er laut. »Ich bin nun wirklich deutlich zu sehen! Was heute alles auf dem Wasser herumfahren darf!«

Er stellte das Funkgerät ab und stieg hinauf an Deck. Völlig verblüfft sah er, wie Aubin gerade über die Badeleiter an Bord kletterte, sich zurückbeugte und Jeanette nach sich zog.

»Ist das eine Überraschung!« rief Bataille erfreut. Er meinte es ehrlich. »Wollen Sie ein Mondscheinbild malen, Aubin, oder hatten Sie einfach nur Langeweile?«

»Nichts von beiden, Roger.« Nun war auch Jeanette an Bord, gab Bataille die Hand, vermied es aber, ihm wie bisher einen Wangenkuß zu geben. Bataille fiel das nicht auf, er war wirklich erfreut über diesen Besuch. »Mir kam nur der Gedanke: Sieh doch mal, was der liebe Roger so macht. Und da wir gerade unterwegs waren, zurück von Trois-Ilets, habe ich einfach bei Ihnen angelegt.«

»Eine glänzende Idee.«

»Wo ist Marie?« fragte Jeanette.

»Unter Deck. Schon in nächtlicher Bereitschaft.« Bataille lachte vieldeutig. »Sie wird sich weniger über den Überfall freuen. Gehen Sie nur hinunter, Jeanette.«

»Soll ich?« fragte Jeanette und sah Aubin groß an. Jean nickte.

»Begrüße sie recht lieb, mein Schatz!«

Er wartete, bis Jeanette unter Deck war, und reckte sich dann, als habe er ziemlich verkrümmt geschlafen und erwache jetzt.

Bataille hatte die Lampen auf dem Achterdecks angezündet und klappte gerade die Bordbar aus dem Wandschrank.

»Was schmeckt Ihnen jetzt, Jean? Whisky, Rum, Wodka mit Orangensaft, oder soll ich Ihnen einen Cocktail mixen, so scharf wie eine Kreolin bei Vollmond?«

»Nichts! Danke.«

»Nichts?« Bataille schüttelte den Kopf. »Sind Sie krank, Jean?«

Unter Deck hörte man laute Frauenstimmen. Dann gab es einen dumpfen Laut. »Jetzt ist Marie umgefallen!« sagte Bataille gemütlich. »Unsere Damen mögen sich nicht.«

»Ist das nicht verständlich?«

»Um so besser verstehen wir uns!« Bataille hob ein langes Glas hoch. »Keinen Longdrink, Jean?«

»Nein. Ich bin im Dienst.«

»Aha! Sie brauchen einen ruhigen Pinsel!« Bataille lachte schallend. »Es gibt auch Maler, die malen nur Meisterwerke, wenn sie besoffen sind.«

»Wie Toulouse-Lautrec...« Aubin kam langsam zum Achterdeck und baute sich so vor Bataille auf, daß er zwischen ihm und dem Niedergang stand. Es gab keinen Fluchtweg mehr, nur den über die Reling ins Meer. »Mich interessiert eine große Frage, Roger.«

»Wenn ich sie beantworten kann?«

»Nur Sie! Wo wollen Sie diesen Haufen einmaliger reiner Rubine absetzen?«

Bataille zu überrumpeln, war noch keinem gelungen, auch Aubin schaffte es nicht. Wenigstens war es nicht sichtbar. Er stellte nur das hohe Glas zurück auf die Barplatte und griff nach einer Rumflasche. Aubin grinste verständnisvoll.

»Es hat keinen Sinn, Roger, mit Flaschen nach mir zu werfen. Ich besitze ein hervorragendes Reaktionsvermögen. Zu Ihren Waffen kommen Sie auch nicht, denn ich stehe vor der Treppe. Da kommen Sie nie vorbei. Und erhoffen Sie sich keine Hilfe von Marie – bei der ist Jeanette. Der Bums vorhin unter Deck war das Signal, daß da unten alles in Ordnung ist.«

»Wer sind Sie, Aubin?« fragte Bataille ruhig. »Was faseln Sie da von Rubinen?«

»Ich habe sie gesehen, im Tresor von Monsieur Casarette. Und ich habe die Mine besichtigt, in der sie gebrochen wurden. Da liegen noch Millionen im Gestein! Darüber hinaus hatte ich die Ehre, vor einer Stunde den ehrenwerten Comte de Massenais in die Präfektur bringen zu lassen, mit zwei Pfund reinstem Heroin in den Taschen. Das Boot, mit dem wir gekommen sind, ist sein Boot. Genügt Ihnen diese Erklärung?«

»Vollkommen!« Bataille nickte Aubin freundlich zu. »Das ist nun doch einen Cocktail wert, Jean! Gratuliere.«

Er wandte sich wieder der aufgeklappten Bar zu, stellte Flaschen bereit, griff nach Gläsern und hielt plötzlich eine kleine Pistole in der Hand. So winzig sie aussah, eine Kugel mußte Aubin zu mindest kampfunfähig machen. Batailles Grinsen war ekelhaft.

»Haben Sie geglaubt, Jean, ich sei ein Stümper? Auch Ihre Intelligenz hat Grenzen. Bisher habe ich mich immer gescheut, Menschenleben für Geschäfte zu opfern, aber ich bin dabei auszusteigen und lasse mir diesen letzten entscheidenden Schritt meines Lebens nicht von Ihnen verderben! Zum erstenmal werde ich töten müssen, sogar zweimal. Arme, schöne Jeanette... Sie sehen diese Notwendigkeit doch ein, Aubin?«

»Ohne Zweifel, Sie befinden sich in einer Notsituation.« Aubin blieb völlig ruhig. »Ich weiß nur nicht, wie Sie die Bucht von Martinique verlassen wollen! Es ist doch klar, daß man Sie beobachtet und daß jedes Polizeiboot schneller ist als Sie. Außerdem steht ein Hubschrauber startbereit. *Rien ne vas plus*, Bataille!« Aubin streckte die Hand aus. »Werfen Sie mir Ihr knallendes Spielzeug herüber, Roger.«

»Sie bringen mich auf die Idee, Sie und Jeanette als Geisel hierzubehalten. Bis Caracas werden Sie meine Gäste sein – eine lange, aber schöne Strecke. In Caracas wird mir dann allerlei einfallen. Was halten Sie davon?«

»Wenig. Man wird auf mich und Jeanette – von der niemand weiß, daß sie mit an Bord ist – keine Rücksicht nehmen. Mich gibt es gar nicht.«

»Zum Teufel, wer sind Sie, Jean?« schrie Bataille, plötzlich doch unruhig geworden.

»Ein Mitglied eines Sondereinsatzkommandos. Kamikaze zu Lande gewissermaßen. Es gibt für Sie keinen Ausweg mehr, Roger. Casarette hat gestanden, der Graf kam von Ihnen, hatte die Taschen voll mit Heroin. Wenn wir Ihr schönes Schiff auseinandernehmen, werden uns sicherlich die Augen überquellen. Tragisch, daß es Ihre letzte Fahrt sein sollte. Aber das Schicksal ist oft eine Hure...«

Bataille hob die kleine Pistole. Er wirkte völlig ruhig und

entspannt, als übe er auf einem Schießstand. Bei dieser Konzentration bemerkte er nicht, daß Jeanette die Treppe von unten heraufschlich und im Schatten stehenblieb. Bataille dagegen stand im vollen Licht der Decklampen.

»Dieses Risiko haben Sie also einkalkuliert, Jean?« fragte er.

»Natürlich.«

»Es tut mir aufrichtig leid, Aubin. Sie waren ein sympathischer Mensch. Sie hatten das Zeug, ein Freund zu sein. Warum sind so nette Leute immer auf der falschen Seite?«

In diesem Augenblick krachte ein Schuß. Bataille schrie auf, knickte ein, schoß reflexartig zurück, aber in die Luft, faßte an seinen Oberschenkel und fiel auf die Planken. Mit zwei Sprüngen war Aubin bei ihm, trat ihm die Pistole aus der Hand und blickte dann zum Niedergang. Jeanette stand auf der Treppe, Aubins Waffe in beiden Händen, und zielte noch immer. Im Widerschein der Lampen erkannte man nur ihre weit aufgerissenen Augen.

»Bravo, Schatz!« sagte Aubin. »Nach den Regeln der Vorschrift: Nicht töten, nur kampfunfähig machen.«

»Das, das war mein erster Schuß!« stammelte Jeanette.

»Begabt! Sehr begabt! Wo ist Marie?«

»Sie liegt gefesselt auf dem Bett.« Langsam kam Jeanette ans Licht. »Ich habe dir doch gesagt, daß ich Karate kann. Wird Roger – sterben?«

»Nicht mit einem Loch im Oberschenkel.« Aubin wandte sich wieder dem stöhnenden Bataille zu. »Wo haben Sie die Signalraketen verstaut, Roger?«

»Zum Teufel, verbinden Sie mich erst! Einen Arzt brauche ich!« Er sah Jeanette an und verzog den Mund. »Daß wir Männer immer das Opfer von Weibern werden... es ist zum Kotzen! Jean, Sie und Jeanette sind ein Satansgespann! Die Raketen liegen in der Kiste, links vom oberen Steuerstand.«

»Danke.«

Nun lief alles mit der Präzision eines gut vorbereiteten Polizeiapparates ab. Aubin schoß die grüne Leuchtrakete ab, ein Polizeiboot schoß heran, vier Beamte kletterten an Bord der *Carina II* und trugen Bataille und die wild schimpfende Marie Lupuse davon. Ein Offizier der Wasserpolizei übernahm die Yacht und steuerte sie hinüber zum Hafenbecken des Gare Maritime, wo schon die Abordnung des Zolls und der Sonderkommission auf sie wartete. Auch einige Werfthandwerker standen bereit und gingen an Bord. Ohne Zögern gingen sie sofort daran, die Verkleidungen von Salon und Schlafzimmern abzumontieren.

»Gratuliere, Aubin!« sagte eine Stunde später der Chef der Sonderkommission und setzte sich neben ihn auf das Achterdeck. Aubin hatte sich an der Bar bedient und einige Cocktails gemixt. Nur der Blutfleck auf den Planken zeigte noch, daß das hier kein geselliger Abend war. »Wir haben Heroin und Kokain im Verkaufswert von etwa neun Millionen Dollar gefunden! Ein grandioser Fang! Dazu zwei Millionen in Bargeld, von schon abgesetztem Stoff. Wenn man jetzt noch die Rubine hinzurechnet... Aubin, Sie sind das Großkreuz der Ehrenlegion wert!«

»Ohne Jeanette wäre es vielleicht schiefgegangen, Monsieur.« Aubin legte den Arm um Jeanettes Schulter. »Bataille hatte mich bereits ausgeschaltet. Dieser Trick mit der Pistole hinter den Flaschen in der Bar...«

»Wie kann man Ihnen danken, Mademoiselle!« rief der Chef begeistert. »Wie bloß?«

»Jeanette hat schon ihren Dank!« sagte Aubin und grinste dabei breit. »Sie hat das Glück, meine Frau zu werden. Ist sie damit nicht reich beschenkt?«

Es war gegen die Dienstvorschrift, aber so genau nahm man es in dieser Nacht nicht, daß Polizeibeamte die Bar eines Verhafteten fast leer tranken.

Bis zur hellrot aufgehenden Sonne tranken sie, und als

die glühende Scheibe aus dem Meer tauchte, standen sie alle an der Reling, militärisch stramm, und sangen die Marseillaise.

Es war auch Aubins Abschied vom Dienst.

Coulbet erreichte den kleinen Ort Tartane, als Jules Totagan vor ungefähr einer halben Stunde unbehelligt die Straße zum Point du Diable passiert hatte. Der Polizeiwagen Nr. 17 wartete versteckt in einer Seitenstraße und schoß sofort hervor, als er von weitem die Sirene hörte. Wagen 11 aus Trinité fegte alles zur Seite, was im Wege war. Ihm folgte Coulbet in seinem Jeep, den graugesichtigen Babou neben sich.

»Ich fahre allein weiter«, sagte Coulbet bei dem kurzen Aufenthalt in Tartane. »Wer hat das Präzisionsgewehr?«

Ein Sergeant aus Wagen 17 reichte ihm die Waffe mit dem aufmontierten Zielfernrohr. Coulbet zielte auf einen Dachvorstand und war zufrieden. Dann steckte er noch drei Patronenstreifen in die Rocktasche und setzte sich wieder in den Jeep. Der graugesichtige Babou starrte ihn flehend an.

»Muß ich weiter mit, Monsieur le Commissaire?« stotterte er.

»Ja.«

»Warum?«

»Ich bin mir nicht sicher, inwieweit Jules dich bereits verhext hat.«

»Überhaupt nicht!« schrie Babou und warf die riesigen Arme hoch in die Luft. »Ich bin nicht verhext worden! Lassen Sie mich hier zurück, Monsieur.«

Coulbet nickte. Er übergab den Polizisten von Tartane den bebenden Babou mit dem Befehl, ihn nicht aus den Augen zu lassen. Dann gab er Gas und fuhr die Straße zum Point du Diable hinauf. Die Polizisten sicherten sich ab, sie legten Babou Fesseln an und sperrten ihn in den

Wagen. Es war die größte Schande, die man Babou je angetan hatte und die er in seinem Leben nie mehr vergessen würde.

Die Straße zum Point du Diable verengt sich südlich von Anse l'Étang zu einer Fahrbahn zweiter Ordnung. Die Buchten und weißen Strände sind ein Paradies für Taucher, die hinausschwimmen zu den Korallenriffen und Unterwasserfelsen, wo sich der ganze tropische Unterwasserzauber offenbart, mit bunten Fischschwärmen und bizarren Korallenformationen. Dann – hinter der Abzweigung zum Château Dubuc – am Rande des Naturschutzgebietes entlang, geht ein Weg bis zum Teufelspunkt, gesperrt für den Publikumsverkehr und nur zugelassen für die seltenen Fahrzeuge der Forstbehörde. Hier, an der Baie Baraban und weiter oben am Point, toben die Wellen des Atlantik gegen die Küste, eine wild-schöne Landschaft, die nur noch wenig gemeinsam hat mit dem, was man Karibik-Zauber nennt.

Coulbet ratterte mit seinem Jeep den Weg hinauf, fuhr dann, je näher er der Küste kam, langsamer und hielt unter einer Gruppe vom Wind gebogener Bäume an, als er meinte, nahe genug zu sein. Er nahm sein Präzisionsgewehr unter den Arm, rückte seine Sonnenbrille zurecht und setzte den Weg zu Fuß fort.

Nach ungefähr zweihundert Metern sah er Totagans Peugeot im hohen Gras stehen. Er war leer, der Kofferraumdeckel stand hoch, die Türen waren aufgeklappt. Vorsichtig schlich Coulbet sich näher heran. Er erreichte den Wagen, ohne daß sich etwas rührte, und blickte in den Kofferraum. Der Boden war mit getrocknetem Blut bedeckt.

Coulbet ging weiter. Hinter einer Biegung sah er die Küste des Point du Diable vor sich, umschäumt vom Ozean, erfüllt vom dumpfen Brausen der anrollenden Wellen.

Jules Tsologou Totagan hatte seinen Opferplatz bereits

aufgebaut. Josephine war gerade dabei, die letzten eisernen Opferschalen aufzustellen und mit den Gaben zu füllen. An einer Art Galgen hing eine große Voodoo-Puppe, und auch ohne sein Zielfernrohr erkannte Coulbet an ihr die langen blonden Haare. Haare aus Bast.

Die Puppe, die Petra Herwarth darstellen sollte.

Coulbet legte das Gewehr an und blickte durch das Zielfernrohr. Er hatte zuerst Josephines Kopf voll im Fadenkreuz, dann schwenkte er weiter, betrachtete Jules' wie versteinert wirkendes Gesicht und tastete darauf weiter den Felsvorsprung ab, auf dem Totagan sich niedergelassen hatte. Das Meer schäumte an ihm empor, Gischt sprühte über die Felsnase, überall standen Kartons und Eimer herum, voll mit Voodoo-Zubehör. Auch ein Holzkäfig mit zwei noch lebenden, bunten Hähnen war darunter und ein nicht klar erkennbarer Haufen unter einer Decke.

Hinter einem hohen Felsstein ging Coulbet in Deckung und legte das Gewehr darauf. Er beobachtete wieder Josephine. Die Gischt durchnäßte sie völlig, ihr langes, schwarzes Haar klebte an Gesicht und Schultern, ihr Kleid war wie eine zweite Haut und zeigte ihren wunderbaren Körper. Sie hockte jetzt zwischen den Opferspießen und sah zu Onkel Jules hinauf, der mit ausgebreiteten Armen auf dem Felsen stand und zu den Göttern sprach. Der Wind riß an der Voodoo-Puppe und ließ die blonden Basthaare wie eine Fahne flattern.

Coulbet lag hinter seinem Gewehr und starrte durch das Zielfernrohr. Er sah, wie Jules zu dem Käfig ging, einen Hahn herausnahm, ihn hoch in die Luft und gegen den brausenden Ozean hielt, ihn dann an die Brust drückte und ihm den Kopf abbiß. Das Blut spritzte Totagan über Gesicht und Brust, er begann einen stampfenden Tanz im Kreis der Opferspieße, ließ den Hahnentorso dann ins Meer flattern und sprach mit ausgebreiteten Armen wieder mit seinen Voodoo-Göttern. Josephine saß unbeweglich daneben, die Beine angezogen, den Kopf in beide Hände gestützt.

Coulbet überlegte noch, ob er jetzt eingreifen sollte oder erst, wenn Jules die Voodoo-Puppe vom Galgen nahm. Plötzlich zuckte er zusammen, als habe ihn ein Schlag getroffen.

Totagan hatte die Decke weggerissen. Der unförmige Haufen darunter erwies sich als ein Mensch, ein Toter, der zusammengerollt auf dem Felsen lag.

Pierre Murat!

Coulbet atmete tief durch. Mein untrügliches Gefühl, dachte er stolz und bitter zugleich. Nun paßt alles zusammen, wie ich es von Anfang an geahnt habe. Der große Zauberer ist aus Liebe zu seiner Nichte zum Mörder geworden – nur, in seinen Augen ist dieses Opfer kein Mord, sondern eine Gabe für seine Götter. Das Gefühl der Schuld fehlt ihm völlig.

Frierend zog er die Schultern zusammen, als Totagan den schweren Körper aufhob, als sei es eine Kinderleiche, und in den Voodoozauber-Kreis trug. Josephine rückte etwas zur Seite; Coulbet erkannte genau ihre entsetzten Augen, aber sie flüchtete nicht. Sie blieb auf der Felsnase sitzen, auch, als Jules den Körper Murats neben sie legte. Wie ungeheuerlich ist ihr Haß, dachte Coulbet, wenn sie so etwas auf sich nimmt. Wie erschreckend ist ihr Vernichtungswille.

Jules Totagan hatte den toten Mann nun auf den Rükken gelegt. Er griff zum Boden, hatte plötzlich ein Messer mit langer Klinge in der Hand und schlitzte mit einem Hieb das blutstarrende Hemd auf. Er fiel auf die Knie, beugte sich über den Toten und stieß die Klinge unterhalb der Kehle in den Brustkorb. Mit einem wilden Ruck schlitzte er Murat von der Kehle bis zum Nabel auf.

Das war der Augenblick, wo Coulbets bisherige Welt zusammenstürzte. Einem Eisstrahl gleich, der sein Blut gefrieren ließ, kam die Erkenntnis über ihn: Claudette

Sanfour! Mit aufgeschlitztem Leib wurde sie aufgefunden, nie hat man ihren Mörder finden können, und niemand hatte bisher erklären können, warum sie so zugerichtet worden war. Nun war es klar: Auch Claudette Sanfour war ein Voodoo-Opfer von Jules Totagan geworden, das erste, das einer Liebe zu René Birot geopfert wurde. Nur war sie selbst getötet worden, ohne einen Umweg über eine Zauberpuppe, aber Totagan hatte sie – nach seiner Ansicht – nicht einfach umgebracht, sondern den Göttern dargebracht.

Coulbet schüttelte sich wie im Krampf. Als er wieder durch das Zielfernrohr blickte, hatte Jules das Herz aus Murats Brust geschnitten und auf eine hölzerne geschnitzte Schale gelegt. Josephine kroch nun doch davon, weg aus dem Voodoo-Kreis, geschüttelt vom Grauen. Auf den Knien rutschte sie weg und preßte die Hände vor ihr Gesicht.

Das wäre es nun, dachte Coulbet, eisig bis ins Herz. Ich werde mein Gewissen nicht mit dem belasten, was ich jetzt tue, denn hier gibt es kein Gewissen mehr! Es wird mich nie einer fragen, was hier draußen am Point du Diable geschehen ist, und ich werde sogar ruhig schlafen können, ja, ruhiger als jemals bisher. Gott möge mir verzeihen, aber hier kann ich nicht anders. Und wenn er mir nicht verzeiht, auch gut, ich weiß es zu tragen! Jules, es darf dich nicht mehr geben, nicht lebendig.

Er drückte den Kolben des Präzisionsgewehrs tief in die Schulterbeuge, hatte Totagans verklärtes Gesicht genau im Fadenkreuz, sah noch einmal dieses vertraute Gesicht, nun in der Trance des Voodoo-Zaubers zerfließen und fast faltenlos, und beugte den Zeigefinger bis zum Druckpunkt.

Aber er schoß nicht, er kam nicht dazu, durchzudrükken. Wie eine riesige, weiße Hand schäumte donnernd eine gewaltige Welle an der Felsnase empor, schlug nieder auf Totagan und sein Opferfeld, überspülte es, deckte es

zu mit gurgelnder Gischt und riß alles in einem unaufhalt-
samen Sog hinunter vom Gestein in den donnernden
Ozean. Als die Welle sich verlaufen hatte, gab es keine
Opferspieße mehr, keine Kisten und Kartons, keinen toten Murat und keinen Jules Totagan. Nur Josephine, außerhalb der Reichweite der Welle gekrochen, hockte allein
auf dem nun kahlen Felsen, und Coulbet meinte, ihr
schrilles Schreien zu hören.

Mit einem Ächzen erhob sich Coulbet, legte das Gewehr weg und ging hinüber zur Klippe. Das Meer heulte
zwischen den Felsen, und es klang tatsächlich so, als ju-
bele der Teufel über die ihm zufallenden sündigen Seelen.

Wer in diesen Ozean stürzte, hatte keine Chance mehr,
die Wellen zerschlugen ihn an den Steinen, zerbrachen
seine Knochen wie trockenes Holz.

Vorsichtig balancierte Coulbet zu der Felsennase hin
und blieb hinter Josephine stehen. Sie starrte in den to-
benden Atlantik, die Hände wie zum Gebet gefaltet,
durchnäßt und trotz der warmen Sonne frierend.

Coulbet beugte sich hinunter und legte ihr die Hand auf
die Schulter. Sie zuckte nicht zusammen, weil plötzlich
noch jemand da war, sie senkte nur den Kopf und begann
zu weinen.

»Komm«, sagte Coulbet und schob seine Hände unter
ihre Achseln, um sie aufzurichten. »Komm, Josephine.
Wenn es eure Voodoo-Götter gibt, sie haben entschieden.«

Sie nickte, erkannte jetzt erst Coulbet und versuchte ein
schwaches Lächeln. Dabei weinte sie weiter, und Coulbet
nahm sein Taschentuch und wischte ihr Tränen und See-
wasser vom Gesicht.

»Warte nicht«, sagte er, als sie zögerte. »Onkel Jules
kommt nicht wieder.«

»Nur noch einen Augenblick.« Sie richtete sich auf, mit
einem Stolz, der Coulbet ans Herz griff, ging hinüber zu

dem Galgen, der außerhalb des Kreises gestanden hatte, nahm die Puppe, die Petra darstellen sollte, von der Leine, trat an die Klippe heran und warf die Puppe hinein in die kochende Gischt. Mit einem Ruck drehte sie sich dann um und kam zu Coulbet zurück.

»Wohin bringen Sie mich, Monsieur le Commissaire?« fragte sie. »Ins Gefängnis?«

»Was willst du im Gefängnis, Josephine? Was hast du denn getan?«

Sie sah ihn groß an, strich dann ihre langen nassen Haare zurück und nickte. »Wohin dann?«

»Wo du hinwillst.«

»Bringen Sie mich nach Macouba, Monsieur. Dort war ich als Kind glücklich. Ich will in Macouba bleiben. Dort lebt noch eine Tante.«

»Und René?« fragte Coulbet vorsichtig.

»Wer ist René?« Sie sah mit einem leeren Blick durch ihn hindurch. »Gab es da einmal einen René, Monsieur?«

Vier Stunden später rief Coulbet bei Birot an. Petra und René saßen im Salon, die Türen waren verschlossen, die Holzläden zur Terrasse zugeklappt und gesichert. Auf den Knien hatte Birot ein modernes Schnellfeuergewehr liegen. Als das Telefon schrillte, stieß Petra einen leisen Schrei aus. Alles konnte eine Gefahr sein, auch ein klingelndes Telefon.

»Ja?« sagte René knapp, ohne seinen Namen zu nennen.

»Hier Robert.«

»Robert!« Es war ein Aufschrei. »Wo bist du? Was hast du erreicht? Ich habe aus dem Haus eine Festung gemacht, wir sind auf alles vorbereitet. Stell dir vor: Babou ist spurlos verschwunden.«

»Der sitzt noch in Tartane. Ich habe ihn mitgenommen...«

»Du hast ihn...«

»Erklärungen später, mein Lieber. Babou ist in ein paar

Stunden wieder bei euch.« Coulbet räusperte sich. »Hast du Champagner im Haus?!«

»Natürlich. An was anderes kannst du wohl jetzt nicht denken.«

»Geh in die Küche, hol drei Gläser und eine Flasche, laß den Korken knallen und trinkt sie aus. Das dritte Glas ist für mich, das kannst du mittrinken. Ich bin in Macouba. Fs ist alles in Ordnung.«

»Was... was heißt das?« fragte Birot heiser.

»Reiß Fenster und Türen auf, laß die Abendluft ins Zimmer und umarme deine süße, kleine Frau. Und da es Vollmond ist, sind Verliebte sowieso unzurechnungsfähig. – Hast du was gesagt, René?«

»Nein, nichts.« Birot schluckte mehrmals. »Was ist passiert?«

»Später. Nun haben wir Zeit, viel Zeit, bis zum Lebensende. Ich freue mich ja so auf eure Hochzeit in der Kirche von St. Pierre.« Coulbets Stimme klang wie die eines großen Jungen. »Darf ich morgen zum Abendessen kommen? Aber nur, wenn es deinen berühmten Spießbraten gibt!«

»Es gibt ihn! Du verdammter Gauner im Polizistenrock!«

René legte sein Gewehr weg, nahm Petra in seine Arme und küßte sie. Dann lief er zu den Holzläden, klappte sie auf, stieß die Türen zur Terrasse auf und zog Petra hinaus in den Garten. Der Mond hing dick über Martinique, genauso, wie man ihn auf den bunten Ansichtskarten sieht und ihn schrecklich kitschig findet.

»Was hat Robert gesagt?« fragte Petra und lehnte den Kopf an Renés Schulter.

»Er hat unser Paradies gerettet. Mehr weiß ich auch nicht. Ja, und er kommt morgen abend zum Spießbratenessen.«

»Und Josephine?«

»Ich glaube, wir werden nie mehr von ihr hören.« Er

drückte sie an sich und küßte ihr Haar. »Hast du einen ganz großen Wunsch?«

»Ja.« Ihre Stimme klang so fest und voll Mut, daß er sie erstaunt ansah. »Ich möchte in dieses Land hineinwachsen, René, und beweisen, daß ich zu ihm gehöre und ein Teil von ihm werde. Es ist so schön, dieses Land, weil es dich gibt.«

Und sie standen Arm in Arm in der milchigen Dunkelheit der Nacht und sahen zu, wie der Mond über Meer und Berge wanderte.

Heinz G. Konsalik

Dramatische Leidenschaft und menschliche Größe kennzeichnen die packenden Romane des Erfolgsschriftstellers.

**KONSALIK -
Der Autor und
sein Werk**
01/5848

**Das Gift der alten
Heimat**
01/6294

Frauenbataillon
01/6503

Heimaturlaub
01/6539

Eine Sünde zuviel
01/6691

Der Geheimtip
01/6758

**Russische
Geschichten**
01/6798

**Nacht der
Versuchung**
01/6903

Saison für Damen
01/6946

**Das gestohlene
Glück**
01/7676

**Geliebter,
betrogener Mann**
01/7775

**Sibirisches
Roulette**
01/7848

Tödliches Paradies
01/7913

**Der Arzt von
Stalingrad**
01/7917

Schiff der Hoffnung
01/7981

**Die Verdammten
der Taiga**
01/8055

Airport-Klinik
01/8067

**Liebesnächte in der
Taiga**
01/8105

Männerstation
01/8182

**Das Konsalik-
Lesebuch**
Hrsg. v. Reinhold G.
Stecher
01/8217

**Das
Bernsteinzimmer**
01/8254

Der goldene Kuß
01/8377

**Treibhaus der
Träume**
01/8469

Die braune Rose
01/8665

Mädchen im Moor
01/8737

Kinderstation
01/8855

Stadt der Liebe
01/8899

Wilhelm Heyne Verlag

Linda Sole

Leidenschaften, Glück und Schicksal - eine meisterhafte
Erzählerin bewegender Liebesgeschichten.

01/9053

Außerdem erschienen:

**Die sanfte Macht des
Vergessens**
Roman
01/8671

**Der weiße Sommer des
Abschieds**
Roman
01/8846

Wilhelm Heyne Verlag
München

Marion
Zimmer Bradley

Die großen Romane der Autorin, die mit "Die Nebel von Avalon"
weltberühmt wurde.

01/7712

Außerdem erschienen:

Der Bronzedrache
01/6359

Trapez
01/7630

Die geheimnisvollen Frauen
01/7870

Wilhelm Heyne Verlag
München

HEYNE
BÜCHER

Utta Danella

Romane und Erzählungen der beliebten deutschen Bestseller-
Autorin bei Heyne im Taschenbuch: ein garantierter Lesegenuß!

Wilhelm Heyne Verlag
München

Mary Higgins Clark

Ihre psychologischen Spannungsromane sind ein exquisites
Lesevergnügen. »Eine meisterhafte Erzählerin.«

Sidney Sheldon

Schrei in der Nacht
01/6826

Das Haus am Potomac
01/7602

Wintersturm
01/7649

Die Gnadenfrist
01/7734

Schlangen im Paradies
01/7969

Doppelschatten
Vier Erzählungen
01/8053

Das Anastasia-Syndrom
01/8141

Wo waren Sie, Dr. Highley?
01/8391

Schlaf wohl, mein süßes Kind
01/8434

Mary Higgins Clark (Hrsg.)
Tödliche Fesseln
Vierzehn mörderische Geschichten
01/8622

Wilhelm Heyne Verlag
München